广播电台医疗广告调查读本

常 昕 著

知识产权出版社
全国百佳图书出版单位

图书在版编目(CIP)数据

广播电台医疗广告调查读本 / 常昕著. —北京：知识产权出版社，2015.7
ISBN 978-7-5130-3372-5

Ⅰ.①广… Ⅱ.①常… Ⅲ.①广播电台—卫生服务—广告—调查研究—中国 Ⅳ.①F713.8

中国版本图书馆CIP数据核字(2015)第043374号

内容提要

本书从健康广播的历史轨迹与社会环境、电台医疗广告业务形态、电台医疗广告的本质属性、医疗广告的传播者观察、法律约束与广告管理、听众的需求和反馈、医疗广告对电台收支运行的意义、医疗广告的制度经济学观察、媒介经营视角下的医疗广告、还原健康广播的价值及其伦理学思考等多维角度研究分析目前广播电台医疗广告的现状。本书具有积极的社会效益，笔触深刻，案例翔实，为我们揭开了并不陌生甚或耳熟能详的广播电台医疗广告的神秘面纱。

责任编辑：唐学贵　　　　　　　　　　　　**执行编辑：**于晓菲　吕冬娟

广播电台医疗广告调查读本
GUANGBO DIANTAI YILIAO GUANGGAO DIAOCHA DUBEN

常　昕　著

出版发行	知识产权出版社 有限责任公司	网　　址	http://www.ipph.cn
电　　话	010-82004826		http://www.laichushu.com
社　　址	北京市海淀区马甸南村1号	邮　　编	100088
责编电话	010-82000860转8363	责编邮箱	yuxiaofei@cnipr.com
发行电话	010-82000860转8101/8029	发行传真	010-82000893/82003279
印　　刷	北京中献拓方科技发展有限公司	经　　销	各大网上书店、新华书店及相关专业书店
开　　本	720mm×960mm　1/16	印　　张	15.25
版　　次	2015年7月第1版	印　　次	2015年7月第1次印刷
字　　数	225千字	定　　价	42.00元
ISBN 978-7-5130-3372-5			

出版权专有 侵权必究
如有印装质量问题，本社负责调换。

前　言

"医疗广告"是广播行业寻求商业利益的一种手段和载体。然而，广播作为国家事业机构和公共资源，其最大的行业价值应该是传播公众应知、欲知的新闻和信息。但是，医疗广告的出现使广播公共资源成为权力寻租的载体。本研究从广播体制、节目运行、内容、广播与社会的互动等不同向度，探讨了医疗广告存在和发展的体制、社会因素。

对大众媒体健康传播和医疗广告传播历史的梳理发现，囿于政策、资源和行业环境缺乏支持，电台自办健康节目容量虽处在上升阶段，但形式的创新思路一直不开阔，同质化问题突出。同时，医疗广告作为一项产业，十分牢固地向广播行业渗透，与自办节目共存，且规模上远超自办节目。从点、线、面各个角度看，电台医疗广告已成为广播行业"健康"名义下的绝对主体。

研究发现，由于医疗广告本身内容和形式的复杂性，听众对这类节目的范围界定存在较大差异，视个人的收听偏好和当地电台的播出内容而定。习惯收听医疗广告并购买过产品的听众多数患有慢性疾病或有慢性病症，解决疾病困扰、提升健康品质是其收听、购买行为的直接原因。在医疗广告的目标听众中，大致包括理智购买型、易被说服购买型、存疑但仍购买型三种类型。我们的论述还引申出一个问题，即听众对电台医疗广告中信息的主动辨别能力有多强。从寻医问药需求的大小而言，老年听众是包括医疗广告在内的所谓"健康广播"的主力听众群。生活在城市、有较高文化程度的老年人比生活在农村或城镇、文化水平较低的老年人，更有辨别信息真伪的能力，且更倾向于选择营销色彩较弱的养生法教学等节目，而后者则更倾向于选择电台医疗广告，部分受访者曾坚持收听且长期购买产品。

研究认为，广播电台依靠吸收和播出医药健康节目来维持运行的制度惯性是在几种作用力的推动下共同形成的：第一，这种模式很好地解决了电台运营成本支付及增收的问题；第二，事业单位集体经济的属性使"产权明晰"变成一个空口号；第三，行政导向下的广电机构更多地秉承对上级负责的态度，而非对公共利益负责；第四，缺少公共监管和公众诉求的渠道。也就是说，医疗广告在一种缺乏外部监督的近乎"真空"的环境中进行着内部操作，并逐渐形成了赖以生存的运行路径。研究认为，医疗广告商、广电机构、行政主管部门之间业已形成权力寻租和利益共享的链条。而且，在现行广播电台体制结构之下，制度条文、政令文件极容易逐级走样和变形，客观上形成了医疗广告的监管"盲点"，也造成了广播电台医疗广告"常年播常年管"的尴尬局面。而且，电台医疗广告对广电资源长期的占有及这种特殊节目样态的广泛普及，使得整个行业及广播从业者日渐疏忽或放松了对传播伦理的考量，在一种近似于"集体无意识"的状态下保持广播日常运转。

广播电台医疗广告虽然长久以来维持了广播电台行业的生存乃至不断增长的盈利，但对于广播这种公共服务性资源而言，过于强调经济效益或以此为目的制度结构实则隐藏着不小的行业运行风险。其一，在医药厂家及医疗广告商生产—销售—消费这条庞大的产业链条上，广播电视等媒体只是其中的一个环节，广播电视与医疗广告商之间甚至不是合作关系，而是前者对后者的服务关系。其二，随着政策风险的不断增大，不仅广告收入的稳定性和增长性难以预计，且有可能由此陷入一个经济效益和社会效益双双低下的尴尬处境。其三，尽管医疗广告这种特殊的广播内容已经在很大程度上将声音资源转变为商品，广播电台所选择的这条创收道路本身就是以听众的信任力资源为赌注的。

研究提出，有两个问题是广播电台行业必须思考的：其一，目前所谓"健康广播"的格局反映出各个电台极大的随意性，严肃的健康知识类节目的品质和内容的可推敲性有待考证，真伪健康节目混杂交错，对听众缺少解释和引导。其二，广播电台依赖电台医疗广告创收或者赚钱的这条道路已经走了20多年。多年来，对虚假医疗广告的行政管理虽然一向是阶段性的，但从2013年专项行动的打击力度和范围来看，电台和医疗广告商今后恐怕很难再肆无忌惮地制作、播出，广播业者理应看到这种趋势并提早调整和过渡，顺应制度变革的走向，争取主动权，而不是被动等待政策上的叫停和松动而亦步亦趋。

研究以A电台为例，探究了广播电台经营结构调整的可能性和可行性。A电台从2013年开始逐步铺开的广告代理制初步促成了广告结构的调整，从医疗广告的一元化向"医药+品牌+购物"的三元模式升级，但是，由于处在广告代理制运行的初期，所以也存在潜在的广告泡沫等经营风险。

目 录

第一章 绪 论 ……………………………………………………………1
第一节 研究背景 ……………………………………………………1
第二节 研究问题及研究框架 ………………………………………3

第二章 健康广播的历史轨迹与社会环境(1978年以来) …………9
第一节 20世纪80年代至90年代中期:报纸领先健康传播 ………9
第二节 20世纪90年代中后期至21世纪初:繁荣、混杂与纠治 …14
第三节 2005年至今:健康传播渠道走向多元 ……………………17
第四节 广播中的"廊坊现象" ………………………………………21

第三章 电台医疗广告业务形态 ……………………………………27
第一节 A电台个案分析(2012—2013年) …………………………27
第二节 强行卖药节目是医疗广告主体 ……………………………31

第四章 电台医疗广告的本质属性 …………………………………37
第一节 医药商的广告进入 …………………………………………37
第二节 医疗广告的创收价值 ………………………………………43

第五章 医疗广告的传播者观察 ……………………………………48
第一节 主讲人身份隐蔽 ……………………………………………48
第二节 体制内外主持人待遇区别显著 ……………………………52
第三节 导播的角色和作用 …………………………………………58

第六章 法律约束与广告管理 ………………………………………64
第一节 广播电视医疗广告的法规梳理 ……………………………64
第二节 播出机构的管理弹性 ………………………………………72

第三节　工商对广电的平级监管难起效 ·················· 76

第七章　听众的需求和反馈 ·································· 82
　　第一节　听众对健康信息需求和主动获取 ·················· 82
　　第二节　中医药的群众信任基础 ·························· 87
　　第三节　听众广播购药的行为和使用效果 ·················· 91

第八章　医疗广告对电台收支运行的意义 ······················ 108
　　第一节　电台的收入结构——以A电台为对象 ············· 108
　　第二节　发射和人力成本 ······························ 111
　　第三节　拨款和税收 ·································· 115

第九章　医疗广告的制度经济学观察 ·························· 117
　　第一节　低效率的制度安排 ···························· 117
　　第二节　医疗广告寻租关系及其表现 ···················· 124

第十章　媒介经营视角下的医疗广告 ·························· 132
　　第一节　新闻频率独特的经营价值 ······················ 132
　　第二节　对医疗广告过高的依存度暗埋经营危机 ·········· 140
　　第三节　政策管制下的经营困局 ························ 144
　　第四节　A电台经营结构调整 ·························· 151

第十一章　还原健康广播的价值及其伦理学思考 ················ 158
　　第一节　健康类广播节目的问题和改进思路 ·············· 159
　　第二节　延伸思考：广播在体制与伦理的矛盾之间自处 ······ 167

结　语 ··· 177

附录一　访谈信息 ··· 181

附录二　电台从业人员访谈实录 ····························· 183

附录三　医疗广告节目听众访谈实录 ························· 212

附录四　B电台2012年广告收入明细表 ······················ 225

参考文献 ··· 227

第一章 绪 论

"健康是促进人的全面发展的必然要求。提高人民健康水平，实现病有所医的理想，是人类社会的共同追求。在中国这个有着13亿多人口的发展中大国，医疗卫生关系亿万人民健康，是一个重大的民生问题。"

——《中国的医疗卫生事业》白皮书

2012年12月

第一节 研究背景

健康，是社会公众尤其是中老年人群最关心、最渴望了解的议题之一。广播，则是社会公众获取信息、掌握资信的重要途径，也是影响公众健康素养形成、改变、发展的重要媒介。在医学技术快速进步的今天，人类平均寿命普遍延长，但诸如心脑血管疾病、糖尿病、关节炎等慢性疾病依然严重威胁着我国普通民众的生命健康。与此同时，我国迎来了"未富先老"的老龄化社会，中老年人的健康和医疗问题成为重要的民生问题之一。这也意味着整个社会对健康信息、健康服务的需求会愈加旺盛。

媒体作为大众获取健康信息的主渠道，既处于传播机遇期，也面临挑战。

"社会老龄化意味着老年受众正逐步成为未来广播的新兴受众群",❶但是受众群的维护最根本的还是依托节目质量。广播健康传播的实效体现为广播服务功能和教育功能的密切结合,向受众提供服务性信息的同时,施以健康教育。但是在实际运行中,这种良好的愿望总要面临多重障碍:一是专业化的节目需要专业化人才;二是节目的通俗化和耐听性问题;三是"真健康"节目与卖医卖药的"伪健康"专题不期而遇,前者的传播效力甚至会被后者抵消。电台有向公众传播健康信息、提供健康服务的义务和责任,同时又迫于经营压力而大量吸纳电台医疗广告并占用公共资源,造成实际播出中内容上的"南辕北辙",很难在整体上形成频道或电台健康传播的正面形象。

在这样的语境下,近十年来,医药健康节目在广电平台上应运而生,吸引了一大批中老年受众。众多电台尝试以合办节目的形式与医药产品厂家、商家或医疗机构进行合作,通过广播资源营销产品,双方互利。任何事物的现状必然有其存在的原因和理由。我们之所以说医药健康节目是带有中国特色的,是因为它存在于中国的广播媒体环境之下,受制于我国的广播体制和行业运行规律,更与普通百姓的健康水平、健康素养密切相关,进而意味着它成为广播媒体与社会相互联结的一条纽带,是整个中国社会"大健康"问题的一个缩影,而非仅仅是一个广播类型的问题。

第一,市场经济带来有效竞争的同时,也催生了人们对金钱和经济效益的追逐欲望。这让医疗广告商与大众媒体之间的关系和利益纽带空前紧密,二者的合作让广播公共资源成为商品,满足双方对于利润和创收业绩的获取。

第二,处在转型期的中国社会进入了一个信息高度发达,但缺少去伪存真辨别力的时代。对于健康的本真价值、如何保障和维护健康等问题,回答太多,但难辨真伪。

第三,我国医药卫生事业发展相对滞后,医疗体系存在优质医疗资源相对

---

❶ 张彩.《老龄化社会与老年广播》,中国传媒大学出版社,2007年版,第54页。

不足和分配不均衡的问题，医保体系和药品生产保障体系也存在若干不完善之处。一些体制、机制和结构性矛盾使"看病难、看病贵"的问题凸显。

第四，作为健康最主要的消费群体，我国中老年人的健康素养、文化水平普遍不高，但却拥有比其他人群更高的购买力。与此同时，我国是一个慢性病大国，病患对健康的渴望驱使他们在医院之外寻找康复途径。这几个因素让电台医疗广告在广电媒体上的盛行变得顺理成章。

在以往的研究中，针对于医药传播的内容不在多数，有的侧重于健康节目的列举介绍和运行说明，有的则侧重对医疗广告的道德批判，鲜有研究从问题出发，结合有力的论据对问题进行说明和解释。因此，本研究的另一个重要目的就是从媒介经济学、广播体制、媒介社会学、受众研究等角度，分析和探究广播—医疗广告—社会—受众之间的关联和相互影响。

第二节 研究问题及研究框架

一、研究问题

本研究的主体对象"电台医疗广告"虽然以广播节目的形态存在，但在本质上是一种广播广告行为，是广播行业寻求商业利益的一种手段和载体。然而，广播作为国家事业机构和公有财产，其最大的行业价值应该是传播公众应知、欲知的新闻和信息。这样，广播"社会公器"的职能与公权力寻租之间的矛盾被突出出来。

研究问题正是围绕这一矛盾展开。

首先，广播媒体将部分公共资源让渡出去，商业价值成为公共价值和利益的替代品，让公共权力在市场中寻求租金，这种所谓的"媒介寻租"行为，具体到医疗广告中,有什么样的体现?在行业体制、广播业务、人员机制、权力分配等若干环节,广播寻租是如何实现、如何表现的?

其次,社会性医药产销机构是广播媒介寻租最大的"合作伙伴"和互利群体。这个群体需要将自己的商业诉求嫁接到广播公共体系当中,其赢利目的与广播公共服务的本质是相违背的。因此,他们在嫁接过程中使用了许多技巧用来规避传播风险、法律风险。但是以往研究中,很少有人对这些隐在的传播技巧进行系统梳理,本研究拟在这方面实现突破。

再次,医药销售本身是一个带有极强商业神秘色彩的行业,尤其是当它进入"看不见"的广播传播渠道之后,其营销术得到了更好的"藏身之所"。那么,医药产销机构是如何利用广播介质的?广播传播能为他们带来多少实际价值?线上销售与线下销售是如何对接的?电台医疗广告并不纯粹是一个广播问题,更是一种社会现象,因此,对这几个问题的解答其实是跳出了广播本身,而从广播资源承租方之一的医药销售市场来发现问题和解释原因。

最后,广播传播最根本的目标是千千万万、角角落落的听众,医疗广告最根本的传播目的是说服听众信任其产品,产生购买欲望并采取实际行动。因此,广播行业与医药营销行业一方面在商业利益上有一致的追求,另一方面又拥有一致和明确的利益诉求对象。也就是说,广播在此时将受众等价代换为市场寻租的落脚点。那么,作为广播信息使用和反馈的主体,听众在多大程度上使用了医疗广告节目中传递的信息?线上收听与线下购买二者之间存在哪些相互影响、促动性因素?同时,医疗广告的存在、被接受、被排斥与受众的健康素养、地区经济文化发展水平、社会健康环境等都是密切相关的,这些因素又是如何影响受众的收听和购买行为的?

综上,本书将从广播体制、节目运行、广播与社会的互动、听众收听效果等不同角度,来探讨医疗广告存在和发展的动力。

二、研究架构

本研究的主体内容从第二章开始展开。

第二章专门梳理了改革开放之后我国大众媒体健康传播的历史轨迹,并将之放在宏观社会环境下进行讨论。研究将整个传播过程划分为:20世纪80年代至90年代中期、20世纪90年代中后期至21世纪初、2005年至今三个历史维度,将广播健康传播及广播医疗广告的由来、发展与演变放置其中,并与报纸、电视及网络的发展阶段形成比较。也即,本章试图以历史为线索,分析当下电台健康传播及医疗广告现实面貌的成因。

第三章就国内电台医疗广告在整体上的业务形态进行了描述,并重点对A电台❶健康广播和医疗广告的播出情况和变化进行剖析,涉及节目规模、时段分布、频率分布、节目编排等业务和细节方面的梳理、比较、观察和提问等。对广播形态的梳理和规整更多地依靠实际收听和观察,同时配合各电台公开的文献资料,对各个类项进行概括、归纳,从而按照一定的逻辑顺序,把这一形态和类型的总体面貌描绘出来。这是本研究最基础的一部分,也是深入问题、解释问题的前提步骤。

第四章是对电台与医疗广告商之间合作关系的展示和分析。当电台把广播资源以时段的形式卖给广告商之后,二者之间的主客关系因为公共资源的私有化而发生互换。重点是从现行广播体制的角度,探讨了广播电台与医疗广告商成为利益共同体的过程及原因。医疗广告在本质上是一种借助广播发声的广告节目,它的特殊之处在于,这种广播节目不是靠电台自己来完成,而是与医疗广告商的"外力"合谋而生的产物。在广播进入环节,电台将优质时段资源用于医疗广告的播出,并用自办节目来服务和衬托专题的播出效果。本章还以B

---

❶ 系我国北方某家省级电台,出于研究和表述的需要,文中代之以"A电台"。

电台[1]等几家电台的情况为例，实际测算了医疗广告的广告投入，可以看出，广告商用有限的广告投入换来数倍的广告收入。

第五章重点从电台医疗广告的主讲人、主持人、导播三个制播要素出发，结合访谈内容和参与式观察所得，较全面地梳理了医疗广告制作—播出—热线—场外销售这一传播链条，观察和分析了医疗广告节目在传播者层面的运行表征。

第六章梳理了20世纪90年代以来国家在制度和法律层面对广播电视医疗广告传播行为实施的约束和管控，并结合具体条文辨析了广播电台医疗广告的合法性。同时，本章还以广告管理为视角，从播出机构和行政执法两个层面，讨论了医疗广告管理过程中的矛盾、障碍、人为因素、制度因素等，多方面的原因造成了医疗广告的管理弹性和监管难度。

第七章以听众无结构访谈为主要方法，探讨了医疗广告的实际收听状况和听众购买医药产品的态度、行为和使用效果。听众是广播卖药这一产业链条上的终端环节，一切说服技巧和播讲内容最终都意在引发听众的购买欲望。本研究将医疗广告的目标听众，大致分为理智购买型、易被说服购买型、存疑但仍购买型三种类型，并结合具体案例和听众陈述，分析了医疗广告节目对不同类型听众的影响及其健康行为和医药产品的使用反馈。访谈过程中注意到了以下事项：其一，访谈对象的性别、年龄、经济状况、文化程度、生活区域等方面应有所差异。其二，既有常听节目但不愿购买，或犹豫是否购买的受访听众；也有曾经或坚持购买广播所卖药品的听众。其三，访问过程既涉及听众对广播医药健康节目的态度、收听习惯、收听动机、购买意愿、购买经历、用药效果，还询问了听众的健康状况、养生观念、对医院和医生的态度评价、对医保政策的认知和理解等。其四，约访听众时，尽量选择那些与所分析的节目相对应的听众，比如买过此种产品、听过此种产品的电台节目等。这样，效果的印

---

[1] 系我国北方某家市级电台，出于研究和表述的需要，文中代之以"B电台"。

第一章 绪 论

证会更加具体和直观。

第八章以A电台为观察对象,描述了"收支两条线"的财政政策下电台的收支运行状况。从收入层面看,广告依然是广播电台的主要财源,而医疗广告则是这条财源当中的主力。但是,随着运行风险的逐渐显现,医疗广告对广播电台收入的贡献率越高,说明经营性收入的构成单一且不合理。在运行成本层面,发射费用和人工费用是广播主要的两项支出。由于A省[1]地理位置相对特殊,且为了在更大程度上实现良好覆盖,A电台支付了颇高的发射费用。另外,本章也用一定的篇幅,结合A电台生活广播的实际情况,对电台的人力成本进行了初步测算。

第九章重点论述和分析了医疗广告的路径依赖问题。在媒体业社会责任感不断降低,尝试用低俗化、迎合化的价值观招徕受众和广告的趋势之下,整个行业的发展路径就更多地以市场的喜好和年终绩效为衡量标尺,而非媒体公共服务的实际需求和对媒体品质的更高追求。因此,当医疗广告进入广播电视领域并带来经济效益的快速增长时,鲜有电台、电视台完全拒绝这条创收的道路,而是逐渐地放任其在广播电视中的存在,并最终成为一种行业运行的惯性和难以摆脱的顽疾。此外,医疗广告商、电台、管理人员及广告代理公司四者之间具有密不可分的权力寻租的关系,其中,电台的部门领导等管理人员对多方寻租关系的形成和运行具有决定作用。本章也试图从体制矛盾的层面,解释医疗广告进入电台过程中多方寻租现象的成因。

第十章从媒介经营的角度分析了新闻频率对电台特殊的经营价值,并重点以A电台、B电台为观察对象,剖析了对医疗广告过高的依存度给电台带来的经营危机。本章还结合A电台从2013年开始的在广告结构上的改革和变化,探讨了广播电台减少对医疗广告依赖的可能性和可行性。该电台逐步在全台铺开的广告代理制初步促成了广告结构的调整,从医疗广告的一元化向"医药+

---

[1] 系A电台所在的省份。

品牌+购物"的三元模式升级。电台内部认为这是一条具备可行性的成功的路径。但是，广告代理制也存在广告泡沫等潜在风险。

第十一章从还原广播健康传播本真价值的意义上，提出了健康类广播节目的问题和改进思路，并引入BBC健康节目的做法作为启示。尽管面对传播环境和媒介性质上的不同，但对国外健康节目的介绍和了解对我国健康类广播节目的改进和创新是有借鉴价值的。同时，本章还重点从社区健康传播的角度，探讨了线上广播与线下服务并行的重要价值和可行性。此外，电台医疗广告对广电资源长期的占有及这种特殊节目样态的广泛普及，使得整个行业及广播从业者日渐疏忽或放松了对传播伦理的考量，在一种近似于"集体无意识"的状态下保持广播日常运转。所以，本章也从所谓"广播卖药"现象延伸开来，对媒体商业广告的伦理问题作出了一定的思考。本书还介绍了美国、日本在商业言论管理和广告伦理方面的做法，虽然不能照搬，但至少可以提供一种外在的观察视角。

第二章 健康广播的历史轨迹与社会环境（1978年以来）

健康元素在广播中的现实图景有其可追溯的历史脉络。广播声音符号的传播特质和对传播形态的规定性，是健康广播演变为现存状态的内生动力。与其他媒介健康传播、医药广播传播各发展阶段和要素形态的比较，给我们提供了从更宏大的媒介环境下观照健康广播的可能。

第一节 20世纪80年代至90年代中期：报纸领先健康传播

一、专业化报纸出现以呼应报业繁荣时代

改革开放后，我国报纸上出现了"副刊热"和"专刊热"，为传媒报道的特色化和专业化提供了契机。1983年7月，由卫生部和美国赛克勒（Arthur M. Sackler）基金会合作，创办《中国医学论坛报》，以"向读者及时、准确地提供国内外医药学重大新闻、最新进展、科研动态、先进临床经验和国家医药

科技发展及管理政策等"❶作为办报宗旨。同年10月，国家食品药品监督管理局创办《中国医药报》，❷创刊初期，该报为周一刊四版，几经扩版增刊后，成为周一对开十二版，周二、周四对开十六版，周六对开八版的大报。这两份早期专业健康类报纸均由政府医药主管部门牵头创办和管理，目标读者群以医药专业人员为主，兼顾普通大众的需求，是典型的行业报。

1984年，《健康咨询报》创刊，成为全国仅有的"以信函无偿咨询为特色的卫生科普报"❸。《健康咨询报》由首都医科大学主办、北京市卫生局主管。报社编辑记者多为医学专业人员，拥有一支由北京市各大医院数十位专家组成的编委会。报纸分十余个专版、数十个栏目，内容包括京城导医、医生警示、专家谈健康、来自防疫站的消息、专家咨询台、百姓与性、心理咨询室、癌症早期信号、用药知识等。在办报理念上尝试科学性、知识性、实用性与趣味性的融合，《健康咨询报》成为国内较早出现的、面向大众读者的专业健康类报纸。

进入20世纪90年代，我国健康类大众传媒在市场化的浪潮下快速发展。尤其是20世纪90年代中期以后，以平面媒体为先锋的健康类大众期刊、报纸、专栏、专版数量快速增加。据统计，1995年全国卫生专业报纸24家（交邮局发行）；1998年达28家，多数扩版为8~16版；2000年达30家，不少使用彩色印刷；2001年达34家，另有几十家内部发行的地方卫生报，总发行量达500万份/期。❹这一时期，报纸健康专刊专版也在各地涌现，在普及医学知识的同时，更加注重医疗健康的人文关怀，从注重患病就医到兼顾预防保健，从关注病患群体转为关注普通大众。这一时期较有代表性的健康专刊专版有《文汇报》的"健康"专版、《长江日报》的"健康百事"专版等。《长江日报》

---

❶ 参见《中国医学论坛报》简介，http://baike.baidu.com/view/193894.htm?fr=aladdin。
❷ 参见《中国医药报》简介，http://baike.baidu.com/view/367213.htm?fr=aladdin。
❸ 参见《健康咨询报》简介，http://baike.baidu.com/view/5394552.htm。
❹ 刘五云.《发展中的中国卫生专业报》《传媒》，2002年第4期，第33-34页。

"健康百事"专版创办于1992年,设置了凡人养生、我谈我病、感悟生命、健康家庭、为心搭桥等栏目。其中,"我谈我病"是"健康百事"专版中最有特色、最受欢迎的栏目,由读者记录自己战胜疾病的体验和他们收集或创造出来的效果显著的"偏方"等,通过报纸与大众分享。

这一时期,健康专业类报纸及健康专刊专版呈现较兴盛的态势,且在内容质量上保持了一定的专业水准。这在很大程度上与报业当时的繁荣发展是相呼应的。我国报纸种数在20世纪80年代前期快速增长,平均不到两天就有一份报纸创刊,原来一统天下的党报到1988年时只占报纸种数的25%。20世纪80年代后半期,商业性报纸又开始崛起,年发行量最高时(1988年)占全国报纸年发行量的24.19%。[1]随着改革开放的推进,人们在物质生活水平日渐提高的同时越来越关注自身和个体的发展,包括健康水平的提高。作为这一时期的传播优势媒体,这些健康专业报纸及健康专刊等从多个方面满足着大众对健康信息的需求和渴望。

二、电视开启药企品牌的塑造

1979年1月28日,上海电视台播出了中国电视历史上的第一条商业广告,即1.5分钟时长的"参桂补酒"广告。一般来说,保健补酒具有养生健身的功能指向,所以,我国电视史上的首条广告应当算是以"健康"为议题的。此后,我国电视媒体开启了药品、保健品品牌广告的传播之路,为大量医药企业提供了塑造形象、接触消费者的渠道。

1983年,"全国广播电视工作会议"提出"四级办广播、四级办电视、四

---

[1] 冯媛.《80年代以来中国大陆报业的变迁》,《当代中国研究》(MCS),1994年第3期。http://www.modernchinastudies.org/us/issues/past-issues/42-mcs-1994-issue-2/310-80.html.作者在文中将报纸粗略分为党报和商业性报纸两类,其中,为"商业性报纸"划定的范围是:包括晚报、广播电视报、文摘报(虽然文摘报有相当一部分是公费订阅)以零售和自费订阅为主的文化艺术报、体育报、健康保健报、家庭社会生活报。所以,本文提及的《健康咨询报》等专业报纸及市场化平面媒体的健康专版都属于商业性报纸。

级混合覆盖"的方针，我国电视台的数量迅速增加。到1985年，全国已经有172个市、县电视台，电视发射和转播台也增加到了12000多个。此后，电视药品广告的数量和品牌逐渐增加。1985年，演员李默然为"三九药"业做广告，成为名人广告的一个先例。1991年，根据国务院加快发展第三产业方案的统一部署，国家工商局等单位拟定《关于加快广告业发展的规划纲要》。大量药企花重金公开征集广告语，明星、名人也纷纷踏入广告界。此后几年，出现了"505神功元气袋""三九胃泰""盖天力""太阳神口服液"等药品、药企品牌，有的药企通过广告投放获利巨大。

作为早期电视广告的组成部分，这些药品品牌广告对丰富群众的消费选择是有益的。虽然不是严格意义上的健康传播，但亦构成这一阶段社会健康环境的一个组成部分。这一时期，也有一些省、市级电视台开办了医药科普节目。1978年，上海电视台创办"医药顾问"栏目，此后几经更名，历经"生活与健康""健康与长寿""名医大会诊"等名称，成为上海电视节目中生命力最长的一档。栏目在上海地区的历史最高收视率曾达到38%，是大众传媒普及医疗知识、倡导健康观念的有效窗口。[1]此外，河北电视台的"幼儿保健"，山西电视台的"卫生与健康""科普窗口"等是这一时期较有影响力的电视健康栏目。但是，由于电视处于发展初期，电视普及率和节目容量有限，所以，从媒介健康传播成熟度和丰富性的角度看，报纸在这一时期是优于电视的。

三、医疗广告的出现

在电视播出第一条商业广告之后的次年，1980年1月1日，中央人民广播电台播出建台后的第一条商业广告，其广告经营活动从此开始。中央广播电台在20世纪80年代推出"广告"节目，专门向听众推送商业广告和资信。1987年，"广告"节目从每天累计60分钟发展到140分钟，播出生产、生活、医

---

[1] 张自力.《健康传播学：身与心的交融》，北京大学出版社，2009年9月版，第136页。

第二章 健康广播的历史轨迹与社会环境(1978年以来)

药、文化等方面的100多条广告。在沟通供销方面起到了积极的作用,也适应了人民生产生活的需要。[1]

1990年,北京经济台开台试播音,并于两年后正式开播。在1993年8月北京经济台的大板块节目中,设置了"人人健康""健康乐园"和"健康顾问"三个小栏目,这是目前可以追溯的北京电台最早开设的以健康为议题的广播节目。而从全国其他省级电台的情况看,健康节目的问世和普及也大致是在1993年前后开始的。1994年,中央广播电台改革第二套节目,以提供信息服务为主要定位,并推出"医药咨询台"节目,向听众提供医药相关服务。[2]值得一提的是,山西电台"健康之声"广播于1995年开播,这是全国首家以健康医疗为定位的专业广播频率。

可见,这一时期的广播电台一方面跟随电视出现了与医药有关的商业广告,另一方面也体现出与报业相近的健康传播专业化思路,推出了健康类节目,甚至有了第一家专业频率。但是,与电视媒体上医药商业广告蓬勃兴起的景象不同,广播中的医药品牌广告的规模、数量并不显著。而进入20世纪90年代中期之后,一种特殊形式的广播节目,同时也是一种特殊形态的广告——电台医疗广告开始在广播中兴起,并得到快速的流行和普及。[3]据早期参与电台医疗广告制作播出的受访者回忆,医疗广告是广播电台的独创产物,在其新生阶段,医疗广告商和电台都没有相关制作经验,双方都采取相对认真的态度,请专家做客电台,与主持人交流对话健康理念的同时,宣传推销药品。但是,随着播出量的逐渐增大和电台售药市场的逐渐成形,此后的医疗广告在形式和传播内容上都出现了变形。

---

[1] 中央人民广播电台台史资料续编(1984—1987),第470页。
[2] 王求.《辉煌三十年:而今迈步雄关越》《中国广播》,2008年第12期,第6页。
[3] 研究未能从文献资料中获悉第一档电台医疗广告是在何时何台播出的,但通过对早期参与者的访问了解到,至少在20世纪90年代中前期,广播中已经出现电台医疗广告。

第二节 20世纪90年代中后期至21世纪初：繁荣、混杂与纠治

一、电视媒体健康议题进入繁荣期

电视媒体健康传播从20世纪90年代中后期进入快速发展轨道。1996年7月，中央电视台"健康之路"栏目开播，每期设置一个健康话题，邀请医学专家在电视上为观众解疑释惑、普及健康知识。这种专家"坐堂"的节目形式，至今仍是国内电视健康栏目常见的传播模式。同时期出现的电视健康栏目还有中央电视台"中华医药"、北京电视台"健康生活"、河北电视台"健康广场"、山东电视台"健康"、湖北电视台"健康俱乐部"、辽宁电视台"直播健康"、浙江电视台"电视门诊"等。

2003年"非典"的暴发凸显了我国公共卫生领域的问题和矛盾，健康问题开始受到社会和媒体的广泛关注，并逐渐成为大众媒体传播的一种内容类型。在电视媒体方面，越来越多的专业健康频道涌现出来，这些健康频道在运作模式上多采用"频道自办与社会合办相结合"的方式，共同组织节目资源。比如2006年11月福建电视台体育健康频道开播后，与影视制作公司合作出品了"健身节拍""养生时间""育婴先锋"等节目，涉及多个健康领域和话题。[1]健康节目的服务性和实用性得到受众的广泛青睐，收视成绩不俗。正因如此，在专业健康频道之外，电视台各个频道都在争相创办健康节目。

2004年1月，中数传媒牵头创办数字付费电视频道"卫生健康"，由中央电视台和上海电视台联合制作，由中华医学会提供医学专业支持，成为国内首个专业电视健康频道。"卫生健康"频道给观众提供不同角度、不同层次的节

---

[1] 潘文功.《拓外延、挖内涵——打造电视健康传播主渠道》，《东南传播》，2007年第8期，第13-14页。

第二章 健康广播的历史轨迹与社会环境（1978年以来）

目，比如以寻医问药为主的"名医大会诊""健康宝典"；以健康评论和谈话为主的"健康天天谈"；以心理健康为主的"心灵家园"；以及展示医学科技前沿的健康专题片"健康探索"等。

可见，电视媒体在这一时期对健康命题的关注热度和广泛性近似于上一个阶段的平面媒体。一定程度上也是基于电视媒体此时正处于快速上升发展的历史时期，各种类型的节目都以极其丰富的形态和内容呈现给观众。进入21世纪之后，人们对生命健康的关注与反思也推动着电视媒体健康传播的脚步。

二、"卖药"混杂在各类媒体的健康议题中

医疗广告在广播中出现之后，医药产品的商品属性和商业价值被烘托出来。由于它可以在一个较长的广告时段内集合多种资源向公众推销产品，故其广告销售效果要优于以秒计时的药品品牌广告。因此，20世纪90年代中期之后，广播当中的医疗广告更为普及兴盛，电视也效仿其形式推出声画结合的电台医疗广告。90年代中后期，药品、营养品、健身用品广告等在中央广播电台广告构成中已占据很大比例，是听众收听的主要广告类型。❶

值得一提的是，1999年9月开始，德国拜耳（医药）公司将一档名为"健康生活 拜耳奉献"的广播节目带到中国，以广告赞助的形式在中央广播电台文艺调频（三套）、北京音乐台、云南音乐台、吉林文艺台、湖北文艺台、四川闽江音乐台、浙江绍兴鉴湖之春台7家中央和省、市级广播电台播出。该节目每周1次、每次1小时，既有如糖尿病、心血管疾病的预防及治疗等医药保健知识，也有如棉花的培育改良等农业知识。❷这档节目带有一定的公益性质，在形式和内容上近似于目前广播中的冠名医药健康节目，主体上是在传播健康信息、提供健康服务，而冠名的做法又带有一定的广告营销色彩。

---

❶《中国广播电视年鉴》，中国广播电视年鉴社，2002年9月版，第252页。
❷ 参见http://www.pharmnet.com.cn/yyzx/2001/08/08/106997.html。

三、第一波针对虚假医疗广告的纠治浪潮

当"卖药"在报纸和广电媒体上成为一种普遍现象的情况下,其所传播的内容不仅离健康的概念越来越远,而且一些潜在问题开始显露出来,影响着公众对健康的理解和接受,甚至对其生命安全产生不利影响。比如,据电台参与者和收听过早期节目的听众陈述,这一时期的广播中可以听到大量涉性广告和涉黄内容,减肥药、增高药、治疗皮肤病药物等也是常见的一类广告产品。不少广告专题的内容过分夸大疗效、提供虚假信息,还有一些广播电视医疗广告安排患者或医托来做证明保证疗效等。这些做法不仅有损媒体的公共形象,也给消费者的经济利益甚或健康权利带来危害。

1995年,国家行政部门开始了第一波针对大众媒体虚假医疗广告的纠治。国家工商局先后发布《医疗器械广告审查标准》《医疗器械广告审查办法》《药品广告审查办法》《兽药广告审查标准》《药品广告审查标准》等规章。《中华人民共和国广告法》同年正式实施。此外,国家工商局发文称,"巨人脑黄金"违反《广告管理条例》和《食品管理办法》,应依法查处。国家一方面在法律政策层面对医疗广告提出约束,另一方面开始在执法实践上有所作为。但是,由于这些约束性法规大都缺少有力的处罚手段,虚假医疗广告的违法成本始终处于很低的水平,所以一系列纠治措施并没能从根本上削弱媒体"卖药"的发展和进一步渗透。

第二章　健康广播的历史轨迹与社会环境(1978年以来)

第三节　2005年至今：健康传播渠道走向多元

一、新媒体逐渐成为健康传播的重要渠道

在数字化时代，网络已成为受众获取健康信息的重要途径。数量众多的网络健康新闻、专业健康网站、健康论坛等为公众提供了海量健康信息，类似于"好大夫在线""有问必答网"等网上问诊平台，在中青年人群中也有较高的关注度和接触率。2010年开始，微博引领我国社会真正进入自媒体时代，移动互联网更为公众提供了随时随地与世界联接的可能。于是我们看到，《健康时报》《中国中医药报》《家庭医生报》等老牌平面健康媒体、传统网站的健康频道等纷纷涌上微博，扩大传播影响力，抢占受众资源。大量健康爱好者也利用开辟健康微博，专门传播健康知识。此外，如果以健康为关键词在智能手机"应用商店"中搜索一番，便会看到大量服务性软件，比如"从头到脚说健康""健康宝宝成长手册""健康顾问"等。《健康时报》《家庭医生报》等传统健康媒体也提供了第三方软件供移动网络用户下载。

更具个人传播力的微信应用在2011年推出后，用户通过好友转发、朋友圈发帖转帖等操作，实现了信息在小团体之间的快速传播。健康养生知识是微信信息传播中的一大类别，人们经常可以在朋友圈看到"怎样把身体调成碱性""1~12月，每月如何养生""雾霾对儿童的健康影响及防范办法"等与健康生活、养生保健相关的信息。

在自媒体传播环境下，传统媒体不再是健康传播唯一的发声器，每个人都可以成为传播健康的主体。人们经常用"信息爆炸时代"来形容媒体高度发达的今天。公众接触健康信息、获取健康知识并不是一件困难的事情，单纯从供求关系的角度看，媒体对健康信息的供应量是远远过剩的。但是，人们需要有

一定的辨别力和去伪存真的能力去处理这雪花散落般的信息。

二、电视平台上的健康节目：良莠不齐，真伪相间

有研究者在2010年7月对国内近30家卫视、省级及以上电视台（普通话频道）进行了调查，共统计到电视健康节目38档。也就是说，平均每家电视台都有1档以上的健康节目。该研究将这些电视健康节目分为三种：一是健康资讯类节目，主要提供疾病、亚健康、养生等方面的资讯，如中央电视台"健康之路"、辽宁电视台"健康一身轻"等；二是寻诊问药类节目，以导医导药、就医指南为主，如吉林电视台"吉林卫生"、安徽电视台"人与健康"等；三是中医养生类节目，主要是中医药知识和传统文化的整合传播，如北京卫视"养生堂"、中央电视台"中华医药"等。[1]可见，这一时期电视健康节目主要围绕知识、导医、养生三个关键词展开。笔者进一步了解发现，这些节目在组织形式上大体一致，主要是请专家做客演播室，在与主持人对话问答的过程中传播健康知识。

健康类节目在此一时期以一种密集发展的状态普遍存在于电视屏幕上，一方面是对观众日渐增长的健康需求的呼应，另一方面也折射出健康类节目的跟风式发展。但是，跟风发展的一个问题是会给健康类电视节目带来一些现实困境，比如节目寿命短、制作粗糙、同质化严重、节目形式单一等。此外，这一阶段电视媒体上出现的一个更为严重的问题是，医疗广告商开始模仿演播室访谈和观众参与的形式，推出与常规健康节目极其相似的广告节目。参与对话的所谓专家多是一些赢利性医疗机构的医生或与药企有密切关系的业内人士等，他们受雇于广告商，在解说某种病症的同时推销相关医药产品。这种形式的电视医疗广告近似于广播中的医疗广告，都是利用广电媒体中业已存在的节目形态，以假乱真地进行伪健康传播。

---

[1] 吴雨蓉.《我国电视健康节目发展历程与现状调查》《新闻爱好者》,2010年12月刊(下)。

第二章 健康广播的历史轨迹与社会环境（1978年以来）

当然，这一时期的电视平台上，尤其是一些市级台、区县台还存在一种更为赤裸的健康广告。这些广告比一般品牌广告长，但比电视专题片短，以5分钟左右者居多。其主要做法是营造出消费者买药的热烈场面，并采访消费者的使用感受，而消费者则一致褒扬该药品的功效和性能等。随着政策管理力度的加强，这类广告节目因"用新闻采访的形式宣传药品""用患者形象证言"等违法做法而逐渐被取缔，但在少数区县电视台仍零星可见。

三、广播：电台医疗广告成为主体

公众对健康传播需求是随经济发展和社会进步而逐渐提高的，这一点表现为广电媒体领域即健康类节目或议题的流行和普及。继山西的"健康之声"后，江苏"健康广播"于2004年正式开播。❶这说明健康已经与新闻、经济、音乐等议题一样，可以成为电台专业化发展的一条路径选择。

根据笔者的统计和了解，2004年之后，各省级电台、省会城市台、计划单列市电台等较高层级电台陆续开办了健康知识或服务性节目。比如较早开办的有黑龙江都市女性广播的"郑丹看医生"（2004）、江西民生广播的"健康直通车"（2005），以及2008年之后出现的北京体育广播"百姓健康大讲堂"（2008）、山东经济广播"养生有道"（2010）、河北生活广播"燕赵名医堂"（2010）、北京爱家广播"健康喜来乐"（2011）等。2012年笔者在梳理南京电台的节目时发现，该台6个频率共自办了六档健康知识和服务性节目，❷总计日播出时长约为6小时。这样的自办健康节目规模在全国各级电台中都是少见的。类似江苏地区健康传播优势明显（既有省级专业台又有健康节目突出的省

---

❶ 山西与江苏两家专业健康台在定位和内容取向上有明显不同：前者的专业性更强，重点是传播最新医疗信息、普及医学知识、提供医疗服务；后者的定位是"健康生活类专业台"，以更宽泛意义上的健康为理念。

❷ 分别是新闻综合广播"快乐养生坊"；城市管理广播"健康咨询"；私家车广播"私家养生馆"；经济广播"健康相对论""小芳健康网""养生正在流行"。

会台和地市台）的省份虽然不多，但大致看来，自办的健康节目在这一时期可以达到平均每家省级台有一档的状态。健康显然成为广播信息服务的一个典型门类。

但是，在电台自办健康节目普及的同时，电台医疗广告也在以更快的速度、更大的规模向各地各级电台渗透。电台健康节目不仅需要像一般节目一样花费人力、物力、心力去制作播出，还需要有健康医药专业资源的支持。而电台医疗广告大都由广告商按特定的套路制作完成，电台只是其播出窗口之一。因此，相比之下，自办健康节目的产出量远远跟不上医疗广告商的专题产量。此外，电台在创收环节对电台医疗广告的依赖度长期居高不下。所以，不管从单一频率、某家电台的层面，还是从整个广播行业来看，自办健康节目在这一时期仍处在被电台医疗广告淹没的状态。从2012年的统计看，A电台自办健康节目与医疗广告的规模比例大约为1∶70；陕西台的比例大约为1∶50；黑龙江台的比例大约为1∶40。其他电台的规模比例大约保持在1∶20和1∶30之间，有少部分电台如上海台、湖南台的自办节目和医疗广告比例大体相当，或无医疗广告。

这一时期有更多电台尝试设立专业健康频率，希望以健康议题的集中放送来稳固中老年人群的关注度和忠诚度。比如2005年6月，以"服务民众健康，关爱老年身心"为宗旨的江西"健康老年"广播开播。2009年8月，荆州电台"以健康服务性节目为特色"的"健康生活"广播开播。2010年5月，镇江电台"健康生活"广播开播。但是，江西台"健康老年"广播只存在了3年时间，便于2008年8月更名为"江西民生"广播，从重点关注健康到"提供衣食住行、健康、教育等全方位的新闻信息、咨询及各种延伸服务"。❶荆州电台健康生活广播此后也更名为"荆州之声"，❷不再以提供健康节目为核心。镇江电台的健康频道一直持续至今。如果坚持以健康为内容定位，势必需要电台专业

---

❶ 参见江西民生广播简介，http://www.jxgdw.com/jxgd/jxgbdt/jklnpl/pljs/userobject1ai621060.html。
❷ 原荆州电台健康生活广播使用中波585和调频97.2播音，荆州之声沿用该两套频率。

第二章 健康广播的历史轨迹与社会环境(1978年以来)

力量的强大和外围卫生资源的供给,意味着办一档健康专业电台要比办其他类型电台难度大得多,无疑会额外增添电台的运行成本。而将频率定位放开到"生活""都市"等层面上,那么,大量非健康类内容即可加入,减小健康节目的容量和制作压力。这也是有的健康专业电台难以支撑而转换定位的原因。

相较此前,这一时期的广播媒体对健康议题的关注空前高涨,从健康专业频率的密集出现可见一斑。但是在经营创收的压力之下,一方面,电台很难抛开时间和效益成本,去专心集合各路资源进行健康节目的生产和公共传播;另一方面,电台医疗广告快速"生财"的诱惑令大多数电台都难以抗拒。所以,站在当下去反观广播健康传播的发展环境,可以看到,囿于政策、资源和行业环境缺乏支持,自办健康节目容量虽处在上升过程,但其创新思路一直不开阔,同质化问题突出。同时,医疗广告作为一项产业,十分牢固地向媒体行业渗透,与自办节目像"两张皮"一样共存,且规模上远超自办节目。从点、线、面各个角度看,电台医疗广告已成为广播行业"健康"名义下的绝对主体。

第四节 广播中的"廊坊现象"

21世纪初期,河北省廊坊市在经济发展、脱贫致富的过程中走出了一条特色路径,成为省内经济增速领先的一个区域。人们把廊坊的经验和体制创新称为"廊坊现象",其大体被划分为四类经济模式:"无中生有""借势造势""中心开花""节点放射"。[1]其中的"借势造势"指的是借助靠近京津的地缘优势,规模化生产两地所需的产品,通过服务京津消费市场来发展自身经济。这

---

[1] 陈璐,赵宇,师长智.《京津冀大三角中的一个亮点:"廊坊现象"》,《领导之友》,中共河北省委党校主办,2003年第1期,第30页。

种"靠城吃城"的做法在同一时期被应用在当地电台的模式创新中，形成了在全国范围中有特殊意义、独具代表性的广播"廊坊现象"。

一、"评书+专题"独创模式争抢北京市场

地处京津之间的廊坊，地域南北狭长，很难形成集中的目标收听群。廊坊可以接收到中央台、北京台、天津台、河北台等30多个广播频率，造成了听众的分流。[1]但劣势有时也是优势，廊坊反过来也可以覆盖京津及周边城市的收听市场。北京地区是全国广播广告收入最多的地区，同时也是竞争最激烈的地区。北京巨大的收听市场在很大程度上得益于车载听众的快速增长。据北京市统计局的数据，2005年北京市私人汽车保有量为154万辆，平均不到10个人就拥有一辆私家车。此外，还有近7万辆出租车和为数众多的公车。[2]这些车载听众，包括京津的普通听众，是廊坊台要"吃"的主要对象之一。

所以，廊坊在2003年确定了"廊坊广播，覆盖京津"的定位，并采取窄播策略，于2002年8月成立以长书连播为特色的专业频率——"廊坊电台长书广播"。但是，评书不是该频率唯一的播出内容，而是在评书节目中间穿插电台医疗广告，基本形成了"半小时评书+半小时医疗广告"的固定播出模式。这种模式是廊坊长书台的独创，它有三方面的特点：第一，模式和时长固定，以半小时为切割，减少听众的收听疲劳。第二，内容纯粹，只有评书和医疗广告，最大限度地做到了听众群的收窄和稳定。地域不再是界限，大篇幅的评书内容可以帮助吸引周边城市的爱好人群。第三，解放电台人力。评书和医疗广告都是外来节目，[3]频率人员的采写编工作量大为减少，更多的人力可被用于

---

[1] 荆升清，吴亚林.《地市级广播的品牌经营》，《中国广播》，2006年12月刊，第87页。

[2] 参见新华网消息，http://www.xinhuanet.com/chinanews/2006-01/27/content_6140528.htm。

[3] 2003年，"廊坊电台长书广播"先后与北京单田芳文化艺术传播有限公司、评书表演艺术家刘兰芳、张少佐、孙一、田连元，以及一些广播节目制作公司建立了联系。电台可直接播出外包公司制作的成品节目。参见李阳、李红旗，《浅析廊坊长书广播成长模式》，《中国广播》，2012年第11期，第86页。

广告经营、外联等工作。

二、稳定市场和广告成长

在广告创收方面，廊坊电台的经济效益在2002年之前一直处于低迷状态。找到"评书"这一定位和市场契合点之后，廊坊台收听排名得到很大提高。赛立信公司曾针对"北京地区听众经常收听的广播电台"做过调查，廊坊电台长书广播排名第五。良好的收听率意味着更多广告商机，包括医疗广告商在内的各类广告主广告商趋之若鹜。廊坊台在2000年时，全年广告收入只有100万元左右，长期入不敷出。❶到了2005年，全台广告营业额达到1900万元，比2004年翻了一番，是2000年时的19倍。这一数据当时在全国同级电台中遥遥领先。

现阶段，廊坊交通长书广播使用调频和中波双频面向廊坊和京津地区播出。从廊坊电台节目市场份额曲线图2-1~图2-3可见，❷交通长书频率的听众群是最稳定的，从7:00~23:00一直维持在10%~13%的份额，这说明该频率的受众忠诚度和稳定性较好。长书频率有三个收听峰值，分别出现在6:00~7:00、1:00~2:00和2:00~3:00三个时段。出现收听峰值的原因主要是，其他两个频率每天0:00~5:00属于播音结束时段，只有长书频率在这五个小时中仍在播音。但是，这五个小时不再执行"评书+医疗广告"的循环模式，而是连续的电台医疗广告。

---

❶ 参见《中国证券报》报道，http://www.btv.org/btvweb/gg/2006-07-31/content_81007.htm。
❷ 节目市场份额是节目的收听率占同时段所有节目总收听率的百分比，能够反映频率、节目在广播市场中的竞争态势和节目质量。

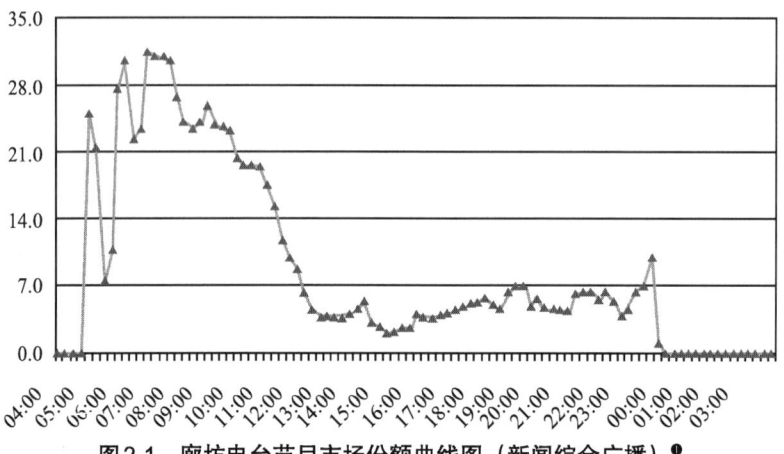

图2-1　廊坊电台节目市场份额曲线图（新闻综合广播）[1]

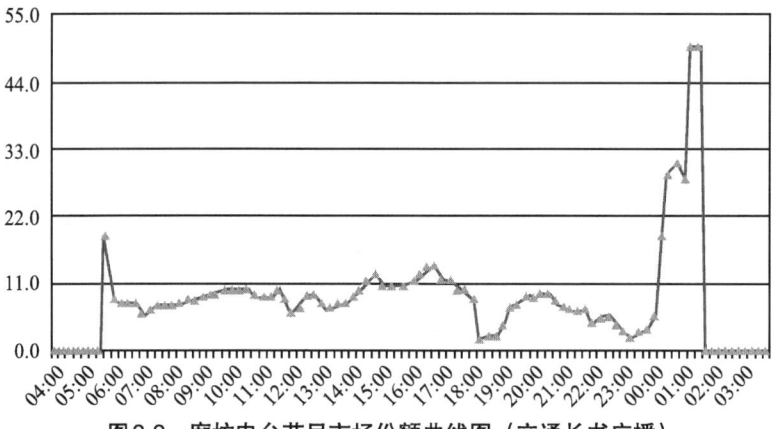

图2-2　廊坊电台节目市场份额曲线图（交通长书广播）

---

[1] 参见"廊坊人民广播电台2013刊例"，http://www.010lf.com/att/0/10/20/83/10208370_957782.rar。

图2-3 廊坊电台节目市场份额曲线图（戏曲广播）

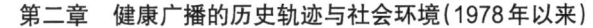

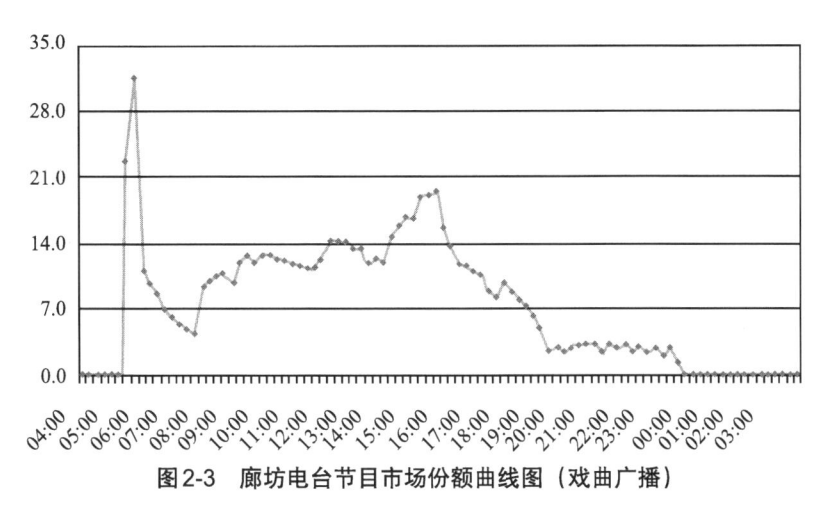

三、难以被效仿

廊坊长书广播开办并在经济效益上取得成功之后，业内模仿者众多。截至2012年年底，长江以北地区有四五十家电台相继开办长书广播。[1]但极少有电台可以完全像廊坊台一样严格执行"评书+医疗广告"的循环模式，大都在这两种节目之外掺有音乐、谈话等内容。笔者分析认为，廊坊模式难以复制的原因，一是多数电台不能做到评书资源的足量、优质和集中；[2]二是廊坊电台从2002年开始培养了稳固的受众群，在评书爱好者中形成了品牌印象，其他台则需要花费更多的时间成本去培养目标受众。

四、医疗广告对长书台的特殊价值

从2013年的情况看，交通长书频率全天24小时播音，其中电台医疗广告

---

[1] 李阳，李红旗.《浅析廊坊长书广播成长模式》，《中国广播》，2012年第11期，第86页。
[2] 廊坊长书台在多年实践中积累了丰富的评书资源，既有外制评书，也从2004年开始推出自制评书，还采用北京—廊坊电话连线的方式进行评书直播，在内容和形式上都尽可能做到专业化。

共计15小时，其余9小时为评书和少量品牌广告。[1]也就是说，医疗广告的体量已经超过评书占67%。从商品贸易的角度说，评书节目一般需要电台从外部采购，需要耗费成本支出，而电台医疗广告则是电台收入的来源。基于此，医疗广告在体量上超过评书，才能实现电台收入大过支出，达到可以创收的经营目的。

另外，有听众被问到为何锁定收听廊坊长书广播时，其回答是："这个台有意思，整点播生活资讯，半点播放评书。广告少，节目还好听。"[2]在一般听众的观念中，以秒来算的品牌广告才是广告，并不把电台医疗广告列为广告，而是看作电台节目的一种。所以廊坊长书广播这种"半小时评书+半小时医疗广告"的循环单元式制作方式，带给听众节目多、广告少的听觉感受，可以延伸听众的收听时长，并培养其收听兴趣和习惯。

---

[1] 参见廊坊交通长书频率2013年1月1日起施行的节目表，http://radio.010lf.com/system/2013/01/05/010309510.shtml。

[2] 参见《中国证券报》报道，http://www.btv.org/btvweb/gg/2006-07-31/content_81007.htm。

第三章 电台医疗广告业务形态

大众媒体是社会公众主动获取或被动接触健康信息的主要渠道之一，而广播媒体则因其单声道传播、收听便利等特点，成为公众尤其是中老年人群获取健康信息的重要途径。基于人们对健康的普遍向往、对健康信息的需求及中老年目标人群的特点，全国各地各级广播电台看到了健康类节目和内容传播的价值，所谓"健康广播"节目的制作和播出极为普及，随手打开收音机，很容易与"健康"不期而遇。根据观察，在几乎所有省级电台中，在"健康"名义下的节目普遍出没或嵌插在综合、新闻、文艺、生活、都市、故事等专业频率节目表中，"健康"作为百搭元素，受到普遍欢迎。但是，笔者细分看来，这些"健康"节目的主体并非以健康知识和服务为导向的纯健康节目，而是以节目形态存在的医疗广告。

第一节 A电台个案分析（2012—2013年）

一、医疗广告规模是健康节目的70倍

笔者根据2013年3月的节目单和实际收听情况，汇总全台所有健康相关节目，绘成表3-1。其中，仅有生活广播的"××名医堂"是以诊疗服务、疾病知

识传播为主的健康节目，其他节目虽然大都冠有"健康""养生"等字样，但实际上是广告成分多少不一的产品营销节目。

统计看来，"××名医堂"只有1小时的播出时长（17:00~18:00），❶而种类不一的医疗广告的日播总时长却高达72.5小时。也就是说，医疗广告的规模是健康节目的70多倍，二者之间的比例失衡状况完全可以用"严重"来形容。

表3-1　A电台"健康"名义下节目一览表（2013年3月）

频率	节目	播出时间	频率	节目	播出时间
经济广播	不老林	4:30~7:00	旅游文化广播	健康乐园	4:30~5:30
	健康乐园	8:00~11:30		养生讲堂	6:00~7:00
	健康乐园	14:00~17:00		健康大讲堂	7:00~8:00
	健康乐园	20:00~23:00		健康乐园	9:00~10:00
生活广播	健康生活	0:00~1:00		养生讲堂	11:00~12:00
	健康生活	4:30~7:00		健康乐园	14:00~15:00
	健康生活	8:00~12:00		养生讲堂	16:00~17:00
	健康生活	13:00~14:30		健康直通车	17:00~18:00
	健康生活	15:00~17:00		健康乐园	20:00~21:00
	××名医堂	17:00~18:00		养生讲堂	22:00~23:00
	健康生活	20:00~22:00		健康直通车	23:00~00:00
文艺广播	907健康驿站	21:00~7:00	音乐广播	医疗专题节目	4:30~5:30

---

❶ 这档节目在2012年时名为"健康导航"，且时长是现在的一半(17:30~18:00)。

续表

频率	节目	播出时间	频率	节目	播出时间
农民广播	田园星空	1:00~4:30	交通广播	健康伴你行(转播)	4:30~5:30
	广告	4:30~6:30 7:00~8:00 9:00~10:00 11:00~11:30 13:30~14:00 16:00~17:00 18:00~19:00 19:30~22:00 23:00~00:00	新闻广播	健康之声	4:30~5:28 5:28~6:30 9:00~10:00 10:00~11:00 12:30~14:00 14:00~15:00 15:00~16:00 16:00~17:00 17:00~18:00 19:00~20:00 21:00~22:00

二、全系列播出医疗广告

A电台共有新闻、经济、交通、音乐、旅游、农民、文艺、生活八个频率，除交通台和音乐台外，其他六个系列均采用调频和中波双频播出。绝大多数电台在向各系列台安放医疗广告时，一般会有意识地避开收听率较好的交通台和音乐台。但A电台的情况却有不同，即使是交通频率和音乐频率也有小部分医疗广告播出。这说明该台是一个全系列播出医疗广告的电台，足可见这部分内容体量之巨大。

值得说明的一点是，一般而言，双频台（调频台+中波台）的节目播出是一致的，但A电台新闻广播的两个频率却非如此：调频台没有任何医疗广告，而中波台在保留了调频台部分品牌栏目的基础上插入了10.5小时的医疗广告。从该台的广播网、新浪微电台收听到的是无医疗广告版的节目。

三、医疗广告的规模占全台日播资源的38%

每天全台八个频率共播出电台医疗广告72.5小时,占全台日播总时长的38%。按日播出规模大小分别是:农民广播14小时,生活广播13小时,经济广播12小时,旅游文化广播11小时,新闻广播(中波)11.5小时,文艺广播10小时,音乐广播1小时,交通广播1小时。在医疗广告的绝对量上,除交通台和音乐台外,其他几个系列台日播医疗广告都在10小时以上,多者能占到频率一半甚至一半以上的播出时间。

笔者在2012年也对A电台医疗广告的播出情况进行了记录。2012年,A电台全台医疗广告日播时长约为47小时,而2013年则在此基础上新增了25小时左右,增幅超过53%。变化较大的三个频率,一是音乐广播原来没有医疗广告,2013年在早间时段新增设一档;二是经济广播原来只有1小时电台医疗广告,2013年则剧增到12小时;三是文艺广播原来只有5小时医疗广告,并且散落在五个时段之中。2013年该频率的医疗广告增加了一倍,但统一放在21:00~7:00之间连续播出,不再占用其他时段。

四、医疗广告24小时全时段覆盖

从图3-1看出,A电台在全天24个单小时时段都有医疗广告播出,也就是说,听众在全天任何一个时段都有或多或少的机会从该台接触到医疗广告。医疗广告在时段分布上的松散性,说明此类节目规模过大,已经很难做到在某几个时段的集中,而是需要全频率、全时段予以分担这种压力。

具体来看,夜间0:00~4:00是收听较弱的四个小时,所以有的电台在这几个时段中维持着医疗广告的零播出。而A电台却是例外,每小时都播出两档专题。早间4:00~5:00和5:00~6:00是A电台医疗广告播出最密集的两个时段,各有八档节目播出,也就是说,这两个小时中,全台八个频率都在播出医疗广告。接下来的6:00~7:00延续着此前两个小时的播出高峰,全台3/4的频率在播出医疗广告。

A电台医疗广告的播出低谷是7:00~8:00、11:00~13:00、17:00~19:00，即早中晚三个收听高峰，这与绝大多数电台的情况相似。这说明A电台也希望在收听高峰多播品牌节目少播医疗广告，以稳定受众群。但我们同时看到，在每个黄金时段过后，医疗广告播出量又顺时递增，以13:00~17:00的递增、19:00~22:00的递增过程最为明显。

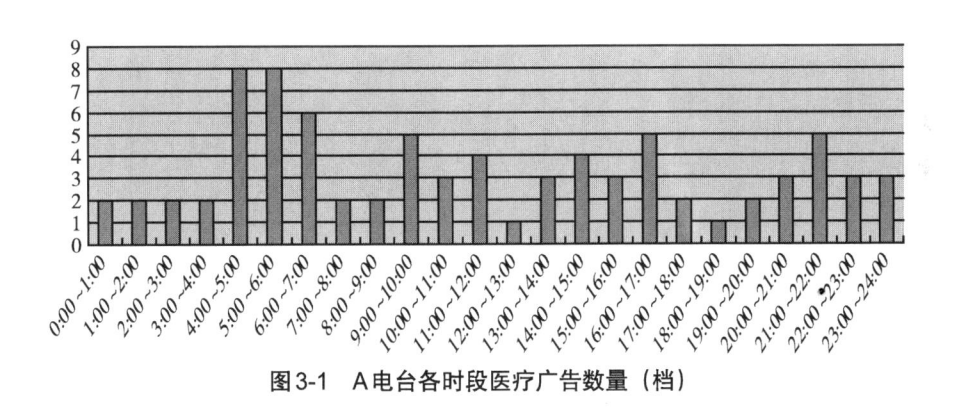

图3-1 A电台各时段医疗广告数量（档）

第二节 强行卖药节目是医疗广告主体

从对A电台"健康"名义下节目的描述可以看出，电台自办的纯知识和服务性健康节目其实只是"健康"广播中的零星点缀，规模极小。而"健康"广播看似庞大的规模实则被各种类型的医疗广告所占据。这些广告节目因为播出内容和方式的不同，所呈现的广告性征或强烈或微弱，程度不一。

一、医疗广告节目的细分标准

研究选取了北京台、A电台、石家庄台、邯郸台、B电台共5家电台的95

期节目，播出时间分布于2012年2月至2013年4月之间。研究以这些历史节目为依据和参照，对医疗广告进行进一步的细分处理，进而探明"健康"广播中规模最宏大的医疗广告究竟是一种什么播出面貌。

尽管我们按照一定的标准对医疗广告的范围和所指进行了框定，但符合这种概念框定的节目依然是巨大和样态不一的。所以，有必要将节目样态进一步加以区分，借此可以回答一个问题：哪类节目是医疗广告的核心成分？

医疗广告本身并非电台自主自办的产品，而是为谋取一定商业价值而与外界合作的一种特殊的广播产物。因此，营销是这类节目共同的属性。但是基于不同的节目制作观念，营销成分的多寡、营销的手段方式又是不同的。因此，围绕营销成分的多寡和营销方式的不同，笔者列出以下7项内容，作为医疗广告节目细分标准。

（1）播讲内容是否多次提及某种药品、保健产品，如果有，则视其带有营销性质；

（2）播讲内容是否有严肃的健康知识或中医养生知识；

（3）播讲严肃知识附带销售产品，还是营销产品的同时偶尔涉及严肃知识；

（4）严肃知识与广告营销内容是混杂的，还是分开的；

（5）热线问诊中是否多次主动推销药品、保健产品，或引导病患到所代言机构就诊；

（6）播讲人是否通过保证根治、断言、夸张、恐吓等方式诱导听众购买产品；

（7）热线听众的发言是套路式的，还是没有明显的模式或套路。

二、医疗广告节目的9种类型及释义

根据上述7项标准，本研究将95期对象节目划分为9种类型。这9种类型虽然未必囊括全国所有电台中播出的医疗广告节目，但基本可以涵盖那些具有一定规模和一定代表性的节目，只是每种类型在各个电台的存在比例各有不同。

1. 讲知识解问题的冠名节目

这类节目本身是电台与社会医疗机构的合办节目，是冠名播出的节目，但不在节目中硬性推销药品和服务，也不刻意介绍主讲专家的能力、成就及冠名机构的地址、电话、特色等。北京电台爱家广播的"京隆养生堂"最为典型，长期由一位中医专家搭档一位中药专家做客电台。节目前半段由专家结合具体疾病从中医药的角度讲述病理、食疗方法等，后半段接听热线或回答短信提问讲解具体案例，内容实用，不浮夸、不吹嘘。主讲人在答问过程中有时会提到该机构的药品有什么功能、应该如何使用等，但没有规律性。类似这种以提供服务、传授知识为主，兼有少量广告元素的冠名节目并不多见。

2. 伴有少量营销的健康知识性节目

这类节目以健康知识、养生理念为主要讲述内容，播讲人多来自某社会医药机构，无热线问诊、药品推荐等环节。北京电台文艺广播的"养生有道"属于这种性质的节目。一期节目中，先由主持人介绍养生保健知识，随后由两位专业人员分别结合一个主题，传授知识和理论，这几部分是没有任何营销和广告元素的。但节目尾部一小段时间中，由某机构人员对其产品进行适应症、功能等方面的介绍，但并不夸张。节目的几个板块是衔接在一起的，且播讲人员来自同一机构，因此我们认为这是社会性机构与电台的合办节目，但以传授知识为主，介绍推广产品为次。这种有"节制"、有自我约束的合办节目也很少见。

3. 中医知识和自创养生法传播节目

这类节目本质上是广告节目，但其在内容和形式上尽量淡化广告色彩。第一，节目的播讲人多被介绍为极有中医学术文化造诣的大方之家，且该方家有一套自创或受传承的中医养生方法，有一系列相关健康养生产品；第二，在播讲内容上，以传统中医知识理论和自家口诀功法为主，且播讲人语速慢语态沉着缓和，给人以权威感；第三，不一味地向听众推销产品，会时常结合病症提供药方、进食方法等。上述三点大量稀释了节目的广告特征，但实际上，知识的传播、养生口诀和药方的免费提供、播讲人的个人权威感等都是无形广告的一部分，会吸引听众到线下门店去实际学习，或购买相应产品。在多家电台同时播出的"祥康快车""精正福元堂养生讲座"等均属于这类节目。

4. 健康知识+硬广告的复合节目

这类节目与养生法传播节目有相似性，也是以传播中医养生保健知识为主，并且知识的纯粹性更高，几乎没有任何广告痕迹或自我宣传的意识。节目没有热线问诊，但在纯知识讲授之后有一段硬广告时间，专门介绍某医药产品的功能主治、联系电话、地址等。观察看来，这类知识+广告的复合节目是2013年新出现的一种形态，且只在北京电台有此类型。将知识性内容与广告明确分开，这是该电台医疗广告管理的新手段。

5. 知识+诊病+隐性营销三位一体节目

这类节目分为两个段落，第一个段落重点围绕某种疾病或某个健康问题讲解预防、诊疗知识；第二个段落是接听热线电话，空中诊病，并且是全科问诊。在讲病和问诊过程中均不为某种药品或机构进行宣传，听上去很像一档电台自办的知识性与服务性兼备的健康节目。但同时却发现，主讲人在节目中时常提到某个号码，如有问题请听众随时拨打。上网搜索发现，该号码是某种药品在当地经销商的电话。因此，这种节目在知识和服务之外，还带有隐性营销的成分。

6. 知识+诊病+营销三位一体节目

这类节目与"知识+诊病+隐性营销"节目在形式上较为相似，也分为讲知识和问诊（全科或针对某种疾病）两个段落，所讲的内容也相对平实，不吹嘘，不浮夸。但其营销性内容却不是隐性的，而是显性的，主讲人会在知识讲解时提到所代言药品的成分、功能主治，问诊过程也会适时建议听众使用所代言的药品。整体上看，这种节目将营销因素穿插于知识和服务环节当中，知识性内容言之有物，营销内容不刻意夸大，是广播医疗广告较常使用的一种传播方式。

7. 伴有少量知识的产品营销节目

这类节目与"伴有少量营销的健康知识性节目"恰好相反。不是在知识性节目中点缀少许广告，而是在大量广告营销篇幅中点缀了少许知识性内容。少许知识性内容是铺垫性的，比如某种疾病的成因、症状等，目的是服务于自家产品的营销，讲解该产品如何对症、如何化解症状等。热线接听环节的讲述内容亦是如此，既帮助听众诊断、分析病因，又向其推广产品。与单纯的卖药节目相比，这类节目的知识性内容多一些、准确一些，但本质上却近似于卖药，只是"忽悠"的成分少一些。

8. 以推广医疗技术、设备或服务为主的医疗广告

这类医疗广告节目本质上与卖药节目是相似的，只是在宣传内容上不是药品、保健品，而是意图向听众推介某家医院、医疗机构，或医院、医疗机构的某种疗法等，传播内容主要涉及这种疗法的适应症、禁忌症、优势优点、有效性等，其间偶尔谈到医学或疾病知识。节目中广告语言、广告元素痕迹明显，专家的讲述很多时候听起来像念广告。比如威海电台新闻综合频道"空中名医门诊"，在形式上是专家知识讲座节目，但节目中专家更像广告人员向听众介绍某种技术、疗法是如何先进、如何有效，而不是重在为听众讲解病症原理、判断病情、提供诊疗建议等。

9. 强行卖药节目

纯粹依靠说服技巧"卖药"的节目，是目前电台医药广告节目中份额最大、分布最广的一种类型。这类节目将医药产品销售视为唯一目标，是纯粹的商业行为。所谓的专家讲不出什么实在的内容，比如某种慢性疾病的根源和表现如何；这种药品的具体成分是什么，有怎样的针对性；除了用药外，又没有什么食疗方法或预防措施等。而是通过讲故事、述心情、打包票等方式拉拢听众的收听兴趣，用"五脏同调""气血双补"等玄虚的理论蒙混视听，开展买赠活动鼓动听众抓紧购买，节目中含有形式多样的说服手段，许多节目还采用

热线"医托"帮助说明效果。这类节目属于打着健康幌子的"伪健康"节目，完全不顾及公众的用药安全和生命安危，如兜售一般商品一样为各色药品、保健品摇旗呐喊。

三、强行卖药节目占主体

笔者在2012年2月至2013年1月随机抽取了一家省级台（A电台）和三家城市电台（B电台、石家庄台、邯郸台）的共计64期节目，根据其节目内容和形式，逐个装筐到上述9种类型。统计发现，非强行卖药节目只占13%，其余87%的节目均是强行卖药节目。在13%的非强行卖药节目中，更多的是以营销为主干、知识传播为枝蔓的节目，鲜有以传播知识为主、营销产品为辅的节目。

值得一提的是北京电台的情况明显有别于其他。笔者同样在2012年2月至2013年1月随机抽取了北京电台的31期医药健康节目，并逐个装筐到上述9种类型。统计发现，北京电台医药健康节目的形态较为多元，几乎涉及所有细分种类。从播出内容来看，80%的节目都包含有分量不等的健康知识。其中，知识+诊病+营销三位一体的节目最常见，约占36%；健康知识+硬广告的符合节目约占19%；另外有19%的节目是以讲知识为主，略带营销成分。而那些几乎不带有知识传播价值的强行卖药节目的规模不到总体的2成，这个比例在国内电台中处于很低的水平，也说明北京电台对医疗广告的内容把关尺度较为严格，试图通过健康知识的融入来淡化广告营销的色彩。

第四章 电台医疗广告的本质属性

医疗广告从其形态出现至今，都未曾脱离其广播广告的本质属性。但与一般广告不同，专题性广告借广播节目的外壳，包裹"健康"与"售药"两种成分多寡不一的混合产物。本章试图从医疗广告的进入和广告产出两个环节，对医疗广告节目的广告属性进行辨析和说明。

第一节 医药商的广告进入

医疗广告在本质上是一种借助广播发声的广告节目，它的特殊之处在于，这种广播节目不能靠电台自己来完成，而是与"外力"合谋而生的产物。这种"外力"即林林总总的医疗广告商，如医药厂家、医药代理商、零售商、散户等均可以成为"外力"的一种。电台是广播资源的实际拥有者，是广播广告的经营者和发布者，医疗广告商是诉求方，需要借助广播平台，发布营销信息。所以，电台与医疗广告商之间主与客的关系、卖与买的关系是天然的。但是，当电台把广播资源以时段的形式卖给广告商之后，后者实则"承包"或"承租"了公共资源，并在这一段公共时间内享有绝对话语权。电台与广告商之间的主客关系也因为公共资源的私有化而发生互换。

一、新形式的"制播分离"：医疗广告商自制，电台播出

制播分离（Commission）最早兴起于电视机构，指的是电视播出机构将部分节目委托给独立制片方来制作，以拓宽节目内容的生产平台，为受众提供更多元和丰富的电视节目。医疗广告在本质上也是处于"制播分离"状态的节目：其制作部分一般由医疗广告委托方承担，电台只负责完整节目的播出。制播分离的原始意义在于利用社会优质资源为受众提供更高品质的产品服务，但医疗广告"制播分离"的意义仅体现在广告合作的模式上，目的是服务于电台和广告商双方的商业利益，而不是为听众提供高水准节目。

广播节目按照实时播出与否可分为直播和录播两类。由于医疗广告本身的广告属性，所以不论是直播还是录播，其参与主体和制作主体都来自医疗广告商。从A电台的情况看，电台医疗广告以录播为主，即由医疗广告商组织人力按广播节目的制作标准录制完成，并将这些成品节目转交给电台，再由电台专门人员把节目上传到备播系统，进而顺时播出。这种做法在A电台甚至是全国电台都是通行和流行的。比如在河北生活频率12.5小时的电台医疗广告中，仅有2小时节目是直播完成的，其余全是广告商提供的录音成品。一般而言，直播节目不仅现场感强，而且比录播更节省人力和时间成本，所以，电台自办节目目前都以直播为主。那么，为什么医疗广告节目却更倾向于采用录播形式呢？

LJ：现在的问题是，客户都愿意录播，这跟他的销售模式有关系，录播节目做起来相对精致一些，包括策划、与主持人的配合、嘉宾讲解的分寸等可以把握得更到位，更符合销售理念，更接近他想要的效果。直播时，嘉宾和主持人的配合未必那么到位，效果不如录播好。

以录播为主的医疗广告播出方式不是A电台或其某个频率独有，从笔者在其他地区电台了解的情况看，录播是医疗广告在各地的主流形式，是通行的一条行业规则。

第四章 电台医疗广告的本质属性

LB：（播出方式）主要是放带子，就是录好的，直播少一些。播带子的占80%~90%。

ZT：节目完全由他们自己做，一个老板可能有五六个产品在全国各地的电台在播在做，有专门的人给他剪辑、写稿、找热线、合成节目，非常专业，把成品节目拿过来播就行了，现在很多电台播出的广告节目就是这么做的。这种节目在北京台的比例至少占一半以上。但对广播来说就存在一些安全隐患，客户只是为了自己的利益，但不知道有什么宣传精神和需要规避的问题。

电台医疗广告作为说服性极强的广播产品，信息传播和情感交流都不是核心诉求，而是借助主讲人的语言魅力和说服能力来达到销售目的。因此，主讲人讲什么、怎么讲是至关重要的，从说服效果最大化的角度对此加以设计和干预是有必要的。从这个角度看，录播的确比直播更有效，因为录播可以随时调整音频内容，还可以无限次重录直至最终满意，而直播却是一过性的，说服效果的强弱好坏难以掌控。并且，医疗广告的说服效果会直接影响销售业绩，而线下销售业绩又会直接关系广告商的广告投入力度和能力。基于此，电台一般也愿意配合广告商提出的录播要求。

ZT从1997年开始专门负责C电台[1]医药健康节目的主持工作（但其人事派遣关系不在该电台）。该电台给他提供了一个节目制作机房，他每天在此机房中负责串联、合成、上传节目。ZT在机房接受访谈的过程中，也向笔者演示介绍了节目制作过程。

第一步：据ZT介绍，许多医疗广告商在场外都有专业录音间，主讲人播讲和热线对话部分都在该录音间录制完成。

第二步：广告商或其工作人员将场外录好的节目传给ZT，ZT将节目导入机房电脑的工作软件。

第三步：ZT将自己事先录好的串词导入软件，并把串词剪切串联到场外

---

[1] 系北方一家省级电台，出于研究和表述的需要，文中代之以"C电台"。

传来的节目中，按播出要求将节目制作合成。

ZT：专家录好之后，把带子给我们。所谓录好的，就是既包括专家说的内容，也包括热线听众的内容。主持人的功能就是串场，合成节目。

第四步：将节目上传到播出平台候播。

还有一种情况是，有些医疗广告商没有自己的录音间，不能在电台之外录节目。这时，主讲人会将电话拨到ZT所在的机房，由ZT用音频软件录制主讲人的讲座，随后再予以合成。那么，在这种情况下，热线环节怎么处理呢？

ZT：电话都是提前约好的，他们不知道录音间的电话，我们要提前知道他的电话，跟他联系，请他讲，讲完之后，将不对的地方剪掉。如果打节目中播报的电话，会直接打到场外热线去，而不是直播间。也有直播的，但为了广播节目的安全性，很多节目不敢直接接，比如有政治反动宣传，万一出问题呢！即便有延时器，也会弄得节目一团糟，自己也慌。他们一般是今天打进热线来，导播先跟你聊一聊，第二天、第三天再给接进来。

除了满足医疗广告商更有效率地营销产品之外，录播还可以从很大程度上规避政策风险。这种风险主要来自主讲人。因为在直播形式下，电台基本上没有办法控制主讲人所说的内容，常常会遇到主讲人的语言表述违规、超限的情况。每每遇到此类情形，电台只能靠警告、劝导等方式予以处理。面对直播内容难以把控的问题，LB认为，改为录播并加强预审有可能也会成为其所在电台医疗广告的制播方向。

LB：现在我们并不是每期都去先听，而是播完之后监听。我们最近正好遇到这种问题，主讲人在讲座的时候说说就说顺嘴了，我们是有规定的，在什么范围内讲。但是他说顺嘴了之后，这个药就变成包治百病的了，那肯定不行，我们回来马上就要找他。他就能控制一段时间，但总是会出现这种情况。这种情况是我们非常不愿意看到的。以后我们也可以考虑全改成录的，凡是录好的他就没这些毛病，他知道你在监管，他就会小心。如果要直播，他就胡说。

对于电台自办的节目而言，其采、写、编、制、播各个环节都由电台内部人员负责，且受制于电台的奖惩机制和播出规定，所以即便在全天候直播的环境下，播出安全也是享有高度保障的。但医疗广告却不然。"制播分离"的特殊机制意味着电台出让时段的同时就出让了话语权，节目的主讲人、热线听众乃至（大多数）主持人都直接服务于广告商，而不受电台规制的约束，很难保证他们所传播的内容是在合法范围内的。所以，不管是录播还是直播，只要电台预审环节是松懈的，那么，内容风险便是始终存在的。

二、优质时段用来卖药

医疗广告有别于普通意义上媒体广告：它一般不以秒来计算时长，而是以分钟来计算，且每期通常都在15分钟以上，更长可以达到1~2个小时。它不像硬广告穿插在电台节目之间，而本身就以电台节目的形式存在，且拥有节目名称。如此，医疗广告实际上是一种整时段播出的广告节目。它的形成和播出建立在电台主动出让时段的基础之上。

"空段"是广播行业的业内词汇，它指的是电台自办节目时段之外的空闲时段。从理论意义上讲，广播当中是不应该存在"空段"的，因为没有人规定每天24小时当中哪几个小时是用来做节目的，哪些是用来空置的，而应该统一用来播出节目服务于听众的信息需求。可是，在自负盈亏的经营模式下，如果将所有声音资源都用于公共服务，那电台自身的生存将无从谈起。所以，"空段"的存在是人为的或有意而为的，它存在的意义在于将资源出让给广告商赚取利润。

节目品质是吸引广告客户的根本因素，二者之间本应存在一种良性互动的关系。但在B电台广告部门的工作人员LS看来，电台节目本身质量不好，很难以此吸引广告，等待节目质量的提升又可能会是一个极其漫长且带有赌注色彩的过程，所以，大量电台都放低了对节目质量的要求，而用出卖时段的方式将手直接伸向广告商。这是医疗广告产生且逐渐蔓延为一种广播气候的关键所在。

LS：节目本身少，时段空缺，而且做节目本身耗费人力物力，说不定还得搭钱，但卖时段能直接带来经济效益，省心，直接点钱。主要还是看客户的要求，他们想在哪个频率、哪个时段播，如果这个时段正好有空，那就给他做。

时段与收听率是休戚相关的，高收听率的时段势必是广告商和广播频率都希望争取的。那么，时段的归属最终是如何确定的？以A电台生活广播为例，该频率电台医疗广告的播出时间分别是：0:00~0:30、4:00~4:30、4:30~5:00、5:00~7:00、8:00~12:00、13:30~14:30、15:00~17:00、20:00~22:00，共计12.5小时，其他时段均为自办节目。❶年底广告竞标时，频率的时段资源是开放的，医疗广告商会根据收听率和目标听众的收听特点，指定专题投放时段。而通常广告商所选择的这些时段都是所谓优质时段。

YYJ：咱们也是竞价，年底拍卖时咱们拿出来这些时段，我们都是把好时段拿出来卖药，早午晚几个时段空出来做节目。

这意味着，频率在配置广播资源时，以医疗广告商的意志和诉求为首要筛选条件，自办节目只能排在第二顺位。老年听众长期以来都是生活频率最稳固的一个收听人群，也是主力人群。这个受众特点使生活频率成为医疗广告商趋之若鹜的一个目标台，该频率也从来不会发愁客户资源，有大量广告商都站在门外亟待进入。身处绝对的"卖方市场"环境下，电台和频率对广告市场和广告收入拥有良好的预期，这会稀释其对收听率的紧张感，也放松了对广告时段的把控。

三、自办节目服务卖药专题

即便是在医疗广告之外的时段中，自办节目也不能随机、任意安放，而是需要作为一种衬托和延伸，放在更有利于医疗广告收听效果的位置。

LJ：专题时段前后的节目设置是很有讲究的，比如这个产品是适合中年群

---

❶ 参见河北生活广播节目表：http://www.hebradio.com/shgb/jmsjb/201301/t20130109_1087134.htm。

体的，那么前后时段可能对应这个群体安排一些节目，比如郭德纲的相声等。这些节目是用来支撑医疗广告的，为了让专题节目有更多人听，我们才有更多钱可赚。也就是根据它的目标人群来设置节目，给它做依托。

在十几个小时的医疗广告节目里，难免会遇到同类型产品撞到一起的情况。为了在最大限度上为频率争取经济效益，同时又确保不同广告商的利益都不受损害，频率也会尽可能地在时段资源上进行调配。

LJ：比方都是治疗脑血管疾病的，就尽量不放在一个频道当中，但如果真是分不开了，都是跟频道合作很多年的客户，没法取舍的时候，那只能切开，比如一个早上播，一个下午或者晚上播，尽量做到互不影响。

可见，当面临创收的具体压力时，各个频率很难专注于节目的生产和资源的优先使用，一切以市场和创收为前提的机制运行使频率资源的利用呈现出本末倒置的状态。为电台医疗广告让渡时段资源实为广播业一种显在的行业规制，在长期运行的基础上，这种规制更加演化为行业规律，具备了相应的运行规则。电台—广告代理机构—医疗广告商所形成的利益共同体合力之下将这些规则美化、成熟化，使电台医疗广告在广播中的存在更加合法化。至于资源让渡的程度和多寡，似乎是从业者主观裁决的结果，在很大程度上源于媒介操作者的行业自觉。

第二节　医疗广告的创收价值

一、有限的广告投入换来翻倍的广告产出

以专题节目形式存在的医疗广告有三个核心特点：一是它固定在某个时段由同一个主讲人播讲，听众在该时段的收听习惯及其对主讲人的信任感，随着

时间的推移而逐渐得以培养。二是这种专题广告的传播内容带有一定连续性，需要在一段时期内逐渐播讲。三是其传播内容又具有循环往复的特点，这样既可以照应到从任何时间点开始收听节目的听众，又实现了内容的重复和说服效果的增强。这三个特点决定了医疗广告商在向电台投放广告时，必须长时期购买某个时段，以此培养和壮大受众群，进而才会有更多的人相信疗效、选择购买。

LS：（买多长时间）也是根据客户的意愿来定。但是医药讲座有特殊性，很少有客户就做一两个月，至少也得是三个月。他们一般挺珍惜拿到的时段的，能长久做就长久做。通常我们都是满载运转，深夜都没有空时段，所以新客户来了也存在买不到时段的可能。

在"僧多粥少"的状况下，如果广告商未长期购买或到期退出，那么在场外等待的其他广告商便会第一时间补充进来。"聊胜于无"的道理在广播医疗广告的领域十分说得通。

LS：比如一个时段空出来了，虽然不是太好的时段，但你不填进去，就有别人填进去。可能不是那么满意，但至少你有一个阵地。

对于站稳了阵地的广告商来说，能在阵地上站多久，钱的问题是最为关键的。如果财力充足就可以长期占有时段，将这一时段的公共资源转变为广告营销链条的一环，服务于广告商的私有利益。那么，电台收取的广告费对一般医疗广告商而言算不算巨大呢？图4-1显示的是几家电台2011年对医疗广告的收费标准。据此，假设某医疗广告商希望全年买断各电台最贵的时段，那么他需要交纳给武汉台长江经济广播的费用是8000元/次×365次/年=292万元/年；廊坊台的收费是：120元/分×50分×365分钟/天=219万元；泰州新闻广播的收费是3万元/月×12月/年=36万元/年。一般而言，省级台的收费标准要更高一些，比如江西农村广播一期半小时专题的年收费标准是：

460元/分×30分/天×365天=503.7万元；❶而北京台新闻广播一期半小时专题的年收费则可以达到：850元/分×30分/天×365天≈930.8万元。❷

廊坊新闻综合广播2011年热线广告价格表

段位	广告时间	价格
A	08:10~09:00　10:30~11:00	120元/分
B	05:25~06:25　12:45~13:30　16:00~17:00 18:00~18:30　20:50~21:00　22:00~23:00	100元/分

泰州台新闻广播2011年医药专题收费标准

形式	规格	A时段(元/次)	B时段(元/次)	C时段(元/次)
药品专题（医疗讲座）	1分	3千元/月	2千元/月	1千元/月
	10分	2万元/月	1.4万元/月	8千元/月
	15分	3万元/月	2万元/月	1万元/月
	20分	4万元/月	3万元/月	2万元/月
	50分	—	5万元/月	3万元/月

武汉台长江经济广播医药热线专题收费标准

专题类广告价目	频率	小专题广告价目				热线专题广告价目			
		2分	3分	5分	10分	15分	20分	25分	30分
	长江台 (AM1125)(FM100.6)	670	1000	1670	2670	4000	5340	6670	8000

图4-1　3家电台2011年医疗广告收费标准❸

---

❶ 参见江西农村广播2011年广告价格表:http://www.cnr.cn/chinaadvertising/ggjg/201012/P020101229504300371646.jpg。

❷ 参见北京台新闻广播2011年特别广告价格表:http://www.cnr.cn/chinaadvertising/ggjg/200912/P0200912299557864883275.doc。

❸ 各截图均来自中国广播广告网，请参见:http://www.cnr.cn/chinaadvertising/ggjg/index_5.html。

从以上列举可以看出，各个电台对医疗广告的收费门槛各不相同，低者每年数十万元，高者则可达到数百万元甚至近亿元。试想，如果某医疗广告商每年的销售收入只有几百万元，那他一定很难迈进江西、北京这些门槛较高的省级电台。但是如果他的年销售收入是几千万元，那他便有实力选择覆盖更广、受众更多的高门槛电台。广播电台高昂的广告价格和络绎不绝的广告商营造着医疗广告行业"有价也有市"的景象。长期从事医疗广告主持人工作的ZT认为，医疗广告商一定是"赚得起才做得起（广告）"，而且，从他所接触的实例来看，电台广告确实带给医药经销商足够大的利润回报。

ZT：（许多）广告客户的老板是全国撒网的，会分布到几个城市。我接触过几个产品，他们都是捞一把就走，做几个月，但也肯定不会赔钱。我知道一个广告客户从1996年、1997年开始做保健品，每个月搞一次活动，一次能赚两三百万，一年赚两三千万没问题。现在看也很可观。

以上论述可以看出，尽管医疗广告的特殊性要求广告商长期买断广播时段，是一笔不菲的营销费用，但各个电台的收费标准差别巨大，所以广告商尽可根据实际情况选择将要迈进的门槛。对医疗广告商而言，一旦有机会买断电台时段，就意味着他开始了一场与听众的"持久战"，而且这场"持久战"的胜利者永远都是广告商，因为时间越久，听众群越大，信任者和购买者越多，广告商的回报也越大。

二、医疗广告是电台创收的核心来源

以A电台的情况为例，2012年，该电台广告收入约1.8亿元，其中电台医疗广告占75%；2013年，广告收入增长到2.4亿元，电台医疗广告占50%左右。尽管在加大广告结构调整的情况下，医疗广告的创收占比下降了25%，但仍意味着全台收入的一半来自医疗广告商。

电台医疗广告对B电台则意味着更大的价值。2012年，该电台广告收入

第四章 电台医疗广告的本质属性

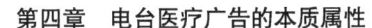

近4300万元（见附录四），❶其中经济广播占1500多万元，新闻广播收入1400多万元，交通和文艺广播共计1300多万元。也就是，经济和新闻两个频率的收入达到全台年广告收入的3/4。不过，这3/4的广告结构却极其单一——两个频率各有90%的份额是由电台医疗广告创造的。

LS：我们有四个频率，新闻、经济、交通和文艺，新闻和经济的电台医疗广告占各自频率广告收入的90%左右；交通和文艺少一些，各占50%左右。从四个频率整体看，医疗广告能占80%以上，因为交通台的医疗广告少嘛，所以稍微稀释了一下大盘子。

也就是说，即使新闻、经济两个频率各让渡90%的广告空间，也无法容下全台的医疗广告，还必须占用交通和文艺频率的资源。整体看，全台80%的广告收入来自医疗广告，其他类型的广告只占两成左右。

一般而言，电台的广告性收入来源除了医疗广告之外，还包括品牌广告、冠名广告、线性广告、合办节目等。所有广告类型共同组成一家电台的广告结构，而对于医疗广告的过度依赖意味着广告结构的单一和不协调。当然，也有一部分电台在广告结构上是相对合理的，比如此前提到的北京电台，其医疗广告在全台广告营收大盘中占10%~20%的份额。与其他电台比较看来，这是一个较低水平的比例。也就是说，在北京电台的广告构成中，除了医疗广告，更多的还有其他类型的广告和品牌广告，而后者是其广告收入的主体。

---

❶ B电台采取统独结合的广告经营方式，"统"指的是由电台广告经营中心统一经营所有广告资源，"分"指的是各频率可以利用自身的资源优势拉广告。即从电台广告经营中心到各频率再到个人都可以拉广告，但以经营中心为主。附件中"经营性活动"项下的数字即各频率自主经营的收入，"经营中心"项下数字即电台广告经营中心谋得的广告收入。可以看到，全台四个频率全年经营性活动的收入共计110多万元，而经营中心的全年收入(广播)达到近4200万元。广告经营中心的创收能力是各频率总和的38倍。

第五章　医疗广告的传播者观察

医疗广告节目进入电台之后就成为面向大众播出的广播产品。广播的声音资源是其传播介质，广大听众是其受众和消费者，而在节目中负责把广告商的产品信息（包含一部分健康知识）传递给听众的人则是传播者。尽管负责制作和投放节目的广告商及提供声音资源的广播电台都可以理解为潜在的传播者，但作为听众直接接触和感受的对象，主讲人、主持人及导播才是显在的信息传播者。本章拟围绕这三个元素，观察和分析医疗广告节目在传播者层面的运行表征。

第一节　主讲人身份隐蔽

医疗广告节目在谋篇组织上有一个特点，即节目从头至尾都有一位近似于"专家"身份的人在讲述、讲解及热线对话。其角色的重要性超越了主持人，主导着节目的传播内容和节奏，是节目的核心传播者，我们将此角色称为"主讲人"。

本研究统计，大约13.3%的医疗广告节目对主讲人的介绍是"中医药专家"，30.0%的节目对主讲人的介绍是"某类疾病（如肝病、骨科）专家"，其他56.7%的节目未对主讲人身份进行说明、介绍。有50%左右的节目未透露主讲人的姓名，只告知了姓氏；另有一半节目给出主讲人姓名。有11.7%的节目没有提供主持人，节目主讲、接听电话、串联都由主讲嘉宾一人负责。

一、主讲人从"有形"到"无形"，播出风险转嫁给电台

GX是山东某地市电台的资深主持人，他于20世纪90年代中期进入电台工作，并从那时起开始兼任医疗广告节目的主持人。他回忆说，在刚工作的那几年，医疗广告的组织形式是主讲人做客电台，与主持人在播音间共同完成节目。但逐渐地，直播间里就只剩下主持人一人，他需要用"电话连线"与主讲人取得联系，并在另一条电话线上接听热线电话，主讲人—主持人—听众之间属于"三方对话"的关系。那么，为什么越来越多的主讲人开始脱离播音间，"隐形"于电台之外呢？GX解释说，电话连线使主讲人摆脱了地理位置的限制，省去了大量交通成本和人力成本，且其声音可以在同一天内出现在多个电台，这几乎是一种"指哪儿打哪儿"的低投入、高产出的做法。

GX：20世纪90年代末期我们这里有一个足浴保健鞋（的专题节目），他们的讲师要都拉到包头去接受培训，不光得有医学常识，还得按照厂家的套路来。再后来就不见这些讲师了，就靠打电话。现在讲师通过一部电话跟你交流，我们台（几乎）所有的都是这样。这个讲师不好找，他可能在北京、上海或者哪儿，但通过一个电话，他可以随便连线哪里，比如八点到九点联系一个电台，下个时段再连线另一个电台。如果他长期出现在一个电台里讲，那只能给当地的人听，会影响他的收入。但是，如果他不挪窝，靠电话连线，那可以随便给哪里讲。

ZT每年要在近10档录播专题中做主持串联工作，但他与绝大多数主讲人都素未谋面，仅是通过电话与对方联系。

ZT：广告公司告诉我联系方式，我联系这个老师，录节目，我把我的头尾串场跟他讲的灌在一起，合成就行了。有很多录节目的老师我都没见过，只是打电话，打电话进来之后就录。我也不知道这些老师是不是有资格。老师基

本上是广告商的老板选择的。

医疗广告商逐渐把主讲人从电台撤出，目的是更多地节省成本并扩大广告覆盖面，这是我们可以理解的。但是，电台却因此又被广告商利用，沦为工具。我们试想，主讲人隐身于电台之外进行直播讲座，如果中途出现电话失连、断线等技术问题，或在讲述内容上出现重大失误，那么责任应归于哪方？主讲人是不知所踪的，广告商也不是行政监管的直接对象，无疑，一旦出现安全播出事故或重大问题，电台将承担较大的风险和责任。

二、主讲人的身份存在造假可能

尽管工商、卫生、广电等部门出台了多部针对医疗广告审查、发布情况的法规，但各项条款均未对传播者的资质条件予以规范，或提出审核条件。这就给医药健康节目主讲人的身份、资质带来了可操作空间。首先，在没有政令要求的状况下，很少有电台会主动要求对主讲人的身份进行核查，这意味着占用公共资源向大众"传播健康"的人可以不具备充分的医学知识，可以是一位普通的营销人员，甚至可以不加判断传播谬误，毫无严肃性和专业性可言。而主讲人公之于众的姓名、职务等身份信息均有可能是编造的。ZT就曾被医药厂家邀约"冒充"专家坐台讲课。

ZT：某某主任未必就是真的，他可以随便编一个名字。有个客户还让我去山东台讲课呢，给我编了一个梁主任，后来我没接，因为伺候广告客户太累了，节目的讲师往往会被客户挤兑得胡说八道，为了拿一些费用要被老板所左右。但这个某某主任到底存不存在？这个医院有没有这个人？未必，很多都是编的，所以他就没有必要把姓名告诉听众。说白了，广告性质的医疗广告最终为了盈利，而不是服务，这只是它的一个形式，随便起个名字好了。

在身份信息不被核查的同时，也没有规定主讲人"代言"的产品要具有唯一性，即同一位主讲人可以服务于多个厂家、多种产品。因此，长期收听医疗广告的听众会发现，某位主讲人的声音上午在A台推销A产品，下午又在B台

第五章　医疗广告的传播者观察

推销B产品，但其在两台节目中用的姓名、称谓则可能大相径庭。ZT称医疗广告行业内的确存在"卖药专业户"现象。

ZT：卖药专业户有这个现象啊，这个产品不做了，这个老师为了要吃饭，肯定会去选择下一个客户，挣钱嘛。

既"无形"又不被核查身份，主讲人显然会极富神秘色彩。那么，为了达到理想中的营销效果，他按照广告商的套路要求进行演说，相当于一个"说话机器"，听众的信任也好，责骂也罢，都属于凭空编造的"××主任""××老师"，而与话筒前真实的某个个体无关。

持续收听一段时间的医疗广告，便会得出这样一个经验性的判断：语速快、用语专业、重复性语言多是许多主讲人共有的语言特点。而我们把主讲人的声音信息转换成书面文字后发现，其实许多所谓"专家"并没有向听众传递任何健康知识，更多的是一种空谈和已备文稿的重复播报。还有一些所谓"专家"在接听热线电话时，一直用"嗯、啊、对、哦、好……"来应答听众的"汇报"，根本不谈为何出现这个毛病，病理是什么，即便是背好的、重复讲的套话都没有。可见，这些主讲人的"卖药"能力相对而言也是差的。

为了让主讲人有一定的自我约束意识，避免其在节目中极尽忽悠之能信口开河，有的电台将对主讲人身份的核查一并纳入医疗广告的准入审查机制，给主讲人设置了一些相对严格的进入门槛。

FL：他需要拿他的身份证、医师资格证，如果他是这个产品的创始人、发明人，那他还要出具相关证书，这些我们都是要备案的。这些嘉宾在咱们电台备案的时候，一定要是他真实的姓名。下一步还是希望他上节目的时候应该把姓名和自己的真实身份靠近，管理上还是要进一步加强。但是从国家政策倒是没有对这个事情进行规范。

从FL的表述看，医疗广告节目主讲人想在该电台"发声"，的确要经过严格的资质审查。但核准进入之后，其在节目上所透露的姓名、身份等个人信息却不见得是真实的，或与备案一致的，而完全有可能是经过夸大的、编造的。

一方面是案头和准入层面的严谨，另一方面却在管理和实际播出时发生松动，这说明在与广告商博弈的过程中，电台还是舍弃了一些原则和主张，而服从于二者共谋利益的大局。

研究发现，在医疗广告商大量制作、播出医疗广告的过程中，主讲人已经成为这一商业运作过程中的一个环节。为了将这一商业元素的价值得到最大化利用，一位主讲人通常会兼职多种产品的推销和宣传，其身份可能会随着产品的不同而进行全新的包装和改变。这也是近六成主讲人的身份不在节目里进行具体说明，有半数主讲人只简单透露了一个姓氏，而不报全名的原因。

第二节　体制内外主持人待遇区别显著

一、主持人的"售后服务"

在录播专题之外，A电台生活频率每天有两小时的医疗广告直播。但医疗广告的直播与一般广播节目的直播在组织形式上有明显区别：一般节目如果设有嘉宾，节目组通常会把嘉宾请到直播间，与主持人进行面对面的交谈；而在医疗广告的直播过程中，直播间只有主持人一人，导播间的导播会连通主讲人的电话，主讲人、主持人、热线听众三方在不同空间里通过电话交流。F女士是生活频率的医疗广告节目主持人之一，她每天的工作有两个方面，一是在播放录播节目时进行监听和把关，二是在直播节目里做主持人，负责串场和简单交流。

F女士：即便是放带子，我也需要在直播间守着，目的还是把控，因为我们有三级把关，带子到了之后一是广告中心，二是频道监听，三是主持人把控，如果发现前两关没有把握到的地方，我们要拍延时器，把好最后一道关口,还是有必要的。

生活频率参与医疗广告直播的主持人是相对固定的,并不随意更换,LJ认为,这样做的目的是更好地满足广告客户的营销需求,形象地说,是对医疗广告商进驻电台之后的一种"售后服务"。

LJ:我们希望直播的主持人更熟悉产品的性能,更熟悉他(客户)的健康理念,配合地更顺畅,而不纯粹的搭腔的机器人。因为医疗广告是我们频道创收的主要模式,服务好广告客户的需求,这是必须做到位的,要不然客户走了,对我们是损失。这跟一般商品的售后服务是一个道理。

二、主持人功能的弱化、角色的边缘化

节目主持人,即在广播电视中出场为听众或观众主持各种节目的人。主持人以他自己的身份、个性直接面对听众或观众,在节目中处于主导地位,其主要职责是组织串联一次节目的各个部分,但也直接向受众传播信息或解答问题或提供娱乐,总是以第一人称"我"的口气,与观众或听众交流。一档优质的广播电视节目必然具有鲜明的定位和特色,尤其是主持人的个人风格和主持魅力会给节目贴上更加气质鲜明的标签。

作为广播行业里一种特殊的节目类型,医疗广告的主持人在功能和角色上却有别于一般节目主持人:首先,医疗广告节目主持人一般不在节目中介绍个人身份,极少有主持人在节目开头自报家门;其次,主持人不占据节目的主导地位,在节目中享有的话语空间极少,个人特色更无从谈起;最后,主持人向受众传递的信息量有限、时间有限,也不能给受众解答问题,主讲人代替主持人占据话语主导地位。

作为一名有十五年从业经验的医疗广告专职主持人,ZT认为自己早期的工作状态、职责更贴合"主持人"这一称谓,而现在却离主持人的本真价值越来越远了。

ZT:2004年之前作为主持人来说,我还能在一定程度上把握一下节目的

灵魂和框架，跟老师搭搭话，提一些听众关心的问题请老师解答。现在不用我了，就是起始语"今天请什么嘉宾"，然后是接热线的串词"我们接一位听众热线，谢谢你；再接一位热线，谢谢你……"，然后整期节目结束，说句结束语"再见"。其他时间都是人家录好的讲座。现在主持人的作用越来越小了，没什么功能，会说点话，有点责任心，别出事，就行了。不需要做前期的任何工作，因为我们见不到客户和老板，不知道这是什么产品，只是给你一个节目的稿，念一下，就完了。

那么，为什么医疗广告节目主持人可以在早期的节目里有一定把控引导能力，而后来却逐渐丧失了这种功能呢？

首先，主持人话语空间的逐渐缩小与主讲人习惯于"隐形"有直接关系。前文提到，早年的医疗广告节目中，电台主持人与主讲人同处播音间内对话、交谈，但是基于减少成本、扩大产出的考量，医疗广告商纷纷开始将主讲人从电台撤走，要么用连线的方式直播，要么用录播带伪装直播。尤其对于录播节目的主持人而言，录播音频是主讲人事先录好的，除了开头处、热线之间、结尾处，没有主持人可以插话、对话、引导的余地，只能是把主持音频和主讲音频拼接起来，合成完整节目而已。

其次，主讲人的播讲有鲜明的层次感和套路性，如某种疾病有什么危害；其他药品或治疗方式有什么不好；我的这个产品有哪些与众不同之处，可以提供更好的解决方案；正在举办优惠活动，呼吁尽快购买。这是许多电台医疗广告经常使用的一种说服套路，即便是热线环节也可以按照这种套路进行，且可以每天往复循环地使用。在这种几乎每天一模一样的节目中，主持人提出的问题，做出的引导也会是一模一样的，没有价值，也没有必要。而且，说服的重要手段之一是不断地重复，如果把主持人提问的时间抽掉，便可以多播报几次优惠信息、购药电话，多强调一次药品的功效。在此状况下，医疗广告商当然更愿意缩短主持人的语言时间。

三、专职主持人收入远胜客串主持人

医疗广告的主持人分为三类：第一类是节目播出电台的主持人，他们平时负责主持电台的常规节目，偶尔会兼顾或客串医疗广告节目的主持。在直播型医疗广告节目中多需要电台自己的主持，如GX就属于此类。第二类是人事关系属于电台，但基本不承担电台自办节目，而主要负责主持或监听医疗广告。A电台的F女士属于此类。第三类是从属于（与电台有合作关系的）广告公司的主持人，他们的工作相对灵活，主要服从于广告公司的业务安排，如有医药经销商找到广告公司为其录制、投放广播专题，广告公司可以随时派出主持人员。ZT属于此类情况。

第一类主持人从医疗广告中赚取的工资是微薄的，也是不固定的。因为他们的工资关系挂靠在电台，主持医疗广告是他们日常工作之外的客串，电台会按一定的标准支付其客串部分的酬劳。而且，在电台看来，医疗广告里的客串主持工作机械而简单，所以这部分的工资标准也不会太高。

LB：主持人是我们自己的。按照我们自己的考核，主持一档节目多少钱，现在卖药主持人一档节目十几块钱。因为他作用也不大，就是串联的作用。他如果只做这个收入很低，所以我们的主持人都有自己的节目，比如我四点的节目做完了，五点要是有讲座，我就顺下来，捎带挣这十几二十块钱。

假设LB所在的某城市电台一位主持人每天客串一期医疗广告，每期节目20元，那他一个月的客串收入约为600元。

在其所在电台，90%的医疗广告是现成的录音成品，无须电台的主持人参与其中，但偶尔有几次直播也会用到电台自己的主持人。LB在说到直播主持人的酬劳时，用到了"小费"两个字，更加说明电台主持人这种客串工作的廉价性。

LB：一般主持人不参与（医疗广告节目）。如果直播，偶尔可能由电台的主持人串下场，比如上面正好是他的节目，他就临时串一下。收入方面，应该会给一点小费吧，不会多。

作为第二类情况的F女士是A电台体制内的主持人，她的绩效工资考核与一般主持人是一致的，由频率按实际工作量和相应的考核标准进行核算。

相比较而言，与电台没有人事关系的电台医疗广告专职主持人的收入却极为可观。

以ZT的情况为例，他的人事关系虽不在广告公司，但却常年兼职于广告公司。而且由于多年积累的医疗广告主持经验、医疗广告客户人脉关系等，他现在基本上不用接手其他类型的主持工作，专靠医疗广告的主持就会有不错的收入。

ZT：我们其实就是计件工，按节目、按分钟来算。一分钟三块、三块五、两块五的都有，这是广告公司定的。

在2012年年初，ZT每天要主持（主要是串词和合成节目）六七套医疗广告节目，最长的节目50分/期，短一点的20分/期。假设是3套50分钟时长的节目和3套20分钟时长的节目，以每分钟3元钱的价格来计算，ZT每天的收入就是：（150分+60分）×3元/分=630元；月收入则是：630元/天×30天=18900元。

ZT说，尽管从每分钟的价格看，医疗广告专职主持人的工资不高，但他每个月靠医疗广告的收入却远远多于电台主持人的客串收入。问题的关键还在于医疗广告巨大的节目量。

ZT：单位时间我们的收入还是比较低的，我们一小时大概100多块钱，其他主持人的节目一小时400元、500元、600元、800元都有。但因为我们的节目量大，比如这个电台平均每天有40小时的保健品在卖，绝不会少。所以收入上可能比其他节目的主持人的费用多一些。

可见，医疗广告专职主持人的收入与专题节目的规模、数量是密切相关的，而专题量的大小又与广告公司的业务量直接挂钩。广告公司从医药销售商

第五章 医疗广告的传播者观察

那里接到越多的订单,就会赚到越多的广告费,进而分配给主持人更多的业务,支付其更多的报酬。而一旦客户提供的订单减少,广告公司和主持人的收入都会缩水。医疗广告商→广告公司→专职主持人分居产业链条的上中下游,三者密不可分的关联性也给ZT的工作带来了很大的不稳定性。

ZT:我们的风险比其他主持人大很多,因为客户是不稳定的,他随时可能撤,他撤了我们这节目就没有了。我们实际是按小时赚钱的,这个客户撤半小时的节目,我们一个月就损失很多。如果其他主持人的节目竞标上,基本这一年没问题,我们的风险是随时都有的。

行文至此,我们不禁会提出一个疑问:既然主持人在医疗广告中的功能如此微弱,角色又如此失去个性,那么,为什么医疗广告商还需要在节目版本中存在一个主持人的形象?还需要支付给广告公司,进而支付给主持人不菲的酬劳呢?

从传播主体的角度看,一档普通的广播节目的组织形式通常有四种:一是主持人单方传播;二是主持人搭配嘉宾双方传播;三是主持人搭配热线双方传播;四是主持人、嘉宾搭配热线的三方传播。但不管是哪种形式,主持人的角色都是必不可少的,毕竟,嘉宾和热线听众都是外来的,对电台而言是"客"。所谓"客随主便",嘉宾需要在主持人的引导下,配合完成节目。

但是,前文已经分析到,在医疗广告这类特殊的广播节目中,主讲嘉宾占据绝对话语权,在节目内容上完全实现了"喧宾夺主"。假如节目中没有主持人的存在,通篇都是主讲人在介绍自己、推介药品、串词、播报销售信息、邀请热线听众……那么主讲者在形式上也会给听众造成"喧宾夺主"的感受。医疗广告商原本期望以电台节目的形式来营销产品,要通过隆重介绍主讲人而唤起听众的敬畏感、信任感,这两点目的都需要主持人角色的存在——有主持人,节目要素才齐全,节目才显得正规;有主持人,才能向听众隆重介绍主讲嘉宾,烘托气氛。所以,尽管主持人在节目中说话不多,没有个性空间,却是广告商追求节目形式完整性和强化说服效果的"巧思"所在。电台既然收取了广告费，与广告商达成了利益同盟，就不得不在节目制播上给予必要的协助，电台的主持人会在直播型专题中客串的原因也在于此。

第三节　导播的角色和作用

电台导播是电台主持人的助手，其工作主要是帮助主持人接听听众电话，并选取电话接入直播间；帮助电台主持人拨通嘉宾电话，并将电话接入播音间；帮助电台主持人过滤掉和节目无关的电话、骚扰电话、与国家法律法规相违背的电话；提醒电台主持人电话接收和挂断；帮助电台主持人在节目出现问题时和技术部门联系，等等。电台导播有专门的导播间，一般与直播间相邻，能直接观察直播间的一举一动。

一、录播"佯装"直播，外来导播掌控直播热线

一般而言，不管节目是录播的还是直播的，只要主持人需要与外界（如嘉宾、听众）通话，就会需要导播人员做好协助。但是相对而言，导播在直播节目中发挥的作用、存在的价值更大，因为直播节目的不可控因素更多，而且不能像录播一样事后再做修补，因此导播的能动性及其与主持人的配合，很多时候关乎直播节目的质量。再有，一般只有直播节目才会接听热线，因为听众之所以参与热线互动，很重要的一点是基于广播的即时播出和便捷的参与性，听众不会希望昨天说的话今天才播放出来。所以，直播中的听众热线也考验着导播的应变处置能力。

在医疗广告节目中同样有导播的角色存在。笔者在A电台的实地观察发现，医疗广告节目导播的工作视直播和录播的不同，存在两种情况：在录播状态时，节目使用频率内部的导播人员。节目中会反复播报直播间的电话，所以

第五章　医疗广告的传播者观察

陆续会有听众打进来，但因为电台的导播人员不了解产品信息，也解答不了听众的提问，所以他们通常把导播间的四五部电话拿起来，处在占线状态。这也解释了为什么很多听众反映医疗广告的热线永远打不通，是电台导播为了减少麻烦而人为导致的。一直占线的状态会让听众认为这个产品销售火热，他们有可能会继续追打场外咨询电话，有的会直接前往实体药店，有的则会放弃拨打。而广告商完全可以承受因为听众放弃拨打而造成的销售风险。

LJ：广告商知道这样的做法（让电话处于占线状态）一定会损失一部分电话，肯定听众首先会打直播间，尤其是一些老年人对我们直播间电话很熟，但不一定记得下来场外电话，所以打不通他们就放弃了。这些损失的电话厂商会考虑在内。

直播节目中的导播又是另外一种情况。参与生活频率医疗广告直播的导播都不是电台内部人员，而是广告商派驻的，对所售卖产品的功能和适应症等十分熟悉。他们在直播过程中会接听热线，并判断该热线是否适合接入直播间。或者由该导播将热线听众的号码记录下来，交给场外，由场外专门人员负责对接和销售。在直播中，用"冒牌"导播顶替正牌导播的做法在其他电台也是存在的。

LB：直播环节，主持人是我们自己的，导播是他的。

ZT：保健品直播节目的导播全都是他们自己的人，他们为了节目能创造更大的利益，肯定要安排自己合适的人。电台的人也不知道怎么说，不熟悉。

这就解释了一个问题：此前我们发现，打进热线询问和反馈的听众，具有100%的对症率和99%的有效率。何来如此之高的比例？现在看，导播对热线的筛选应该是原因之一。将反馈有效的热线接进来，将表示不满的热线跳过去，导播的热线筛选行为可以大大塑造产品的高有效率，所以，导播无疑是广告商营销布局中的一把"利器"。

当然，即使是广告商的自己人在做导播，也难免会遇到广告商不愿看到的事情发生。因为直播是有风险的，在有听众参与的热线节目中尤其如此，一旦导播与听众沟通不充分，直播就会陷于窘境。

LB：我听到过（听众）说不管用的，他（主讲人）一般就会让他改改办法，饭后改饭前，两粒改三粒之类的。我还听到过一种产品，有人打电话进来说不管用，还骂了他（主讲人）一顿。

区别于一般广播节目的另外一点是，医疗广告的录播节目也有大量听众热线，而且"制作组"尽力营造出跟直播相似的热线接进模式，即导播接听电话询问大致情况→确认无问题并让听众线上等待→听众与主讲人对话。唯一能判断它不是直播的"破绽"是，听众当天不能从广播里听到自己的声音，只能次日或更后。医疗广告商之所以竭力以直播的标准录节目，无非是希望让节目听起来更像直播，让听众信以为所有的热线都是即时拨进、播出的，而不希望告诉听众节目里的热线对话都是事先录好的，不希望听众对热线的真实性产生怀疑。

二、与主讲人通话需要经历多个中间环节

本研究统计显示，96.7%的医疗广告设置了热线电话接听环节，其中，31.0%的节目有3~4通热线，29.3%的节目有5~6通热线，24.1%的节目有7~8通电话，6.9%的节目有9~10通电话，5.2%的节目有11通及以上热线。假设某家电台每天有10档医疗广告节目，平均每档节目有5通热线，那么理论上每天就有50位听众透过该电台反馈情况。假设全国有100家电台都是这种情况，那么理论上全国每天有5000位听众忙碌在广播热线上，每月就有15万人次在通过广播求医问药。况且，全国不止100家电台设有医疗广告，而且每天的专题一般也不止于10档，所以，15万人次应该是一个保守数字。那么，这些热线人群全部是渴望问诊求医的病患，还是医疗广告商精心炮制的营销手段？

第五章　医疗广告的传播者观察

为了避免研究陷入主观武断，笔者使用参与观察（Participant Observation）[1]的方法，以求诊听众的身份拨打直播热线，为研究收集了必要的论据。以下将结合观察所得及业内访谈内容，对热线环节的相关问题进行推导。

2013年7月22日15：30左右，笔者从河北香河乘车返回北京的途中，在手机内置的收音机上收听广播。当时FM105.2（河北新闻广播）正在播出"××益寿茶"的专题节目，并反复在节目中播报"耿老热线"40061799**，呼吁听众与"耿老"对话。笔者随即拨打了该号码，但接听电话的并非主讲人"耿老"，而是一位带有东北口音的女性。笔者（A）与该女士（B）的对话内容大致如下。

A：这是耿老热线吗？

B：对，您有什么情况？

A：我想上耿老的节目，怎么上啊？

B：您先跟我说说情况，如果有可能，让您上明天的节目。

A：（叙述病情）

B：这个号码就是你的电话吗？

A：对。

B：您叫什么名字？

A：我姓李。

B：李什么呢？

A：就说李女士吧。

B：好，那我反映一下，争取让您明天跟耿老通话啊。

A：好，是直播吗？

B：是录播，明天录，后天播。您保持电话畅通，明天打给您。

---

[1] 参与观察就是研究者深入所研究对象的现实背景中，在实际参与研究对象日常活动过程中所进行的观察，是实地研究方法的一种形式。参见风笑天著，《社会学研究方法》，中国人民大学出版社，2009年，第266页。

大概半小时之后,笔者接到号码为024-8876****(辽宁沈阳)的一个电话,对方是另一位东北口音的女性。笔者(A)与该女士(C)的对话内容如下。

C：您是李女士吗？

A：对。

C：您好，我们是××益寿养生院的。刚才给我们打过电话，想与耿老通话对吗？

A：是，我想帮家里的老人咨询一下。

C：好，那明天上午10:00~10:30您注意接听电话，把详细的病情跟耿老说一下。您全名叫什么呀？

A：李媛。我是从河北回北京的高速路上听到的这个节目，FM105.2，是哪个台啊？

C：那应该是河北综合频道吧。

A：那这个是直播还是录播，我能听吗？

C：咱们是录播，你是后天才能听到。

A：几点啊？

C：你这个应该是11:00~12:00的时候播。

A：好的，谢谢。

7月23日上午8:00左右，笔者接到号码为024-8698****的电话，一位男性工作人员(D)向笔者明确了与"耿老"的通话时间为上午10:00~10:30，并要求笔者确保电话畅通并有时间接电话，否则将安排给其他听众。

笔者在10:00准时接到号码为024-8669****的电话，一位女导播(E)在确认笔者有通话需求之后，要求笔者等在线上，待上一位听众说完，听到"有请下一位听众"时就说话。

E：认真听着，千万别挂了啊。

A：好。

E：那我现在给你接进去。

第五章 医疗广告的传播者观察

（笔者等在线上，从电话里听到上一位听众与"耿老"对话的末尾。）

耿老：下面我们来请下一个热线。

（此后几分钟内，笔者在线上与"耿老"进行了短暂交流。"耿老"建议笔者购买益寿茶，并强调了近期即将开展的优惠活动。）

这次实验性的参与观察中，笔者在两天内先后与B、C、D、E四位工作人员进行沟通后，才最终与主讲人通话成功。

按照同样的做法，笔者还拨打了B电台一档专题节目里反复播报的热线，最终与该节目的主讲人成功通话。但中间也经历以下步骤：第一步：拨通热线，向第一位场外人员提出了咨询请求；第二步，接到场外专家的电话，并向其详细"汇报病情"；第三步，次日接到导播的电话，并在线上等待上一位听众通话结束，随后与主讲人通话。

可见，想在听到节目的同时与主讲人直接通话是很难实现的，因为首先节目是录播的，主讲人跟听众存在"时间差"，今天听到的同时打过去，必然找不到昨天的人。其次，节目中提供的热线实际上是场外电话，场外销售人员需要多次把关之后，才允许听众参与节目录制。

第六章　法律约束与广告管理

从20世纪90年代开始,针对医疗广告传播的法律法规的出台日益频繁和密集。但是,从文本层面看,这些制度性文件更多的作为一种要求或指令而存在,在具体的管理实践上往往会留有模糊空间。医疗广告商与电台之间的利益同盟关系,使医疗广告播出监管存留弹性。同时,我国广电管理体制的现状也给行政执法监管造成困难障碍。中国社会的人情文化、关系文化等,在医疗广告不同层面的监管上都有体现。

第一节　广播电视医疗广告的法规梳理

一、政策出台方

据笔者统计,1994—2011年,国家出台与医疗广告有关的法律、行政法规、规范性文件等43部,其中法律文件2部(全国人大颁布);行政法规文件2部(国务院颁布);行政规章及规范性文件39部。39部行政规章及规范性文件的出台者、解释方涉及的党政职能部门十余家。[1]

---

[1] 国家工商行政管理总局、国家食品药品监督管理局、国家中医药管理局、国家中医药管理局、卫生部、国家广播电影电视总局、中央宣传部、国务院新闻办公室、新闻出版总署、公安部、中国人民解放军总后勤部等。

也就是说，从最高国家权力机关到最高国家行政机关再到国家具体职能部门三个层面，均出台了与医药流通，尤其是医疗广告传播相关的政策性文件。这意味着医疗广告传播不仅受到法律约束，更在广告内容、形式、传播人员、传播途径等若干方面受制于不同规范。

二、政策出台对象

细致看来，国家所出台的政策文件一般具有明确的针对性，即具体针对药品广告、医疗广告、保健食品广告三类广告进行监督管理。从表6-1看出，工商、药监、卫生部门在各自职能范围内，出台了指向明确的政策规范。其中，药品广告和医疗广告是管理重点，保健食品广告的管理力度相对较弱。可以看出，广电、宣传等文化和信息传播管理部门也出台了若干规范性文件，通常将医、药、保健食品三类合并，进行同力度、同要求的管理。

表6-1 医疗广告管理政策法规文件分类

政策指向	核心内容	直接相关的政策文件	政策出台部门
药品广告	药品（处方药、非处方药、中药、保健药品）流通、广告发布的标准和审查办法等	约13部（含法律文件1部、行政法规1部）	以国家工商行政管理总局、国家食品药品监督管理局为主
医疗广告	医疗（服务、医疗器械）广告的发布和审查标准、管理办法等	约13部（含行政法规1部）	以国家工商行政管理总局、卫生部、国家食品药品监督管理局、国家中医药管理局为主
保健食品广告	保健食品广告的发布要求、监管措施等	约2部	以国家工商行政管理总局、卫生部为主
三类广告混合	对三类广告均有约束力的管理办法和规范等	约10部	以国家工商行政管理总局、国家广播电影电视总局、中宣部、国务院新闻办公室等为主

三、对广播电视广告播出量的限制

1997年，广播电影电视部下发《关于进一步加强广播电视广告宣传管理的通知》，首次明确了广播电台、电视台播放广告的比例："每套节目播放广播电视广告的比例，不得超过该套节目每天播出总量的15%，❶18：00至22：00之间不得超过该时间段节目总量的12%。"❷2004年1月1日正式实施的《广播电视广告播放管理暂行办法》中，将广告的日播占比扩大到20%，❸并将电台与电视台区分开来，提出"广播电台在11：00~13：00之间、电视台在19：00~21：00之间，其每套节目中每小时的广告播出总量不得超过节目播出总量的15%，即9分钟"❹。这实际上比1997年规定的12%（7分钟）多了2分钟的广告容量。2010年1月1日《广播电视广告播出管理办法》（第61号令）正式实施，上述《暂行办法》同时废止。第61号令做出规定："播出机构每套节目每小时商业广告播出时长不得超过12分钟。其中，广播电台在11：00~13：00之间、电视台在19：00~21：00之间，商业广告播出总时长不得超过18分钟。"❺该条款对广告容量的要求与2004年的规定是等价的，但是条款表述不再使用百分率，而采用具体分钟数，更加明确和清晰。

较之以往，2004年，管理部门对广告体量略有放开，但这个体量没有再次扩大，而是延续到新近出台的举措中。在广播电视市场化水平日渐抬升的条件下，这样的规模延续实则是一种"收紧"。尽管如此，我们却没能在上述文

---

❶ 经计算，该15%意味着每套节目中每小时的广告时长为9分钟。

❷ 见《关于进一步加强广播电视广告宣传管理的通知》第八条，http://www.people.com.cn/item/flfgk/gw-yfg/1997/235002199740.html。

❸ 经计算，该20%意味着每套节目中每小时的广告时长为12分钟。

❹ 见《广播电视广告播放管理暂行办法》第十七条，http://www.gov.cn/gongbao/content/2004/content_62702.htm。

❺ 见《广播电视广告播出管理办法》第三章第十五条，http://www.gov.cn/flfg/2009-09/10/content_1414069.htm。

件中发现对"商业广告"概念、内容及形式的界定。这也在一定程度上给播出机构以融通和打擦边球的余地。比如,广播电台中流行的医疗广告节目,它不同于一般意义上用秒来计算的广告,而是占用一整段节目资源,用专题当"面具"并将广告内容合理化。这些约束条款很明显不适用于这类特殊广告。

四、辨析广播电台医疗广告的合法性

(一)不得欺骗和误导消费者

1993年,《关于医疗广告管理办法》第三条首次提出医疗广告"不得以任何形式欺骗或误导公众"。

2001年,国家工商局开展了以医疗广告为主要对象之一的"反误导打虚假"广告市场治理专项行动,打击虚假和误导公众的医疗广告。

2004年施行的《广播电视广告播放管理暂行办法》第四条规定:"广播电视广告应当真实合法,不得含有虚假内容,不得误导消费者。"此外,还有多部规范性文件都将不得欺骗和误导公众列为医疗广告审查、管理的重要原则。那么,欺骗和误导的行为该如何认定呢?

1995年出台的《医疗器械广告审查标准》《药品广告审查标准》,2006年出台的《医疗广告管理办法》及2007年出台的新版《药品广告审查发布标准》,2009年出台的新版《医疗器械广告审查发布标准》等文件都明确规定了医疗广告中禁止出现的内容,具体看来,这些禁止内容大都带有欺骗和误导公众的性质:①使用绝对化语言、断言及保证;②宣传治愈率、有效率等诊疗效果;③使用"××博士""××专家"等非医学专业技术职称;④利用患者、卫生技术人员、医学教育科研机构及人员等个人或组织的名义、形象作证明,等等。

从统计结果看,这几点规定并未在电台医疗广告节目中得到严格的执行。其一,76.7%的节目中主讲人都对听众做出了"根治""药到病除""治愈"等保证，强调所代言的药品、保健品可以将各种久治不愈的慢性疾病彻底根除。其二，43.3%的节目对主讲人的介绍是"中医药专家"或"某类疾病（如肝病、骨科）专家"，其他56.7%的节目未对主讲人身份进行说明，只称呼其为"主任""老师""博士"等。其三，尽管85%的节目未利用治愈率、有效率进行宣传，但仍有15%的节目在使用相关数字渲染药品效果。其四，利用卫生技术人员、医学教育科研机构及人员的名义、形象在广播中卖药的现象不多见，但利用患者的名义作证明的情况却是近乎100%地存在于广播卖药节目中。一方面，听众在热线问诊环节的讲述是一种证明；另一方面，有的节目事先录好患者被治愈的故事，在节目开头、中间、结尾处播放，这是另一种形式的证明。比如邯郸台某期节目❶开头是三位实名听众（前两位都患有多种慢性病，第三位患有白血病）的自身经历讲述，不遗余力地感谢甚至泣不成声地感谢主讲人给了他们第二次生命。

（二）涉性广告专题空间趋于狭小

1995年《医疗器械广告审查标准》明确要求治疗艾滋病，改善和治疗性功能障碍的医疗器械不得发布广告。

1995年《药品广告审查标准》明确禁止治疗肿瘤、艾滋病，改善和治疗性功能障碍的药品，计划生育用药等不得发布广告。此外，还首次提出"药品广告中不得声称或者暗示服用该药能应付现代紧张生活需要，标明或者暗示能增强性功能"。

2000年10月31日国家工商局、卫生部联合下发首份专门针对保健食品的规范性文件《关于加强保健食品广告监督管理的通知》，提到"保健食品广告中禁止宣传改善和增强性功能的作用。"

上述三项要求意味着，20世纪最后十年中，医疗、药品、保健食品三类广告中的涉性内容都在政策层面受到了限制和禁止。2007—2009年，工商、

---

❶ 邯郸新闻综合广播，5:20~6:20，2012年12月9日。

第六章 法律约束与广告管理

卫生部门出台两项更新《标准》，对涉性广告做出了一些宽松的调整，虽然都提出了相应的准入条件，却打开了原本紧闭的大门。

2007年新版《药品广告审查发布标准》更改了1995年版本中的相关提法，指出"药品广告中涉及改善和增强性功能内容的，必须与经批准的药品说明书中的适应症或者功能主治完全一致。"这意味着改善和增强性功能的药品不再被列入广告黑名单，该类药品可以进行广告传播。

2007年发布的《医疗广告管理办法》中没有提到涉性广告的相关处理意见。

2009年5月20日施行的新版《医疗器械广告审查发布标准》也更改了1995年旧版的说法，不再限制涉性医疗器械广告，新口径是："医疗器械广告中涉及改善和增强性功能内容的，必须与经批准的医疗器械注册证明文件中的适用范围完全一致，不得出现表现性器官的内容。"这条要求与新版药品广告标准是一致的。

但是，广电部门新近出台的规定却丝毫未放松对涉性广告的管制。

2010年《广电总局关于进一步加强广播电视广告审查和监管工作的通知》第一条规定："坚决禁止涉性广告。各级广播电视播出机构要加强广告内容的审检工作，确保导向正确，坚决抵制并自行清理宣传壮阳、提高性功能的医疗、药品、保健品、医疗器械等不良广告。"

2010年正式生效的广电总局第61号令明文指出禁止播出"治疗恶性肿瘤、肝病、性病或者提高性功能的药品、食品、医疗器械、医疗广告。"

2011年10月11日国家广电总局下发的《关于进一步加强广播电视广告播出管理的通知》第五条规定："要严格把握健康资讯广告的内容导向和格调，坚决禁止播出涉性广告。"

根据笔者在北京地区的收听体验，仅在顺义电台听到过售卖性保健品的电台医疗广告。应该说，涉性广告目前已不是电台医疗广告中的主流，占比较小。在广电主管部门长期严控严打的政策环境下，广播涉性医疗广告的立足空

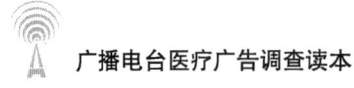

间已非常狭小。

（三）不得以健康专题节目形式变相发布广告，但缺少内容标准

2007年《医疗广告管理办法》第十六条规定："禁止利用新闻形式、医疗资讯服务类专题节（栏）目发布或变相发布医疗广告"。

2011年10月11日国家广电总局下发《关于进一步加强广播电视广告播出管理的通知》，要求"规范健康资讯广告形式，不得以健康资讯专题节目形式变相发布广告。健康资讯专题节目应当侧重介绍疾病预防、控制和治疗等科学知识，不得含有宣传医疗、药品、医疗器械、保健食品等广告内容，不得以患者和医生、药师、专家等名义作证明"。

尽管卫生、工商及广电部门都明确提出"不得以健康专题节目形式变相发布广告"，但问题在于，没有对相关要求进行界定，比如所谓"广告内容"指的是什么，节目含有多少科学知识才算是"侧重于介绍"。由于只有要求没有细则，使得"变相发布"成了一个空泛的概念，无法判断哪些说法、做法是"变相"的。应该说，"不得用专题形式变相发布广告"的规定并不能减少或影响医疗广告的绝对数量，但由于内容标准的缺乏，所以很难在实质上改变医疗广告的播出模式和内容。

（四）变相医疗机构广告规模不足3%

1993年国家工商、卫生两部门联合下发的《关于医疗广告管理办法》第五条规定："医疗广告内容仅限于医疗机构名称、诊疗地点、从业医师姓名、技术职称、服务商标、诊疗时间、诊疗科目、诊疗方法、通信方式。"

2001年《关于进一步加强对大众传播媒介广告宣传管理的通知》第七条规定："不得以普及科学知识、专家咨询宣传等名义，介绍、推销药品、保健食品及推荐医生、医疗机构。"2001年《国家工商行政管理局卫生部关于进一步加强医疗广告管理的通知》第一条规定："医疗机构内部科室不得单独以科室或以专科门诊等名义发布广告。"

2006年国家广电总局和国家工商总局联合下发的《关于整顿广播电视医疗资讯服务和电视购物节目内容的通知》第一条规定："以医生、药师、专家等专业人士作为特约嘉宾进行健康讲座的，……不得播出专家或医生与患者或家属现场或热线沟通、交流的内容。此类节目可以介绍特约嘉宾的身份、技术职称及其所在医疗机构的名称，除广播电视播出机构设立的听(观)众咨询电话外，不得出现被介绍医疗机构的地址、联系方式。"

2007年发布的新版《药品广告审查发布标准》第十六条规定："药品广告不得含有医疗机构的名称、地址、联系办法、诊疗项目、诊疗方法及有关义诊、医疗（热线）咨询、开设特约门诊等医疗服务的内容。"2009年发布的新版《医疗器械广告审查发布标准》也提出了类似的要求。

与规模庞大的药品、保健品广告专题相比，医疗机构广告的绝对播出量明显小很多，处于一个很低的水平。笔者从A电台随机抽取了60期电台医疗广告节目，发现只有3期是医疗机构广告。但从播出内容看，这几期医疗机构广告专题都提供了机构名称、地址、联系电话，也都有明确的诊疗项目，有的也强调了自己的诊疗方法更为独特。所以，现行播出的医疗机构广告在内容上是不符合上述规定要求的，地址、电话、机构名称等信息都使这些医疗机构专题成为一种"变相广告"。

尽管医疗机构广告专题在性质上都属于变相广告，但据笔者观察，医疗机构广告专题的营销性征却是强弱不一的。比如，山东电台某期医疗广告节目的主讲人以讲解疾病知识为主，热线问诊时结合不同人的病情给出大致判断，不夸大、不重复播报电话地址、不断言根治，但会建议病患到所在医疗机构进一步诊疗。类似这样的节目，广告营销的性征弱一些，听众可以接收一定的健康知识和疾病原因等。但有的医疗机构广告也会像"卖药广告"一样通过重复、断言、保证等说服技巧，夸大和强推某种诊疗方式，吸引听众尝试。听众很难从中了解疾病和健康知识。

第二节　播出机构的管理弹性

一、医疗广告进入电台需通过资质和内容审查

自1995年开始实施的《中华人民共和国广告法》是一部涉及广告多方面事宜的法律规范，其中第三章第二十四条对广告商发布广告的资质条件作出如下规定[1]。

第二十四条　广告主自行或者委托他人设计、制作、发布广告，应当具有或者提供真实、合法、有效的下列证明文件：

（一）营业执照及其他生产、经营资格的证明文件；

（二）质量检验机构对广告中有关商品质量内容出具的证明文件；

（三）确认广告内容真实性的其他证明文件。

此后，国家针对医疗广告出台的若干法律法规、行政规范都以以上条款为依据，对医疗广告的审查、发布行为作出了具体规定。例如，2007年颁布实施的新版《药品广告审查办法》第十七条规定，广告经营方需要查验广告委托方的《药品广告审查表》，并按其上核准的内容发布。

第十七条　广告发布者、广告经营者受广告申请人委托代理、发布药品广告的，应当查验《药品广告审查表》原件，按照审查批准的内容发布，并将该《药品广告审查表》复印件保存2年备查。

---

[1] 参见国家工商行政管理总局网站：http://www.saic.gov.cn/zcfg/fl/199410/t19941027_45767.html。

第六章 法律约束与广告管理

继而，2010年开始实施的《广播电视广告播出管理办法》[1]（又称"61号令"）被业界认为是一部具有转折意义的行政规范，其中有两项条款专门对医疗广告的监管审查予以规定。

第三十六条 药品、医疗器械、医疗、食品、化妆品、农药、兽药、金融理财等须经有关行政部门审批的商业广告，播出机构在播出前应当严格审验其依法批准的文件、材料。不得播出未经审批、材料不全或者与审批通过的内容不一致的商业广告。

第三十七条 制作和播出药品、医疗器械、医疗和健康资讯类广告需要聘请医学专家作为嘉宾的，播出机构应当核验嘉宾的医师执业证书、工作证、职称证明等相关证明文件，并在广告中据实提示，不得聘请无有关专业资质的人员担当嘉宾。

就广播医疗广告而言，具有广告诉求的医药厂家、代理商等即为广告主和委托方，广播电台则是广告经营方和受理方。受理方理应对委托方的相关资质进行审核。从以上列举的三部约束性文件看，医疗广告主申请进入电台从事广告传播行为时，电台至少应该在以下五方面予以审核：一是委托方是否持有《药品广告审查表》，二是委托方是否可以提供证明其商业经营身份的营业执照等，三是医药产品本身的质量证明文件等，四是主讲嘉宾的资质证明文件，五是发布广告时应"按照审查批准的内容发布"。

二、电台实际监管中的弹性和人情

电台是否会严格按照规定为医疗广告商设置准入门槛呢？

从我们总结的以上五个审核要素看，前四个都是客观的、硬性的，有或无、真或假都容易得到检验，但"按照审查批准的内容发布"这项规定却是带有弹性的。笔者在访谈中向电台广告管理人员提出了同一个问题：医疗广告入

---

[1] 参见国家广电总局网站：http://www.sarft.gov.cn/articles/2009/09/10/20090910104027660524.html。

台时，需要对其做哪些方面的审查？从他们的回答看，对客户资质和产品质量等硬性条件的审查是各个电台都强调的，但发布内容似乎被放在了审查之外。

比如在QZJ看来，产品本身的质量证明是事先审查的一个重点。

QZJ：经销商进来的前提是经过我们的审查，如果产品是药，它不能是处方药，而且必须是国药准字的，在国家食品药品监督管理局的网站上是能查到的，必须是正规的。

在经济效益的压力和诱惑之下，电台难免会放松对医疗广告内容的审查，对听众证言、专家断言、夸张、保证根治等播出内容"睁一只眼闭一只眼"，留出了更多的内容余地让广告商自己操作。

QZJ：我们也做内容审查，播出前后都会审查，但不论是播出前查，还是播出后查，他们都听我的，我听钱的。去年专项行动过后，我们大着胆子放开了，如果不放开，电台就没法运转，我们也完不成任务。

LB：一方面是审核资质，包括药监局的手续、批文等，还有代理产品的这些客户的资质、税照等。另一个是对产品版本（内容）的审核，要审听，看看是不是符合广告法的一些要求，但说实话这个环节不是太严格，因为还是比较看重经济效益嘛。

医疗广告的内容关系到营销的效果，医疗广告商的目的不是在电台进行公益健康讲座，而是借助大众传播扩大产品知晓度、关注度，进而扩大场外销量。从电台的角度看，内容把关过松则容易引起听众的反感及引发政策风险，把关过严则会削弱医疗广告的说服力，使医疗广告商的利益受到损害。从LB和QZJ的叙述看，电台对医疗广告的内容审查带有极大的主观性，这个主观性源于电台对广告创收的考量，这也更容易将电台和广告商的利益黏合在一起，以致为了共同利益的最大化而牺牲传播的公共性。

电台与广告商之间的共同利益还刺激着人情、"面子"因素在医疗广告监管中的存在。目前，电台的广告部门大都制定了详细的广告管理规定，以此规范电台人员和医疗广告商的具体行为。但是，并非每项条款都得到了严格的落

第六章 法律约束与广告管理

实。比如，LB向笔者提供了一份其所在电台2013年版的《广告管理规定》。《广告管理规定》用1/4的篇幅对"客座热线节目"即医疗广告节目提出了具体要求，涉及宣传的产品、竞价办法、交款方式、热线主持人操守、惩罚措施等。其中有一条规定是：

"客户在节目中，不能相互诋毁、相互攻击，违反上述规定者，出现一次给予警告；出现两次，新闻频道将予以清退，并通报全台。"

但是，由于电台一向与广告客户保持着友好的合作关系，所以，在按时交款、逐年小幅涨价等问题上，基本不存在太大的矛盾，唯有专题主讲人在直播过程中的"超范围"讲述是广告管理部门感到恼火的事情。

LB：最近又打架，因为两个客户治的病有相同的地方，一个说"什么时候听说偏方能治好糖尿病的"，另一个就说"你怎么知道偏方不能治大病的"……类似这样的互相指责，夸大自己的方法，无意中会诋毁另外一家。两个节目互相诋毁，在我们这里是不允许的。

尽管管理规定中对上述问题列有明确的处理措施，但在实际中却很难严格执行。每当出现此类问题，电台方面虽然心有不满，但碍于与广告商之间业已建立的关系、友谊或情面，只好口头警告或提醒了事。

LB：广告监管在我们这里很麻烦，我们的规定都是很严格的：第一次警告，第二次回家。但是这么多年的交情，有时候嘴上猫点（过分一点）我们也理解，并没有搞得那么严格。

在共同利益的诱导下，电台采用了一套"资质审查严、内容审查松"的折中办法，既向广告商表明了电台所拥有的监管职权，又不会从根本上影响到二者之间的互利双赢。与此同时，中国社会司空见惯的拉关系、讲人情的处事原则在电台与医疗广告商之间也有体现，情面和关系让监管准则和法规条款变得乏力。

第三节 工商对广电的平级监管难起效

一、行政监管勤于通报但难见实效

在实际操作中,国家药监、国家工商及各省市药监、工商部门都会定期在其网站上发布违法医疗广告的公告,并根据《药品管理法实施条例》《药品广告审查办法》《保健食品广告审查暂行规定》等法律法规的有关规定,明确说明广告的违法之处。例如,表6-2是河北省药监局在其网站上发布的违法广告公示,❶将产品的具体信息、企业信息和广播各个播出窗口均予以明确,且具体指出了违法原因。

表6-2 2013年1~3月份河北省媒体发布严重违法保健食品广告公告

序号	广告中标示产品名称	产品名称	生产企业(申请人)名称	媒体名称	违法原因
1	修原胶囊	北京恒一堂医药科技有限公司	北京市	衡水人民广播电台文艺频率(FM96.1 AM738)	②、⑤
				张家口人民广播电台农业经济广播(FM104.3)	②、⑤
				衡水新闻综合广播(FM101.9 AM954)	②、⑤
2	益生菌	森健牌益生菌粉剂	北京市	廊坊交通长书广播(FM100.3 AM585)	⑤

---

❶ 截图源于河北省药监局网站:http://www.hebfda.gov.cn/CL0005/10941.html。

第六章　法律约束与广告管理

续表

序号	广告中标示产品名称	产品名称	生产企业(申请人)名称	媒体名称	违法原因
3	金诺三髓粉&髓晶胶囊	金诺牌三髓粉	北京市	秦皇岛广播电台旅游经济广播(FM103.8　AM900)	②
4	香菇菌丝体口服液	香菇牌香菇菌丝体液	北京市	秦皇岛广播电台旅游经济广播(FM103.8　AM900)	⑤

违法原因备注：①夸大保健食品功效；②表示的功效断言、保证；③含有有效率、获奖等综合性评价内容；④利用国家机关、专业机构及其工作人员名义和形象为产品功效作证明；⑤利用患者名义和形象为产品攻效作证明。

但是，尽管有法律法规的"红线"在约束，有行政职能部门的监督和曝光，但我们在实际观察中却发现，很多时候电台会轻松越过政策法规的"红线"，而按照自己的一套标准来播出医疗广告。长期以来，强行卖药的医疗广告一直活跃在各级各地的电台运行当中，甚至成为许多电台最核心的创收支柱。"越管越多"的医疗广告一方面说明了行政管理机制可能存在的问题，更重要的是反映出电台和医疗广告商之间的某种默契，这种默契既体现为有法不依，也体现为善打擦边球。而且，这种情形几乎是在全国范围内普遍适用的，电台之间相互比较、相互参照，大有"法不责众"的侥幸心态。当众多电台之间达成无言的默契之后，政策"红线"的约束力和监管价值就愈渐式微。所以，很少有电台会积极地打破通用模式，摆脱对医疗广告的依赖，而主动寻求改变。在缺少内在动力的条件下，只有强大的外力才会驱动改变。

二、工商的平级监管缺乏力度

医疗广告中最明确的违法行为是，利用患者的名义证明医药产品的效果。本研究抽样统计显示，近乎100%的节目都存在用患者作证明的现象。而且，听众的证言不仅出现在热线问诊环节，有的节目还事先录好患者被治愈的故事，在节目开头、中间、结尾处播放，是一种"改良版"的患者证明。

在业内人士看来，如果没有热线对话，没有患者来为产品疗效作证明，专题的卖药效果就会大打折扣，所以长期以来，不管行政法规如何连番强调，都很难将热线环节从医疗广告中剔除。而且，作为与广告商利益均沾的一方，电台也深刻明白没有热线就没有售卖效果的道理，所以集体默许热线证言的存在，甚至明知有大量"托儿"在热线中欺骗消费者，也不加管控，权当此为医药行业的普遍现象。

再有，对于医疗广告最直接的监管者——同级的工商部门而言，其与广电部门属于"兄弟"职能部门。我国行政机构一般采取同行业由上而下逐层管理的运行模式，而不同行业的同级部门之间缺少相互管理的机制。所以，即便是具有执法能力的工商部门，在处理医疗广告中的违法行为时，也多了三分礼让。

ZT：工商部门的约束和监管也挺难的，广播有一个特性就是听众可以参与，广告法中明确规定不允许以消费者的形式参与节目，但是这个根本做不到。如果不以这种形式播放，就没有"托儿"，没有忽悠的资本，不好卖药，我做了这么多年觉得是越来越假。工商也是睁一只眼闭一只眼，他们很明白有"托儿"产品才能卖，电台才能挣钱，他们也没办法。

三、电台充当"保护伞"，医疗广告违法成本低

在国家出台的若干针对医疗广告的管理文件中，《医疗广告管理办法》（2007年施行）和《广播电视广告播出管理办法》（2010年施行）是较明确提

第六章　法律约束与广告管理

出了违法、违规处罚意见的两部行政法规。《医疗广告管理办法》第二十二条规定：

"工商行政管理机关对违反本办法规定的广告主、广告经营者、广告发布者依据《广告法》《反不正当竞争法》予以处罚，对情节严重，造成严重后果的，可以并处一至六个月暂停发布医疗广告，直至取消广告经营者、广告发布者的医疗广告经营和发布资格的处罚。法律法规没有规定的，工商行政管理机关应当对负有责任的广告主、广告经营者、广告发布者给予警告或者处以一万元以上三万元以下的罚款。"

《广播电视广告播出管理办法》的第四十条是：

"违反本办法第八条、第九条的规定，由县级以上人民政府广播影视行政部门责令停止违法行为或者责令改正，给予警告，可以并处三万元以下罚款；情节严重的，由原发证机关吊销《广播电视频道许可证》《广播电视播出机构许可证》。"

按照以上处罚条款，医疗广告中涉及的强调治愈率、用专家或患者形象做疗效证明、用专题的形式发布广告等行为，都属于违法或违规，需要承担法律责任。但是，从政策的落地情况看，如何可算作"情节严重"或"造成严重后果"？这种带有模糊性、难有衡量标准的条款，其警告性质实则大于实际处罚效力，真正被暂停发布广告或吊销许可证件的广告主和广电机构恐怕并不多见。唯有罚款数额是具体的，可以明确落实到位。但问题是，相较一个省级频率每年几千万元的广告创收来说，条文中规定的"一万元以上三万元以下"实在微小，甚至不及一个频率一天从广告专题中拿到的创收。而且，条款也没有对违法违规的次数有任何界定，是每违规一次就罚三万还是每月累积罚三万？即便工商主管部门对此有更明确的标准，电台也不会过于认真地追究。因为一方面是自己违法违规在先，另一方面，从实际情况看，每年的违法成本极为低廉，没有必要去追问工商的处罚标准。

QZJ：我们跟工商关系也不错，后来要求罚我们款，我们认罚。基本上不罚客户，我们就把这个担起来了，罚媒体，一年就是几十万吧，违法成本不算太高。

B电台的情况也与此类似，只不过工商罚款的数额更小一些。

LS：他们定期查，但基本上罚罚款拉倒，数额也不太大，查一批客户，总共罚几万块钱左右，也是象征性的。说是罚客户，但这个钱一般就是我们交了。除了罚款，再让补补手续什么的。他们也是看上面的，上面要求严，他们就查得严一些，不严基本不管。

虽然工商、广电、卫生、药监等行政部门都对电台医疗广告负有管理责任，但实际起到约束效力的法规文件并不多见，而且，最终只有罚款是可以落实的处罚措施。这说明针对医疗广告的行政管理手段偏于单一。而且，经济处罚力度过小，对电台和广告商而言是"象征性"的，缺乏实际的约束价值和意义。

QZJ：如果真像是交保护费那种也就算了，也利索，但事实上还不完全是这样，还得管理和规定。所以，只能是磨合吧。

与此同时，执行罚收任务的同级工商部门与电台是行政平级单位，其在面向电台发挥执法权力时往往会碍于情面而使处罚流于形式。电台替广告客户的违法行为买单，其目的很显然是维护与广告商之间互惠互利的合作关系，但在实质上却成为广告商的"挡箭牌"和"保护伞"。很多时候，电台还会利用与执法部门之间平起平坐的关系，为医疗广告客户化解风险、突破障碍。

LJ：医疗广告商与工商和药监部门的矛盾，需要媒体去协调。因为广告商受管理部门的直接处置，而媒体跟管理部门的关系相对平等一些，大家都很熟，有这方面的优势去化解政策风险。

因为广告商与电台之间的利益攸关性，所以本来应当由广告商上交的罚款由电台替交了；因为享有与工商之间的平级关系，所以电台还可以为广告商的利益争取便利条件、逃避行政管制等。这样的关系模式不仅无益于广告商对违法环节的修正，甚至会助推广告商冒更大的风险，做出更恶劣的违法行为。

第六章　法律约束与广告管理

通过以上论述发现，不论是电台内部还是工商执法部门，都采取了"网开一面"的态度来处理和对待电台医疗广告中的违法行为。而最根本的症结在于，广告商—电台—工商部门相互之间休戚与共的利益关系、人情关系和职能关系，这导致政策的"红线"难以对广告商和电台形成有效约束。

第七章　听众的需求和反馈

健康节目的听众与医疗广告的消费者尽管不能在主体上完全重合，但二者共同构成了广播中"健康"元素在线下的接受者。医疗广告可以长期存在的重要原因是听众的消费需求，这一需求的激发既受制于传播者层面的说服性营销，也与听众自身对健康问题的信仰和固有观念关系密切。本章将从听众获取健康信息的行为、对中医药的观念和认知及广播购药行为和使用效果等角度，探究医疗广告的传播接受问题。

第一节　听众对健康信息需求和主动获取

一、我国公众健康素养水平不高

健康素养是健康素质的重要组成部分，指的是个人获取和理解基本健康信息和服务，并运用这些信息和服务做出正确判断，以维护和促进自身健康的能力。[1]2008年1月，卫生部发布公告《中国公民健康素养——基本知识与技能（试行）》，这份公告是世界上首份全面界定公民基本健康素养内容的政府文

---
[1]《首次中国居民健康素养调查报告》，2009年12月，第1页。

件。它从基本知识与健康观念、健康生活方式与行为、基本技能三个方面，制定了66条内容，因此也被称为"健康素养66条"。在这些客观标准的基础上，我国首次在全国范围内开展了居民健康素养调查，结果显示我国居民健康素养现状不容乐观。

调查显示，我国居民具备健康素养的人口比例是6.48%，即6.48%的居民能够了解基本的健康知识和理念，熟悉掌握健康生活方式和行为的内容，并具备基本的健康技能。其中，具备基本知识和理念、健康生活方式与行为、基本技能三方面素养的比例分别是14.97%、6.93%和20.39%。❶

同时，我国居民的健康素养水平在地区、性别、年龄、文化程度等方面都体现出较大差异性。第一，东部和中部地区居民具备健康素养的比例高于西部地区居民，城市居民具备健康素养的比例高于农村居民。第二，男性具备健康素养的比例高于女性，45岁以下中低年龄居民具备健康素养的比例高于45岁以上高年龄居民。最后，受教育程度越高，具备健康素养的比例也越高，不识字/少识字和小学文化程度的人群具备健康素养的比例远低于全国平均水平。

从以上叙述看来，至少可以得出这样几个判断：第一，我国绝大多数居民的健康素养水平是不达标的；第二，健康的生活方式和行为是公众最欠缺的一类健康素养，与之相应的是，慢性病预防问题的健康素养也最为消极；第三，不同地区、性别、年龄、文化程度的居民的健康素养水平存在明显的不平衡特征。

二、听众对"健康广播"的判断标准不一

"健康广播"本身是一个笼统的概念，它的内涵和边缘不像新闻广播节目、音乐广播节目、财经广播节目等那样清晰。尤其是商品营销元素介入之后，健康就被赋予程度不等的商业广告属性，于是，我们才在前文对"健康广

---

❶《首次中国居民健康素养调查报告》，2009年12月，第15页。

播"及其主体部分医疗广告进行了十分细致的类别划分。

但是对于一般听众而言,却极少对广播节目进行分类处理,而大都凭借兴趣和偏好进行选择收听,因此,人们对"健康广播"的范围认定和理解是不尽相同的。在深访过程中,笔者向每一位对象提出一个问题:"您是否有收听健康类节目的习惯,最常听的是哪几档节目?"对此,多数听众都表示曾接触过健康类广播节目,但从他们的列举情况看,没有听众提到电台自办的健康知识节目。比如北京地区的几位访谈听众对北京电台的"健康喜来乐""百姓健康大讲堂"等知识性节目没有鲜明的印象。被访听众所理解的健康类节目更多的实则是医疗广告。

张女士:我常听的有两个,一个是李振军的"祥康健康快车",还有一个"精正福源堂",我也跟他学了六字气诀,早上我练太极拳的时候,就把这个六字气诀加进去。

李女士:半导体里有的能教你做一些动作,比如说教一些对肩膀有好处的动作,我有时候听听这个,但也不是每天听,偶尔跟着他做做,但我都坚持不下来。

按照我们对医疗广告的分类,张女士和李女士两位听众提及的节目属于"中医知识和自创养生法传播"类节目。这是医疗广告中广告性质较薄弱、健康知识较丰富的一类节目,不少听众认为可以从中学习有益、有用的保健养生知识,所以将此理解为"健康广播"。

冯女士:我每天都听广播,没事就开着收音机,听了好多这种保健品节目。我觉得有几个说得不错,一个是岳奇峰(北京爱家广播的"我和健康有个约会"节目)这个,一个是齐星堂(北京新闻广播的"健康有约"节目)。

王女士:我听健康方面的比较多,一天基本上全都是这些广播。

笔者在对医药健康节目进行分类时也列举了冯女士提到的这两档节目,爱家广播由岳奇峰主讲的"精正福源堂"讲座是"中医知识和自创养生法传播"节目;新闻广播的"齐星堂"讲座则属于"知识+诊病+营销"三合一节目。

从冯女士的表述看出，她所认为的"健康广播"节目与"保健品节目"是吻合的，而且她偏向于知识性内容较多、营销成分较少的医药健康节目。

唐山的王女士表示每天听广播时间超过10小时，而且基本上以健康类节目为主要收听内容。但据笔者了解，唐山当地电台中，不仅没有自办的健康知识节目，而且强行卖药节目占到医疗广告规模的95%左右。这意味着，王女士每天听到的所谓"健康节目"几乎全是卖药节目。她对"健康广播"的认知也停留在这个层面。

三、听众对健康信息的主动获取和行为内化

获取和理解健康信息是公众健康素养生成的第一步。虽然医疗广告节目都带有广告色彩，但即便是广告特征最明显的强行卖药节目也能传递出少部分的健康知识，医药健康节目之所以可以走上广播公共平台，甚至可以"掩人耳目"，恰恰要依靠这层"健康"的外衣。

对健康信息的信任及其价值的认可，是听众获取、接受健康信息的前提。李女士认为自己的健康知识并不丰富，她对广播中健康信息价值大小和准确程度的判断完全依据"忽悠"成分的多少。

李女士：他越忽悠得多我越不信，他要是弄一大堆人，热线打不进来什么的，这我一律不信。他要是实事求是地介绍，我倒能信。

退休教师徐先生用一种更为客观和辩证的态度去看待和吸收医疗广告的内容，他能清晰地辨别节目中的有益成分和商业性信息，力求去伪存真。

徐先生：有一些节目是推销药品的，是一种商业行为。因为他要聚集人买他的保健品，他也瞧病，但他强调调理。我主要还是听听他调病的方法，那药我不感兴趣，也不相信。因为他还是赚钱，比如说原价1980元，现在980元，还送许多东西，他的目的就落在这儿，是商业性的。另外，他把病夸大了一些，我也得谨慎听，好像有点吓唬人。

对于某种广播类型而言，很难在制作上、内容和形式上设置统一的标准，

当然这也是广播节目丰富多元和创新性之所在。但是就医疗广告而言，它不仅类型多样不恒定，且健康传播和广告传播的复合属性，同时医药健康的专业性和复杂性又给电台的把关者带来困难。这样一来，传播内容的准确和谬误往往就要靠听众自己去辨明。

将获取的健康知识内化为自身的素养、能力和行为指导，这是促进健康素养的第二步过程。张女士几位亲人的先后离世令其开始关注自身健康，并从2007年10月开始收听北京电台两档"中医知识和自创养生法传播"节目，这个不间断学习和吸收的过程也是张女士健康素质提高的过程。

张女士：精正福源堂主要是教你练六字气诀，动练法、静练法，他那个屋里（实体店）墙上也都是图。我第一次去就拿着笔和纸记了好多，挺丰富的。比如晚上一边看电视，一边用红花、艾叶来泡脚，这也是"健康快车"教的。现在，我老伴的一些学生有啥小毛病就会打电话问我，我就告诉他按按哪些穴位。我光记录的东西都有10多本了。我听广播的习惯是一边听一边记，记不下来的上网查。

张女士之所以坚持收听这两档医药健康节目，最关键的原因还在于节目内容的有用性。张女士不仅听广播、记笔记，还遵循广播中教授的要领每天坚持操作实践，一些长期困扰她的小疾病得到了改善或症状消除。她对自己身体素质的评价是："我觉得在同龄人里算是最棒的"。

张女士：最起码我这肚子减下去了，推肚子、呼吸吐纳这些办法起作用的。2007年、2008年的时候我的眼睛总是模模糊糊的，眼屎特别多，每天老拿着手绢擦啊擦的；鼻子也有点鼻炎，早晨起来鼻子都干得不行。后来"健康快车"上教做三步曲五步操，我一直坚持做下来了，慢慢都改善了。还有以前我的腿有点退行性病变，现在基本不疼了，好了。

健康心理学认为，健康行为（Health Behaviors）是人们为了增强或保持健康状态所采取的行为。而年龄、价值观、社会影响力、个人目标、个人控制力和认知因素等是影响健康行为实施的主要因素。其中，个人控制力指的是人们对自身健康的控制和把握感。那些觉得健康是受个人控制的人与那些认为健康取决于某些偶然因素的人相比，更有可能养成良好的健康习惯。与之相应的，个体是否实施健康行为与个体的认知（如知识和理解力）密切相关。例如，当一个人相信某些健康行为是有益于健康的，或者相信如果不实施某些特定的健康行为就有可能发生某些疾病时，这个人就更有可能实施某些健康行为。❶

从张女士的案例看出，在对生命健康的渴望和危机感之下，积极地搜索、获取健康知识和信息是个体健康认知的起始，而长期的健康实践又将这些信息内化为自身素质，并达到了身体健康的实际效果，增强了对个体健康的信心和动力。

值得注意的是，听众从广播中习得的健康信息绝大多数来自讲知识的冠名节目或养生法传播节目，那些广告成分略多、较多或占据主体的医药健康节目往往很少被听众提及。当然，即便是只讲知识的冠名节目或多数是知识的养生法传播节目，其根本目的也绝不是服务于广大听众健康素养的提高，而是以服务和知识求得线下注意力和购买力。下一节就将重点对听众的线下购买行为和使用效果进行分析。

第二节 中医药的群众信任基础

一、公众对中医药的认可度高

中医（Traditional Chinese Medicine）指中国传统医学，是研究人体生理、病理及疾病的诊断和防治等的一门学科。中医具有完整的理论体系，其核心是

---

❶ 谢利·泰勒.《健康心理学》(第7版)，朱熊兆等译，中国人民大学出版社，2013年，第41-42页。

"天人合一""天人相应"的整体观及辨证论治。在诊断、治疗同一种疾病时，多注重因时、因地、因人制宜，并非千篇一律。认为人体各个组织、器官共处于一个统一体中，不论在生理上还是在病理上都是互相联系、互相影响的。中药（Chinese Herbology），是指在中国传统医术指导下应用的药物。笔者在访谈中发现，在不少受访听众的观念里，中药大都是"天然的""绿色的""无毒副作用的"，而西药则是"有副作用的""伤身的"等。在可做选择的情况下，他们更倾向于使用中药。

刘艳骄等曾于2007年发起过一项针对中医药传播认知和效果的网络调查。[1]调查显示，公众对中医的态度是：不选择、不相信占5.81%；选择、相信占86.80%；不相信占7.38%。可见，相信、选择中医是当今中国社会公众的多数意愿。人们尤其对中医药在治疗慢性病和疑难病方面的作用更为认同。正基于此，当一些慢性病患者无法通过医院渠道或西医治疗解除病痛的情况下，将更多的治疗希望寄托于中医药。这也从一个层面上解释了为什么以卖中药产品为主的电台医疗广告会长期在媒体领域盛行。

二、医疗广告契合听众心理

（一）塑造权威中医形象

医疗广告中，主讲人就像一档节目真正意义上的主持人，是与听众沟通的最主要甚至是唯一通道。因此，在设法让听众相信产品的功能和神奇效果之后，有必要对主讲人进行"包装"，越有权威感和个人辨识度的主讲人，越能增加说服力。"世界上不管什么样的统治力量，无论它是观念还是人，其权力得到加强，主要都是利用了一种难以抗拒的力量，它的名称就是名望。名望是某个人、某本著作或某种观念对我们头脑的支配力。这种支配会完全麻痹我们

---

[1] 刘艳骄等.《中医药知识传播过程中公众认知度及效果评价（网络调查报告）》,《中国中医基础医学杂志》,2007年第13卷第9期,第707-712页。

第七章 听众的需求和反馈

的批判能力，让我们心中充满惊奇和敬畏。"❶

广播医疗广告中的主讲人演说有一定的特殊性：其受众只能通过声音符号接收信息，并想象其可能的外在形象。因而，这些演说者更强调用语速、语调、音量等声音信息塑造风格，但不论其风格是和风细雨的，雷厉风行的，还是和蔼可亲的，广播医疗广告的说服主体都渴望在演说中塑造权威感，并将此投射到听众的传播接受当中。"芸芸众生总是愿意听从意志坚强的人，而他也知道如何迫使他们接受自己的看法。聚集成群的人会完全丧失自己的意志，本能地转向一个具备他们所没有的品质的人。"❷

广播医疗广告中主讲人权威形象的塑造，最重要的凭借手段是给主讲人冠以各种称谓、名誉、成就、学历等。与此前对产品的自夸不同，对主讲人身份的介绍一般由主持人播讲或在节目片花中进行介绍。根据介绍中赞誉程度的不同大体可分为盛赞型、多重权威型、祖方传人型和一般型四种介绍。所谓盛赞指的是极力称赞，给予高度好评，一些过誉和夸张的辞藻、表述往往出现在其中。比如例7-1短短100多字的介绍将该主讲人塑造成了一位享有盛名、师出名门、妙手回春、眼患救星的医学奇才，是一段很典型的盛赞广告。例7-2则在主讲人姓名之前加上了一系列称谓、名号，以突出该老师的学术和临床地位。

例7-1：宣杰老师，中医界无人不知，她是宣氏中医界第七代传人，她自幼随父学医，遍识百草，熟读医书，练就一身济世救人的好本领。她15岁就开始坐堂行医，一生专治眼病，无论病情多重、医史多长，经她诊治，立能康复。并且其弟子遍布大江南北，患者尊敬地把她称为眼部救星。❸

例7-2：今天为大家请到的，依然是山东中医药大学医学导师、北京中医

---

❶ 古斯塔夫·勒庞著,冯克利译.《乌合之众——大众心理研究》,中央编译出版社,2005年11月版,第107页。

❷ 古斯塔夫·勒庞著,冯克利译.《乌合之众——大众心理研究》,中央编译出版社,2005年11月版,第97页。

❸ 石家庄经济广播,"1009养生堂",0:00~2:00,2012年12月15日。

药学院、全国慢性病康复中心医学顾问康老师。❶

收听广播医药节目的听众大都自己或家人久病不愈，心身都处于失望和脆弱的状态，期待一个权威的声音给予鼓励和信心。广播将演说者的视觉形象、年龄、健康状态等都隐匿起来，带给听众神秘感，甚至认为专家是"百病不侵"的。加之通过谋篇和技巧建立起来的说服逻辑，以及声音信息传递出的权威感，一种象征意义逐渐暗示并构型听众的心理逻辑，使之愿意接受这些象征信息。"象征与人类思想结构相互联系，我们可通过改变象征性的框架来改变他人的思想，事实上，象征性也许是唯一可进入他人心理世界的管道。"❷

（二）契合听众对中药和中医理论的认知

实际收听过程中发现，广播医疗广告，尤其是卖药节目的营销对象主要是患有一种或多种慢性疾病的中老年听众。老龄化、工业化过程中慢性病人群的快速增加不断拓展着卖药广播的市场空间。值得注意的是，许多卖药广播节目不专门针对某种疾病的治疗康复，而是以"包治百病"为能，强调旨在解决中老年人一体多病的问题。统计显示，33.3%的节目所代言产品的适应症是5种及以上的多种/综合疾病，这意味着有1/3的卖药节目卖的是多病同治的"万能药"。在主讲人的叙述文本看来，这些药之所以可以同时治疗多种疾病，一个重要原因是基于其药物成分的名贵和多功能。比如例7-3强调了该药品由多种名贵中药提取而成，但药物成分的介绍十分模糊，并且使用了如"活性因子""胰岛激活"等医学专业术语。说完之后，听众并不知道具体有哪些味中药成分，也不清楚为何有了这些因子糖尿病就能康复，却可以成为药品宣传的一种卖点和广告噱头。

例7-3：35种天然名贵的纯中药，成功提取出来的200多种活性因子，其

---

❶ 唐山新闻综合广播，17:00~18:00，2013年1月8日。
❷ 秦琍琍、李佩雯、蔡鸿滨.《口语传播》，复旦大学出版社，2011年10月版，第27页。

中最为宝贵的,是让我们终身摆脱降糖药、胰岛素依赖的胰岛激活因子。"❶

在刘艳骄等人的调查中,关于对中药概念的理解,1.76%的被访者不清楚;认为是天然生长药物的占18.91%;认为是在中国生长的药物的占2.02%;认为是民间采集的药物的占2.99%;认为是在中医理论指导下的药物的占74.32%。而当问及能否听懂中医学的语言时,回答是:不能占6.78%;能够占34.50%;有的能,有的不能占56.72%。❷以上两项数据可见,人们一方面相信中药必须在中医理论的指导下使用,但另一方面公众对中医的语言和理论并不能充分地理解。而电台医疗广告正是契合了听众这种相信中医专家和中医理论的同时,又对主讲人所说的内容一知半解的心理和状态,将产品推销给产生了信任态度的听众。

第三节 听众广播购药的行为和使用效果

一、激发广播购药的原因

(一)治疗慢性病的欲望

尽管我国居民健康状况已处于发展中国家前列,并提前实现联合国千年发展目标❸,但慢性病却越来越成为影响中国公众健康的严重问题。据统计,

---

❶ 河北旅游文化广播,"健康之旅",4:30~5:30,2012年12月30日。
❷ 刘艳骄等.《中医药知识传播过程中公众认知度及效果评价(网络调查报告)》,《中国中医基础医学杂志》,2007年第13卷第9期,第708页。
❸ 《中国的医疗卫生事业白皮书》,2012年12月,第2~3页,http://www.moh.gov.cn/wsb/pwsyw/201301/6fbe5f5264d84e03960eb72dbd752d05.shtml。

慢性病人群已经膨胀到全国总人口的近1/5。在与听众深度访谈的过程中，笔者发现，几乎所有访谈对象都患有（或曾患有）不同程度的慢性疾病，这对其生活质量和健康都造成一定影响。因此，对身体健康的实际需求和诊疗慢性疾病的渴望是这些听众选择收听医疗广告，并在线下购买医药产品的直接原因。

山东省淄博市的农民王女士家里有几亩果园，老伴和孩子平时在外打工，帮不上忙，所以她一个人要负责家里全部的农活。尤其是春忙时节，她平均每天要在果园里劳作10个小时以上。在这十几个小时的过程中，收音机是她唯一的陪伴。

王女士：我不识字，听收音机也有好处，解闷儿。就是习惯性的了，到了园子就得先打开听，中午没电了，不吃饭也得先换上电池。

长时间的体力劳动和生育期留下的病根使王女士患上了关节骨病、失眠等慢性疾病，并对其生活和劳作造成困扰。

王女士：腿疼腰疼，干活干多了，累了就觉得疼，觉得气短，走路没劲。而且睡不着觉，尤其是以前怎么都睡不着，吃药也不管用，一年下来能吃三瓶安定，300片药。

在每天长达10小时的收听过程中，医疗广告是她收听比例最大的一种节目类型，大量的医药产品进入她的选择范围。经过考虑，王女士选择购买了两种对症的产品来医治慢性顽疾。

（二）对健康威胁的感知

美国心理学家Rosenstock于20世纪50年代提出健康信念模式（Health Belief Model，HBM），来阐释个体健康行为。根据这个理论模式，一个人能否实施某种特殊的健康行为取决于两种因素：个体是否感觉到自己受到健康威胁，个体是否相信某种健康行为能有效地减轻这种威胁。而个体对健康威胁的感知至少受三种因素的影响：整体的健康价值，包括对健康的兴趣和关注；对

某种疾病个人易感性的关注；对此种疾病后果的信念或看法。大量研究表明，健康信念对实施健康措施通常具有一定的决定性作用。❶

从某种程度上说，包括购买正规保健产品在内的健康消费也属于健康行为和健康措施的一种。基于个体对健康威胁的感知，尤其是对整体健康价值和生活质量（Quality of Life）的关注，一些听众虽暂时没有疾病在身，却也选择购买保健产品，希望借此降低健康威胁。

2004—2009年几年间，北京市朝阳区的孙女士曾连续多次在收听医疗广告之后，去实体店面购买保健产品。据孙女士回忆，那些年平均每年要花2000元左右用于购买保健品。至于购买目的，主要是基于对亚健康的担忧，希望通过加强保健来提升健康水平。

孙女士：那时候还真没什么毛病。因为那时候我也40多岁，觉得这个岁数可能也有些亚健康什么的，是不是也该注意一下养生了。加上也算有点经济条件吧，所以就想去买点保健品吃吃。所以，广播里一说这个好，就买点喝喝；一说那个好，也买点试试。

（三）信任态度的生成与购药行为的实施

消费者行为学的研究认为，商业性和社会性机构常常通过改变人们对某一产品、服务或活动的态度来成功地改变他们的行为。态度的改变可以导致有益的消费决策。如图7-1所示，态度由三个基本成分组成：认知成分（信念）、情感成分（感觉）和行为成分（反应倾向）。

---

❶ 谢利·泰勒.《健康心理学》（第7版），朱熊兆等译. 中国人民大学出版社,2013年,第49页。

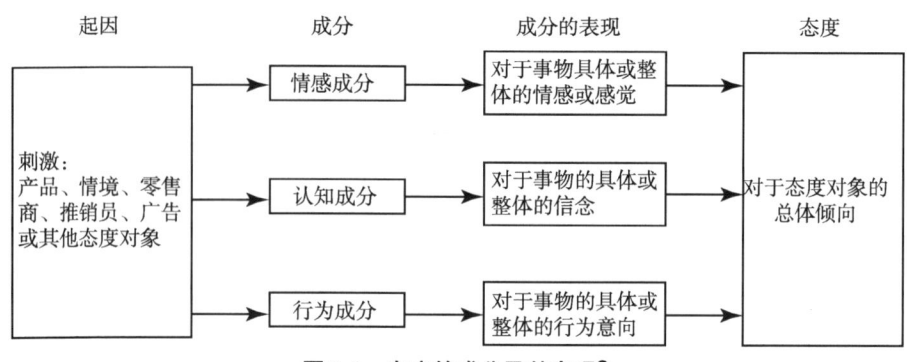

```
起因              成分           成分的表现              态度

              ┌─→ 情感成分 ─→ 对于事物具体或整
              │                体的情感或感觉  ─┐
刺激：         │                                  │
产品、情境、零售 │                                  │   对于态度对象的
商、推销员、广告 ├─→ 认知成分 ─→ 对于事物的具体或 ─┤   总体倾向
或其他态度对象   │                整体的信念       │
              │                                  │
              └─→ 行为成分 ─→ 对于事物的具体或 ─┘
                               整体的行为意向
```

图7-1　态度的成分及其表现❶

其中，认知成分由消费者关于某个事物的信念所构成，比如某种饮料价格低廉、无添加剂、由大公司生产等；情感成分指的是对某个事物的感情或情绪性反应，比如喜欢某种饮料、某种食品不利于健康、某产品价格贵得离谱等；态度的行为成分则是一个人对于某事物或产品做出特定反应的倾向，比如买或不买。所罗门提出，❷态度的三个成分倾向于一致，某个成分的变化将导致其他成分的相应变化。

听众购买医药产品的行为倾向，同样是以上态度改变过程的结果。访谈过程中发现，听众对医疗广告所提及或推销的产品存在以下几种购买态度。

1. 理智购买型

这类听众对医疗广告中所叙述的信息持客观和审慎的态度，对其中的知识性内容和广告营销内容有较为明确的辨别意识。其对医药产品的信任感是建立在切实的证据或正面情感判断的基础上产生的。

北京朝阳区71岁的张女士就属于此类听众和消费者。在她收听养生法传播节目的最初几个月，她只对节目中的养生方法和中医知识感兴趣，对于方法教学之外的医药产品持中性态度。但在持续操练"六字诀""三步曲五步操"

---

❶ 配图来源：[美]迈克尔·R. 所罗门.《消费者行为学》(第八版),卢泰宏译,中国人民大学出版社,2009年,第237页。

❷ 迈克尔·所罗门.《消费者行为学》(第八版),卢泰宏译,中国人民大学出版社,2009年,第240页。

等养生方法的过程中,她的健康状况得到改善,身体上的慢性病症状开始减退。这种结果带来的是对产品认知的丰富性和情感上的正面评价,信任感的逐渐产生驱使张女士在操练养生方法的同时,开始尝试该机构、该主讲人所推荐的产品。

张女士:从2007年10月开始学他的方法,我觉得挺管用的,所以2008年1月就买了他的××茶,一个月200块钱,也不算多。坚持喝了两年多,喝到2010年。

2. 易被说服购买型

这类听众的特点是容易被医疗广告中主讲人的说服性语言,或节目中的广告营销技巧等因素刺激成功,并建立顺从态度,实施购买行为。

医疗广告,尤其是占据其中主要和主体位置的强行卖药节目在本质上属于电台医疗广告,不论是主讲人的讲述还是热线听众的对话都使用了大量的说服技巧和广告语言。易被说服购买型听众的健康知识通常并不丰富,且缺乏理性辨别力,甚至在收听过程中存在"选择性接触"的特点,即一旦对某种产品或某位主讲人产生信任感,便更加倾向于选择收听、记忆那些支持自己态度和判断的信息。所以,节目中的说服手段和广告营销技巧就极容易在这类听众身上起作用、有效果。

孙女士是一位典型的易被说服型消费者,而且她对医疗广告及其所售产品的信任态度和购买意愿是二次说服的结果。图7-1显示,情境因素是造成态度改变的刺激和起因之一。一般认为,消费过程发生在四种情境下:传播情境、购买情境、使用情境及处置情境。其中,传播情境是指对消费者行为产生影响的信息接受情境。❶医疗广告对孙女士的首次说服正是基于节目所在的传播情境。

孙女士:我觉得这广播、电视都是国家的嘛,还是比较相信。你要说路边

---

❶ 迈克尔·R. 所罗门.《消费者行为学》(第八版),卢泰宏译,中国人民大学出版社,2009年,第286页。

有人跟你推销什么东西,那我肯定不信。

出于对广播电视媒体权威性的认可,孙女士对医疗广告节目建立了第一层次的信任态度。在此基础上,又受广告传播技巧和营销手段的影响,对节目中的产品、主讲人、听众均产生了信任态度,即被医疗广告二次说服。从以下陈述中可以看出,孙女士对医疗广告节目的信任态度,既包括对主讲人所说的"对症"、听众的证言等认知信息的成分,也包括"吃保健品比吃药好"等情感判断成分,从而使孙女士产生了购买倾向并实施了购买行为。比较看来,医疗广告尤其是强行卖药节目中的说服技巧和广告手段在这类听众身上是最为起效的。

孙女士:一个呢,里面的老师说这产品有保健的作用,对身体好;再一个他都说对症。而且打电话的人说自己吃了多少年,不用吃药,就把病治好了,这些都比较吸引我。再说,比如我现在有高血压,那我就关注什么东西能治我这病,对血压好。如果能吃保健品吃好了,当然比吃药好。所以说,没准以后我听广播听到有这种产品,我还会买。

3. 存疑但购买型

这类听众介于理智型和易被说服型两种情况之间,一方面对医疗广告节目中的夸张、证言、断言等信息存有疑问,但另一方面对自己的判断或疑问又不够坚定,容易被不断重复的信息或其他广告因素吸引,进而尝试购买。

李女士:买过一种往腿上抹的东西,叫骨细胞修复液,他(主讲人)说能让你骨头里的什么细胞再生成。现在想起来你说可能吗?你都老了,肯定是退化,小孩才再生吧。里面那个男的说"要是不管用,我砸我祖宗这牌子,用我性命担保什么的,不蒙人"。而且说是3块钱一次,我一想那也承受得了,不如买来试试,我没要那么多,就买了500多块钱的。

从李女士的以上陈述看出,她对医疗广告中的夸张成分和认知信息是有不信任情绪的,情感上的消极评价原本会引导她做出理性的判断、拒绝购买。但她在怀疑的同时,又被主讲人的保证性语言所"诱惑",此前的怀疑和消极态

第七章　听众的需求和反馈

度被中和，而"价格可承受"这条信息最终使她产生了购买倾向。

根据笔者的实际收听经验，电台医疗广告中所谓的"直播"在很多时候是站不住脚的，重播、录播的情况时有发生。"医托""药托"现象一直以来也受到社会和听众的质疑。医疗广告的"忠实听众"王女士从收听经验的角度，对这些问题提出了更细致的证据。如下表述至少可以看出她对三方面问题的怀疑：一是直播热线总是打不通，热线是不是提前被安排好了；二是同一位听众多次打进热线，反馈同样的情况，这是不是位"医托"；三是既然说的话一模一样，那会不会是事先录好的热线，在节目中反复播出？

王女士：好像也不是直播吧。场外电话是能打通，直播咨询的那个电话永也打不通，我打过好多次，都是占线。而且有的节目说，跟老师反馈自己的情况有奖，那要是每个人都打通了就都有奖。哪有那么多奖啊？肯定都是安排好的。但也有人说这个电话太难打了，终于打进来了，也有这样的，但我怎么就打不进去？而且我听过有个人这次说了，下次他还说，就是同一个人，他自己报的姓名，同一个名。说的话一模一样。

但是，尽管王女士能够对细节问题进行辩证思考，但在她看来，这些疑问都是形式上的，是为了达到更好的销量，而不关乎药品、保健品的功能。所以当她听到主讲人和听众的证言后，仍然会选择相信、选择购买。

王女士：听迷了都。这个××胶囊也是听迷了才去买的。他说这个药挺好，而且（热线听众）也都说管用，那我就去试试。

可见，对于存疑但购买型听众而言，认知、情感和行为三方面的信息都不是单向的：一方面，对医疗广告内容和形式有理性的分析和合理的质疑，但另一方面又对主讲人和听众的证言及优惠、买送等营销手段缺乏"免疫力"。这两方面认知信息虽然共存，但毕竟医疗广告的主流信息仍然是产品营销和效果证言，所以，留给听众进行分析的理性空间是很小的，听众极容易在认知和情感上"偏向"于营销轨道，从而最终选择信任和购买。

（四）营销技巧强化消费意愿

据此前的统计，85%的电台医疗广告节目都明确表示，产品或医药厂家正在举办优惠活动。这说明以优惠促销售是广大医药经销商的共识。之所以会有这样的共识和约定俗成，最根本的原因在于这种营销策略的有效性，即可以在主讲人和热线说服的基础上强化听众的购买意愿。

笔者在探访过程中发现，医疗广告尤其是强行卖药节目中花样百出的营销技巧对听众是十分奏效的，尤其是易被说服购买型、存疑但购买型两类听众很容易在这些促销策略的诱导下最终购买。

孙女士曾常年购买电台医疗广告中推销的两种保健饮品，她之所以会在那段时期不间断地坚持购买，一方面出于对广播电台和主讲人、热线听众的信任，另一方面也在一定程度上受医药经销商线下策略的引导。从孙女士的以下讲述看出，当听众按照广播中述说的地址来到销售网点并留下信息之后，实际上就成为该机构线下营销的直接目标。如果说广播营销是一对众的，那线下便是一对一、点对点的。收听兴趣—产生购买意愿—实地购买—线下点对点营销，这是大多数医疗广告线上与线下营销互动的基本模式。

孙女士：比如说那个××茶60多块钱一盒，我去店里买的，买五送一，花了300多块钱。另外一个××茶买的次数多，因为你买了之后，他们那儿都有你联系方式，老搞活动，时不时打电话给你，通知我去买。他有你的信息，大概能估计出来你什么时候该喝完了，他这电话就来了。这个也是60多块钱一盒，每次买个十多盒，花个六七百块钱。

王女士由于长期劳作等原因患有腰腿疼痛等慢性病症，但因为没有在医院进行过系统检查，所以王女士并不能很清楚地说出疾病名称、严重程度、有何伴随疾病等。在她看来，这种疼痛与自己的务农工作和日渐增加的年龄有关。"慢性疼痛患者经常会接受各种治疗，包括病人自己寻找的治疗方式和医生提供的治疗方法。"❶收听医疗广告并购买和使用节目中推销的药品、保健品就是王女士"自己寻找的治疗方式"之一。从她的叙述看，王女士判断医药产品是否对症的信息点一是热线证言，二是经销商的买赠优惠，认为有了"烤脚的、按摩的、泡水喝的"这些赠送的辅助性产品便可以得到更好的效果。

王女士：（为什么判断这个胶囊适应你的症状？）人家收音机里不是说吗，身体好了，腰不疼了，腿不疼了。而且买上之后人家还给配上烤脚的、按摩的、泡水喝的。

一般听众，尤其是一些文化程度不高、缺少医学药学知识的听众，很难理性地判断出某种产品是否适应自身病情，尤其是在主讲人刻意夸大和断言、热线听众100%有效证言等情境之下，很容易先入为主地认为该产品是对症的、有效的。这种情况下，辅助器具或产品的赠送营销会被听众认定可以增强效果或辅助治疗，也与多数听众"买实惠"的消费心理契合，并刺激其做出最终的购买行为。

二、听众用药（药品及保健品）效果例析

（一）案例介绍

案例1："歪打正着"的效果

段女士和她先生的身体状况都基本良好，但考虑到两个人都已经年近六十了，所以，段女士想买些保健产品，预防保健、调节身体、防患于未然。所以，当她在广播里听到"××药酒"的介绍之后，一口气就买了一箱。

"他说这个酒可以强筋补肾，保健功能比较好，而且是买5赠1，所以我们想买来当保健品喝喝。当时买了一箱，6瓶，算是买5赠1，还送了一床蚕丝被。一瓶240多元，5瓶花了将近1300元。一天喝一杯，一瓶能喝一个月左

---

❶ [美]谢利·泰勒著.朱熊兆，等译.《健康心理学》，中国人民大学出版社，2012年3月版，第219页。

右。"

拿到药酒之后,段女士的先生试用了一周,结果不仅没收到保健强身的作用,反倒添了乱。

"我们家那位身体还可以,没什么毛病,但喝了几天之后,偶尔量了次血压,发现高压到了140多,他自己心想会不会是喝这个药酒喝的,后来就干脆停了,不喝了。"

尽管不能确定其先生的血压升高是否是药酒导致的,但段女士还是果断地让他停了药。可是,段女士又觉得6瓶药酒喝了1瓶还不到就扔掉实在可惜,她侥幸地想:这个药酒会不会对我骨关节的毛病管用呢?于是,她重新拿出药酒喝了起来。

"我这大半年一直是有关节疼痛的毛病,早晨起来手指关节硬得不行,特别疼,都握不成拳,膝盖也疼。既然他不喝了,那都买来了,也不能浪费啊,所以我就接着喝。喝了三天吧,我就觉得这骨关节没那么疼了,又喝了一阵,感觉是挺轻松的,而且也没什么不好的反应,所以我就一直喝到现在。一共买了6瓶,现在喝第4瓶了。现在也不能说症状完全消失了,还是能感觉到关节有点不舒服,但已经不是以前那种疼法了,好多了。"

两个月后,笔者通过电话与段女士进行了第二次访谈。段女士说,6瓶药酒快要喝完了,但她手部和膝盖关节的症状没有更进一步改善,还是有些肿胀感,早起握拳困难等。在家人的建议下,她去医院进行了全面的血液检查,排除了类风湿的可能,被诊断为骨关节炎。

"最后这瓶酒喝完了就不再买了,喝来喝去就是维持这个程度了。"

案例2:解决了顽疾的保健品

王女士从2008年开始购买和使用某保健产品。据王女士介绍,该保健品是一种袋装茶饮,每次用开水冲泡3袋,可以一直续水,连喝2~3天再换新茶。这种保健茶60袋为一盒,每盒186元。2008—2012年,王女士几乎未中断过购买,总共花了5000多元。王女士之所以会坚持使用,关键在于这种产品解决了长期困扰她的失眠问题。

"尤其是以前怎么都睡不着，吃药也不管用，一年下来能吃三瓶安定，300片药。后来听收音机知道了××（产品），就去买来喝，第一次买了一盒，觉得管用，喝完之后又买了五盒，第三次买了一大包，一直喝，很管用。后来停了之后，睡眠也一直不错。我以前还有点低血压，低压70，高压110，喝了××（产品）之后低压80，高压120，很正常。以前干活老觉得累，喘不动气，喝了之后干活不觉得累了。"

"××（产品）我是特别相信，我也不给它做广告，就是喝了管用。没喝之前我是什么偏方什么药都吃了，不管用，睡不着觉，浑身没劲，喝了现在都好了。失眠20年啊，现在终于好了。"

2012年上半年，王女士发现身上的血管有些发黑，她自己怀疑是不是跟××（产品）有关，所以索性不喝了。但她并没有去医院检查血管发黑的原因，而是又随着广播节目的推荐，换了一种保健产品"××胶囊"，花了2500元。

"后来发现血管有点发黑，我就不喝××了，而且得老喝水老喝水，有点麻烦。就开始买××胶囊了，这个胶囊对肾好像有调节作用，收音机里说对关节也好。我年轻生孩子的时候受过风，一直怕凉。喝了这个××胶囊之后，敢吹风扇了，以前是绝对不行的。"

除了"敢吹风扇"之外，王女士暂时还未发现该胶囊的其他效果。

"现在还没吃完。我也不是当治病得吃，想起来就吃点。有时候嗓子疼了，也拿出剩下的××（产品）泡上两包喝喝。"

案例3：虽有疑惑却难割舍的"效果"

李女士长期患有骨关节疾病，尤其是手指关节和膝关节的疼痛、肿胀对她的生活起居造成越来越多的不便。初期，李女士曾多次到北京的各家医院寻求治疗，但药物引起的胃部刺激常常令她难以忍受，于是慢慢放弃了医院治疗。后来，她购买了医疗广告中推销的一种骨细胞修复液。对于这种修复液的产品性质、入药成分、毒副作用等，李女士均表示未做仔细了解，但她认为这是一种外用液体制剂，不会损伤肠胃、肝肾，而且试用发现的确能减缓疼痛，所以，即便心里有些犯嘀咕，但李女士仍自行采取了一种"折中"的办法，减少剂量持续试用。

"我觉得我还不是轻易上当的，因为听多了，也能判断出来。不过我买这个修复液吧，也是因为真难受，就买来试试，反正它不是吃的。如果是吃的药，我绝不通过这个渠道买。它就是一个小管，上头有个滚珠，就这么往身上抹。抹上以后，就觉得热乎乎的，舒服点。我一直用，上次买的用完了，后来让我闺女从网上刚给我订的，人家给送来了。这骨细胞修复液用了一年半，总共花了1000多块钱。

"不过呢，后来我认识一个骨科大夫，他说不让我瞎抹，他说里面可能有激素，如果有激素，抹上是舒服，但是有依赖性。他建议我有病就去骨科医院看，别乱用。但是我用的呢也不多，不像他说的一天得抹三次，我就早上抹上一点，让它舒服点。"

案例4：实际效果不明显

2000—2006年，孙女士曾十分热衷于收听医疗广告，并在广播节目的推荐下购买过三种保健产品，平均每年花费1000多元。当时孙女士身体状况较好，没有明显的慢性病症，购买保健品的目的主要是维持和保养健康。但用了几年下来，孙女士发现这些产品的效果并不明显，加上其他方面的原因，她最终放弃了购买和使用。

"现在看电视的时候多了，不怎么听广播了，也不买这些（保健品）了，开始吃药了，因为高血压的毛病出来了。再一个呢，吃了这些保健品，也没觉得特别有效果，而且老这么买，也花不少钱呢。还有，现在的产品也太多了，根本吃不过来。"

案例5：持续依赖收效慢的养生保健

2010年，刘女士开始收听"××福源堂"的广播节目并坚持到实体店参与保健，每天早、中、晚各1小时，保健项目主要是练"六字气诀"等养生法。此外，刘女士也多次从实体店购买了"××方剂""颈椎鞋""复元枕"等产品，算下来，总共从"××福源堂"买过1万多元的产品。关于使用效果，刘女士的反馈是：

"我以前眼睛不好，看东西老有黑点，现在恢复得挺好，视力是0.8和0.6，对老年人来说还算不错。还有大便以前每天拉两三回稀，现在不这样了，比较正常。但失眠一直还没好，买过他们这儿的枕头，也不管用。"

与刘女士一起做操、保健的冯女士是"××堂"和"××福源堂"两档节目的忠实听众，她曾先后在这两个品牌的实体店体验和消费。从她的以下反馈看，颈椎疼和四肢关节疼的问题并没有得到较好的解决。

"红庙那儿有一家××堂的店，我去过，他们给我按摩一次是70元，加上贴的那个药400元，管两天。下次再去，再花70元按摩一次，这个药还能用一回。按摩是挺舒服的，但太贵了，我去了半个多月，现在不去了。我颈椎还是那样，还是不舒服。

我买过他们（××福源堂）的颈椎鞋，那时候便宜200多元，现在还没觉出来特别管用。我也买过他们那个药水，涂上之后拍拍，对我这胳膊管点用，好像这个筋展开了一些，但胳膊现在还是疼，我每天还到他这个店里来涂药。他们这儿的药都算便宜的，有的七八百块钱管半个月。"

（二）实际效果与广播内容的对应比较

1. 保健品宣称治病，但实际却只有缓解功能

以上列举的几个案例看，几乎没有哪种产品彻底治好了听众的慢性疾病，大多数只是管用、有一定效果，但疾病仍在。而实际上，这些案例所对应的节目中，主讲人或热线听众均透露出了"治病""治好""解决掉"等信息，让听众认为这种产品可以治疗疾病，而不仅仅是缓解疼痛。

例如，冯女士提到并未在"××堂"治好颈椎疼痛的问题，但相应的节目

中，主讲人不仅没有向听众说明该机构产品的性质（是保健品还是药品），而且还做出了"治好"的保证。

"我给你们治病一定让你们从根本上好……你就到××堂去治，这个疼痛、活动都能给你解决。还要吃那个亚麻酸、红花油、银根，这三种一样四粒，一天三次，你还得吃××钙和鹿骨，起码这5种产品你要长期吃了。"❶

2. 药品未见得彻底治病

段女士一连喝了6瓶的"××药酒"是药品❷，但从段女士的实际使用看，这款酒剂也仅起到了缓解和部分治疗的作用。在其对应的广告专题节目中，穿插了这样一段硬广告：

"××药酒治疗风湿骨痛，针对病因病机综合施治。67味中药协同作用，达到治疗风寒湿痹、筋骨疼痛等病症的功能。"❸

从其表述看，广告语言相对谨慎，未做出"治愈""治好"等保证，而是用了"施治""达到……功能"等措辞。紧接着的一条硬广告又说：

"慢性病多半是反反复复、久治不愈，所以，喝××药酒贵在坚持。"❹

这一句广告词的内涵十分丰富：其一，暗示听众慢性病很难治，要多买多喝才有效果；其二，如果像段女士那样认为自己的病没有彻底治好，那么可以解释为不够坚持；其三，合理地避开了对疗效的谈论，不就此下定论。

从以上分析看，笔者所访问的几位曾经买过药的听众对所购产品的评价并不算负面。多数人都表示，用过产品之后，自己的慢性病或多或少都有改善，只有一位听众认为健康改善效果不佳。但是，特别需要说明的是，笔者对听众的无结构访谈并非建立在严格抽样的基础上，访谈对象也不多，因此以上访谈

---

❶ 北京城市服务管理广播，"健康加油站"，2012年2月13日，1:30-22:00，七星堂专题。

❷ 国药准字Z15020795，参见国家药监局网站：http://app2.sfda.gov.cn/datasearchp/gzcxSearch.do?formRender=cx&page=1。

❸ 笔者收录的石家庄台的节目中没有涉及该药酒，但收录的北京电台的节目有该产品的专题。这句广告词亦来自北京电台的相关节目：北京体育广播，"健康绿洲"，2013年1月16日，14:00~14:25。

❹ 同上。

第七章 听众的需求和反馈

只能从一个侧面来反映广播所卖医药产品的效果,而没有由局部推断全局的意义。

另外,以上论述还引申出一个问题,即听众对医疗广告中信息的主动辨别能力有多强。"广播对老龄群体是黏性最强的媒体"[1],从寻医问药需求的大小而言,老年听众更是包括医疗广告在内的所谓"健康"议题的主力听众群。我们在访谈中发现,生活在城市、有较高文化程度的老年人比生活在农村或城镇、文化水平较低的老年人,更有辨别信息真伪的主动性和鉴别力,且更倾向于选择营销色彩较弱的养生法教学等节目,而后者则更倾向于选择电台医疗广告,部门受访者曾坚持收听且长期购买产品。听众的人口学特点与收听习惯、购买行为之间的更明确和有说服力的关系,有待今后用社会调查的方法进行量化分析。

三、虚假医疗广告的社会反馈——透支听众信任,自毁广播声誉

"别的保健品也买过,买过好几万块钱的,都是假的。有的店过两天去,大夫就换人了,找不到了。"

刘女士在谈到这些年购买保健品的经历时给出了这样一句反馈。尽管这些保健品有的是听广播、看电视之后买的,有的是在药店被人"忽悠"而购买的,但总之,刘女士的确曾在虚假医药产品上浪费过不少金钱和精力。

生活中的确有不少像刘女士一样曾经听信虚假医疗广告并上当受骗的听众。人们不时会从新闻中看到对此类事件的报道,[2]也会在论坛、贴吧看到听众对广播卖药节目的不满、抱怨和愤怒,如图7-2所示,[3]这位听众不满情绪的原本是某种没有疗效的药品,但因为这种药的售卖平台是广播节目,所以

---

[1] 张彩.《老龄化社会与老年广播》,中国传媒大学出版社,2007年10月版,第190页。
[2] 参见附件2:《济南日报》报道《"大水牌"蛾苓丸被疑夸大宣传》。
[3] 截图来自百度贴吧:http://tieba.baidu.com/p/1403074461。

该听众认为广播理应承担责任、承受责骂。听众甚至不记得这种药的名称，但却很清楚地指出了电台频率和节目名称。这意味着，广播卖药表面上是迫于广告效益而让渡了时段资源，而实际上却是在透支听众的信任和对广播的感情。

再如图7-3所示，[1]忠实听众不满于当地电台越来越多的医疗广告，而投诉到当地的政府官网上。广电部门虽然对听众的留言予以了回复，但使用的却是"调整""整改"等说法，并没有承诺减量。在电台自负盈亏的经营实际面前，很多电台明知道会丧失听众的信任、会招致骂名，却始终无法抵御医疗广告的诱惑。

图7-2 听众反馈（一）

---

[1] 截图来自山东省东营市垦利县政府网站：http://www.kenli.gov.cn/wsbsshow/messageinfo.jsp?msgid=12545。

第七章 听众的需求和反馈

关于黄河口之声电台卖药的问题

留言编号	dbvsb200812545	留言人姓名		留言时间	2010-01-21 20:12:15
回复部门	广播电视台	回复时间	2010-01-27 16:54:47		
留言内容	我算是一个老听众了，可是我对黄河口之声电台是越来越不满意了，以前我是从中午12点开始听，直到下午一点半上班，晚上从6点开始听到10点多，这期间的节目很好，有点播台，有朗诵小说的，有说评书的，间隔中还会放些歌曲，当然也会插播一些卖药的广告，比如尿路康、神猴十三味丸等等，每个广告30分钟左右，一晚上也就2，3次吧，可是现在！！连中午的点播台竟然也插上了20分钟的增高药广告，晚上更别说了，一个接一个，每次听到这些卖药广告就烦，每次咨询的问题都一样，连声音都是那几个，把我们当猴耍啊！！不知道他们给了多少广告费，让你们这么卖命！！这么高频率的播放这些。。。的广告，你们太让我们这些老听众伤心了！！！				
回复内容	感谢您对我们电台的关心和支持，根据您提的意见和建议，我们将会适作出调整，尽快整改不合规范的广告，多播放一些群众喜闻乐见的节目。谢谢！				

中共垦利县委 垦利县人民政府主办
设计维护：垦利县电子政务中心 联系电话：0546-2890255

图7-3 听众反馈（二）

第八章 医疗广告对电台收支运行的意义

自收自支的制度安排要求广播电台必须开发自身经营创收的潜能，从而维持电台管理、业务运行、人员储备等多方面的运转。对广播而言，医疗广告存在的重要价值，在于其对电台运营维护和效益增长起到关键性，甚至是决定性作用。本章试图以A电台为主要观察对象，通过分析电台在收支两条线上的具体实践和费用流动，了解和探求医疗广告所内含的广告价值对电台收支运行的意义。

第一节 电台的收入结构——以A电台为对象

一、基本经费制度："自收自支"及收支两条线

广播电台经营广告，并不是改革开放以来的新事物。新中国成立初，在国有国营的人民电台中，除中央电台外，各地人民广播电台都普遍开展了广告业务，有的大中城市还设立了专门的广告台。但自20世纪50年代中期以后，由于受"左"的思潮影响，各地人民广播电台的广告节目都相继停办，广播电视

第八章 医疗广告对电台收支运行的意义

事业的经费来源，也就只剩政府拨款的单一渠道了。❶进入20世纪70年代末期后，随着事业规模的扩大，经费开支也大幅度攀升，单纯依靠国家财政拨款已远远不能满足事业发展的需要。为解决这一矛盾，广播电台再一次打开了经营广告的窗口。

1979年3月5日，上海人民广播电台恢复播出广播广告。1980年1月1日，中央人民广播电台播出该台有史以来的第一条广告。❷广告业务的恢复和开办，使长期以来全部费用都依赖国家拨款的广播电视事业有了另一条经费来源渠道，而广播电视广告在宣传商品、引导和扩大消费、促进生产等方面所发挥的多种作用，也越来越引起重视。

1983年，第十一次全国广播电视工作会议在提出"四级办"方针的同时，确定对广播电视经费管理体制进行改革，要求在经费来源上放开搞活，由过去单纯依靠国家财政拨款，改为经费来源渠道多元化，广泛开辟财源，以弥补国家拨款的不足。❸"从1979年电台重新放开广告经营，到20世纪80年代一段时间，所谓的经营是低层次的、小规模的，带有补充性的。20世纪90年代广播进入高速发展期，从一个弱媒体变成强媒体。"❹

1998年，第九届全国人大第一次会议决定，国家今后对包括广播电视在内的大多数事业单位，将逐渐减少拨款，3年后这些单位要实现自收自支。这意味着，届时广播电视事业将全面被推向市场。也正是从20世纪90年代中后期开始，我国广播电台大部分脱离或者完全脱离国家财政拨款，经营实力扩大，开始进行事业和产业的剥离，逐步建立了企业制度。

张汉星、陈华以湖北电台为例，介绍了电台成本核算的基本运行。文章提出，事业支出是事业单位开展专业活动及其辅助活动发生的消耗，也是电台在

---

❶ 赵玉明主编.《中国广播电视通史》,中国传媒大学出版社,2011年版,第459页。
❷ 周鸿铎.《传媒产业经营实务》,新华出版社,2000年12月版,第9页。
❸ 赵玉明主编.《中国广播电视通史》,中国传媒大学出版社,2011年版,第460页。
❹ 黄升民.《先行者的苦恼与思索》,载于《北京人民广播电台建台55周年广播论坛文集》,中国广播电视出版社,2004年版,第28页。

营运过程中所发生的各项成本费用。为控制成本费用开支范围,电台一般将频率支出划分为直接支出、人员支出、公用支出。直接支出是指为取得广告收入而发生的费用;人员支出是指支付给员工的基本工资、奖金、福利等;公用支出是指制作播出广播节目而发生的费用,如稿费、差旅费、剧务费等。人员支出和公用支出的比例,根据各频率的具体情况有所差别。[1]按照目前相关管理规定,事业单位利用财政补助收入、事业收入、经营收入、其他收入等各种渠道形成的资产均属于国有资产,资产处置收入属于国家所有,应当按照政府非税收入管理的有关规定上缴国库,实行"收支两条线"管理。这是《中华人民共和国预算法》《中华人民共和国预算法实施条例》《国务院关于加强预算外资金管理的决定》《财政部关于加强政府非税收入管理的通知》等的明确规定。[2]收支两条线是指政府对行政事业性收费、罚没收入等财政非税收入的一种管理方式,即有关部门取得的非税收入与发生的支出脱钩,收入上缴国库或财政专户,支出由财政根据各单位履行职能的需要按标准核定的资金管理模式。[3]

二、医疗广告是收入支柱

从收入这条线上看,广告创收无疑是A电台主要的收入来源,主要包括电台医疗广告和品牌广告、购物广告这三大类。电台根据全年经营创收计划,给各频率下达任务指标。全年广告任务的完成和增长是电台宣传工作运转、事业发展、职工收入提高、办公条件改善的重要保障。

2012年,全台广告收入约1.8亿元,其中的75%由医疗广告创造。2013年,全台广告收入增长到2.4亿元,医疗广告占其中的50%左右。尽管随着广告结构的调整,医疗广告在收入结构中的占比开始下降,但目前来看,医疗广

---

[1] 张汉星,陈华.《电台成本核算的四个环节》,新闻前哨,2006年第8期。
[2] 参见《中华人民共和国预算法实施条例》:http://baike.baidu.com/view/71861.htm。
[3] 王晓勤.《浅析企业资金收支两条线管理模式》,财经界,2009年第7期。

告对电台广告增收的价值和意义仍是巨大的和支柱性的。

第二节 发射和人力成本

在运行成本支出这条线上,直接支出和人员支出是A电台投入最高的两个大项。在直接支出中,节目发射成本是较大的一块开支,因为它决定了节目的覆盖范围,尤其是医疗广告的收听范围和实际影响力,在很大程度上关系到医疗广告商的销售业绩,进而影响着电台的广告收入。同时,人员支出这一块通常是相对固定的,从公共部门自身来说,基本上属于不可控的固定成本。而且随着电台人员规模的增长,出于改善职工待遇的基本愿望,人员经费在电台运行成本中也占有巨大份额。以下将结合实际情况,从发射支出和人力支出两方面,对A电台的运行成本略作探讨。

一、复杂地理覆盖需要昂贵发射费用

广播的声音内容通过发射台向外界发出,发射功率越大,覆盖范围越广。我国于1993年颁布实施的《中华人民共和国无线电管理条例》第三条规定:"无线电管理实行统一领导、统一规划、分工管理、分级负责的原则,贯彻科学管理、促进发展的方针";第四条规定:"无线电频谱资源属国家所有。国家对无线电频谱实行统一规划、合理开发、科学管理、有偿使用的原则"。[1]所以,发射功率的大小由各级、各级广电管理部门根据实际情况进行分配和管理。国家新闻出版广电总局的无线电台管理局的基层单位分布在全国的16个

---

[1] 参见《中华人民共和国无线电管理条例》:http://www.bjrab.gov.cn/zwgk/zcfg/gjfl/20100926/215.shtml。

省、市、自治区,从总体上管理全国的无线电发射工作。❶而各地的广播电影电视局又设有专门部门对地方的发射工作进行具体管理。比如河北省广播电影电视局的科技处"负责广播电视无线电管理、审批、审核广播电视传输发射业务,指配频率、发射功率及其他技术参数"❷。

从地理上说,河北省南北最大距离750千米,东西最大距离650千米,总面积为18.77万平方千米,相当于北京市的十倍以上。在中国所有的省份中,河北省与四川省一样,是邻居最多的一个省份。它内环京津两个直辖市,又与山西、内蒙古、辽宁、山东、河南为邻。同时又涵盖了高山、平原、沙漠、丘陵和沿海等地形。❸这样的地理位置因素一方面对河北广播区域影响力的扩大有利,但另一方面也对其覆盖能力的建设提出了挑战。

发射功率决定着覆盖能力。A电台所在省(区、市)的地形相对复杂,涵盖了多种地貌。因此,在合适的位置设立基站,尽力争取发射功率,是实现覆盖能力和覆盖效果最大化的重要手段。

QZJ:我们任何一个频道的总功率都在几十到一百千瓦,最高的新闻频率能达到300千瓦。再比如经济频率,在全省有100多千瓦。

对于省(区、市)外的覆盖,河北也利用了环抱京津的优势,在与二者毗邻的位置和地区建立基站,面向京津听众广播,延伸传播影响力。

QZJ:北京那块是通过三方面过去的,中波是通过廊坊发射台,调频是靠一东一西,西边是张家口的人头山发射台,东边是承德的雾灵山发射台。

但是,A电台每年为维持良好的覆盖能力也需要支付较高的费用。这些发射基站有的隶属于省(区、市)广电局,有的由省(区、市)内地方台管辖和经营,需要使用者付费。因为新闻频率承担着政治宣传的任务,所以它的发射

---

❶ 参见国家新闻出版广电总局网站:http://www.sarft.gov.cn/articles/2007/06/01/20070904103618730242.html。

❷ 参见河北省广播电影电视局网站:http://www.hbgdj.gov.cn/html/201004/29/141006865.htm。

❸ 参见长城网河北频道:http://heb.hebei.com.cn/xwzx/hbpd/xwzxrshb/jbqk/200907/t20090710_145859.shtml。

第八章 医疗广告对电台收支运行的意义

一部分仍处在计划体制之下,享有行政拨款,但也有一部分需要在市场机制之下向发射台付费。而A电台其他专业频率则一律需要与发射台建立市场交换和付费关系。也就是说,A电台每年需要向省(区、市)内有合作关系的城市台支出一笔不少费用,比如单是新闻频率(AM和FM双频制)的调频台每年就需要向发射台支付30万元左右。

二、广告创收直接决定个人绩效

2002年,国家出台《关于在事业单位试行人员聘用制度的意见》,要求在事业单位推行聘用制度和岗位管理制度。[1]2006年,国家进一步出台《事业单位岗位设置管理试行办法》,要求事业单位岗位设置管理与事业单位人员聘用制度结合起来。[2]实行人员聘用制度的核心目的是解决事业单位编制膨胀、财政供养系数过大的问题。而且,出于事业发展的实际需要,事业单位对人力资源的需求也在逐年增加,聘用制度的引入可以解决编制压缩但人头增长的现实矛盾。

一般而言,事业单位分全额拨款、差额拨款和自收自支三种形式。各省级电台目前大都属于自收自支事业单位,其人员经费也包括在自支范围内,即便是少部分在编人员占用国家事业费开支的比例和实际金额也是很小的。截至2013年年底,A电台实际有750多位员工,其中,事业编制人员不足1/3,其余均为聘用人员。所谓收支两条线在人力成本的角度表现为,各个频率的实际创收与个人的收入直接挂钩,但频率不能自由支配创收款项,必须统一上交电台财务,由财务结合频率的任务完成状况进行核算和工资拨付。电台员工个人

---

[1] 参见《关于在事业单位试行人员聘用制度的意见》,http://www.gov.cn/gongbao/content/2002/content_61651.htm

[2] 参见《事业单位岗位设置管理试行办法》,http://www.china.com.cn/policy/txt/2006-11/17/content_7373171.htm

工资与频率的绩效系数和个人的岗位系数[1]密切相关。比如，该台生活频率2013年平均每月要完成的创收任务是272万元，如果全额完成，则该月的频率绩效系数为1；若未完成任务，频率绩效则小于1；若超额完成，则大于1。这个系数直接影响到当月频率从电台财务拿到的钱数。岗位系数则与个人的工龄、职称、职务等相关。

LJ：每个月272万如果全额完成，算作100%，记为系数1，对应于一个钱数，比如5000元、8000元等，然后根据不同人工作岗位的系数，有的是2.1，有的是2.5，等等，再用5000或8000乘以这个系数，就能具体算出每个人的工资。然后，台里每个月统一打包把工资打到各个频率。我们频率内部再根据每个人的表现好坏进行工资的二次分配。

事业单位发放的绩效工资包括基础性绩效工资（70%）与奖励性绩效工资（30%）两部分。在A电台，职工的基础性绩效工资，也就是该职工绩效工资的70%与频率创收任务直接挂钩。这也即LJ所说的频率绩效问题，频率创收完成得越好，员工工资就越高。当然，每个人不同的岗位系数在这70%中也有体现。此外，还有一部门奖励性绩效工资与员工每月的工作表现和实际贡献是挂钩的。LJ所说的在频率内部进行工资的二次分配，一方面要把每个人的基础性绩效分配到位，这部分的计算标准相对客观；另一方面，还要根据每位员工当月的实际表现对30%的奖励性绩效进行分配，这一部分的判断和分配标准相对主观。

从A电台实行的工资分配制度看，广告由频率自营转变为打包代理实则减轻了频率人员的创收压力，同时还能确保工资水平处于一个逐步攀升的状态。比如，生活频率2013年全年要向台里上交3264万（272万/月×12个月），完成这个数字，职工的工资收入才能增长。

LJ：A电台的广告收入是根据每年的广告产出情况，比如3000万，明年

---

[1] 岗位系数是在岗位设置和做工资结构时，用一定的系数来代表不同岗位的等级。

会根据台里的增幅计划，比如10%或20%，加到每个频道的创收任务里，这个任务跟频率中每个人的收入是挂钩的。

而从2014年开始，生活频率的医疗广告以打包的形式交由广告公司代理经营，一方面频率实现了经营压力和风险的转移，另一方面，代理经营所收取的费用一定是电台和频率满意且能够体现广告增幅的。因此，员工的个人收入受经营方式转变的影响并不大。

LJ：台里认可的打包的价格是经过统一招标的，多方都认可。台里就根据这个价位去核定个人和频率的收入。所以，从个人收入的角度看，代理前后的变化程度不大，频率整体的收入是按照增量去做的，所以（个人收入）应该是上升的。

第三节　拨款和税收

1983年第十一次全国广播电视工作会议之后，事业单位企业化经营的"二元"广播体制得到正式认可，并在全国范围内普及。这种带有折中意思的行业运行原则，其初衷是解决财政资源投入不足的问题。这套体制的确也让广播在内的媒体摆脱了计划经济并在事业发展的同时展现出一定的市场竞争活力。但是，广播电视的事业属性并未因此改变，所以必须在根本上服务于党的宣传事业，并服从行政管理。因此，各级、各地方行政对同级、本地广播电视的财政拨款，正是这层管理与被管理关系，以及广电部门事业单位属性的直接体现。

2012年，财政部出台的《事业单位财务规则》（修订版）明确，"财政补助收入，即事业单位从同级财政部门取得的各类财政拨款"是事业单位收入的组成部分。❶也就是,财政部门有向事业单位拨款的义务。但是,这份规则中并没有明确财政拨款的额度依据或财政比例。目前,A电台每年从省级财政获付拨款400万元左右。相较全台2亿多的年广告创收和几千万的运行成本,400万财政拨款的实际价值很微弱。因为新闻频率承担着政治宣传的任务,而且在频率专业化运行的早期,新闻台并没有像交通、音乐等系列台一样充分实现自收自支,所以电台当时将行政拨款直接拨付给新闻台,用来支持其事业发展。随着新闻频率自营能力的增强,电台开始实行各频率共享拨款的做法。

据电台不同部门负责人的估算,2013年A电台全台的年运行成本大约是6000万,而2亿多的经营性收入完全可以实现成本支付。在这种状况下,行政拨款更多地体现出一种象征意义,说明虽然广电媒体做到了财力上的充分独立,不再是国家财政的负担,但仍然要遵循广播电视的事业属性,服从行政管理。A电台的财政拨款从新闻台专用过渡为各频率共享,也在一定程度上内含了这层象征意义。

---

❶ 参见《事业单位财务规则》(财政部令第68号)第十五条:http://www.gov.cn/flfg/2012-02/22/content_2073876.htm。

第九章 医疗广告的制度经济学观察

在一段较长时期内,广播行业形成了依赖医疗广告进行创收的路径。但其中的因由,不能简单地归结于广播从业者在业务选择和经营实践中对医疗广告的特别青睐;也不能仅就媒体行业的传播伦理进行单方面批判。制度性制约因素是促成这条路径生成的根本原因。

第一节 低效率的制度安排

路径依赖是新制度经济学的一个名词,它指一个具有正反馈机制的体系,一旦在外部性偶然事件的影响下被系统所采纳,便会沿着一定的路径发展演进,而很难为其他潜在的甚至更优的体系所取代。[1]在诺思看来,路径依赖导致了一些经济社会制度安排的高效率,和另一些低效率制度安排的同时存在。"历史是至关重要的""人们过去做出的选择决定了他们现在可能的选择"。[2]

以广播的情况为例,电台医疗广告的问题症结之一即广播行业内存在着某种低效率制度安排的路径依赖。"事业单位企业化经营"是行政主管部门为解决广电行业财力不足而做出的一种带有"中庸"色彩的体制决策,意味着广电

---

[1] 国彦兵.《新制度经济学》,立信会计出版社,2007年版,第429页。
[2] 诺思.《制度、制度变迁与经济绩效》,上海三联书店,1994年版,第1—2页。

机构既要服从党管媒体的行政约束，又要自寻财路、自收自支。广播也似乎很快就找到了一条可以实现自我哺育的道路——电台医疗广告。电台发现这样既可以以健康为名向外界宣示其服务大众的功能性，又可以通过租让声波资源的"稀缺性"带来巨额广告报酬，所以逐渐将医疗广告固化为一种惯例、一种自然。从20世纪90年代中期至今，这种惯例在很大程度上已成为广播经营过程中一条共识性路径。但是，诺思曾列举了两条对比鲜明的路径，一条是制度变迁步入良性循环的成功路径，另一条是持续失败的路径。我们认为，医疗广告供养广播生存的路径是一条低效率制度安排的路径，也是会带来持续失败的路径依赖。

一、利益共同体的形成

所谓持续失败的路径指的是：尽管某项制度带来了报酬递增，但它是在市场不完全、组织无效的情况下产生的，阻碍了生产活动的发展，且产生了一些与该制度共存共荣的利益集团。这些利益集团不会进一步投资，而只会加强现有制度。[1]在电台领导担任企业法人的机制之下，广播资源的产权归人人所有，也因此极易被拆分为人人无有。资源和产权的界定由此带有很大的个人偏好，正如几家电台的广告人员在访谈中所言，很多情况下，某个时段归哪个广告商，是电台或部门领导的单独决定。如果说电台用广播时段与医疗广告商之间进行市场交换，那么这种交换依赖的是社会关系、人情关系，而非良性制度、规则或合理程序。电台与广告商之间的利益集团由此产生。放大一些看，在电台医疗广告这个产业链条上，电台—广告商/广告主—主讲人—主持人—医托—销售网点—购药听众，这些元素互为串联构成了一个庞大的、线上与线下紧密衔接的利益集团。如果说20世纪90年代初期"广播卖药"是为了求生存而偶然为之，那么，在经过了长时间的积累和整行业普及之后，"广

---

[1] 国彦兵.《新制度经济学》，立信会计出版社，2007年版，第434页。

播卖药"已经成为一种根深蒂固的制度路径选择。基于它可以与国民经济增长水平同步，为电台带来经济效益的提高，利益集团很难自觉产生改变现有路径的意愿、勇气和决心。

二、外部性过大

外部性，也称外部经济效应，它指的是私人成本与社会成本、私人收益与社会收益不一致的情况。外部性可以分为正的外部性（私人成本大于社会成本或私人收益小于社会收益）、负的外部性（私人成本小于社会成本或私人收益大于社会收益）。[1]从这个角度看，医疗广告的存在和普及给广播行业造成了极大的外部性，而且这种正的外部性和负的外部性都过大。

其一，新制度经济学理论认为，在具有复杂利益关系的市场经济社会，若不对各生产经营主体进行产权界定、明确产权利益，或者产权边界模糊，整个利益关系就会变得模糊，结果必然导致生产经营单位和个人失去动力，失去生产经营的积极性。也就是说，经济主体的私人效益小于社会效益，它就没有动力去从事这项经济活动，这即所谓的正外部性。在电台医疗广告的问题上，不少电台都有"全员拉广告"的措施，但从我们访谈过的几家电台的情况看，回报不大（没有合理的分成机制）和客户资源垄断（领导或老员工掌握客户资源）是广播员工对这项措施的重要反馈，而这两点反馈在本质上都是产权不清造成的。

其二，从参与主体之一的医疗广告商的角度看，电台医疗广告这项经济活动也存在负的外部性过大的问题。我们在前文曾分析过，对医疗广告商而言，电台的进入门槛一是空段，二是广告费，三是资质审查。在人情和利益双向互送的扭曲关系下，空段可以通过非正常竞争手段获取，资质审查也无重要性和必备性可言。相比较而言，唯有广告费是一个硬性门槛，但它却是一个可以被

---

[1] 国彦兵.《新制度经济学》,立信会计出版社,2007年版,第120-121页。

医疗广告商轻松越过的门槛，因为与广告商的财源滚滚相比，每小时几百到几千不等的广告费不足为道。较之医疗广告商所付出的私人成本，电台医疗广告的社会成本无疑是巨大的。广播电视作为社会公共资源，应是公众获取新闻信息的来源、受到良知教化的渠道及放松和娱乐的平台。如果媒体能够良好地承担这些功能和责任，其所带来的社会效益会是巨大的，而整个社会也不必为争取效益而付出过多成本。但医疗广告在我国媒体行业的全面铺开却带来令人担心的状况，即整个社会要为医疗广告商及其利益集团的私人收益埋单。

三、垄断、寻租与市场失灵

受利益集团影响的行业或部门往往形成以行政垄断为支撑的产权结构，其他经济主体很难进入这些行业，产业缺乏竞争，从而导致低效。尽管广播自收自支的现实使其独立于各级政府的财政体系之外，但作为党和国家的喉舌的事业单位，它又必须被党委和政府职能部门所约束及管理。我国广播行业的行政管理部门是广播电视局，国家级广播由国家广电总局直管，省级广播由省广电局直管，以此类推到区县广播。此外，广电媒体也需要服从、服务于党委和政府的宣传需求。与此同时，行政管理部门又给予广电事业很大程度上的放权和保护：一方面电台、电视台拥有相对独立的运行体系，可以在不违背宣传精神的条件下自主处置和管理新闻业务等；另一方面行政部门在制定相关政策时，在市场准入、资源分配、权责归属等方面会向广电机构倾斜，在制度上保证了广电的优先地位甚至是垄断地位。

当行政主导衍生出权力和资源垄断的情况下，市场竞争便没有充分性可言，其他经济主体缺少进入竞争的门槛，必然导致现有社会生产花费较多的成本，而且缺少创新的动力。如果此时形成一条可以服务于利益集团既得利益，且能够带来绩效增长的道路，即便其生产效率是低下的、外部性是偏大的，那么，经济主体在实际运行中也极有可能保持制度惯性，继续这条路径。"包括广播行业在内的国内传媒业的增收业绩，许多是在行政垄断的保护下获得的垄断收益,一旦失去这种保护,市场竞争就会令他们缩水和现出原本的面目。"❶ 在社会和公众对媒体良知的呼声高涨的当下,工商、卫生、广电、药监等行政部门对虚假医疗广告的管理和限制正经历着一个逐渐强化的过程。2013年专项行动期间,几乎所有电台都在哀叹"日子不好过",归根结底还是因为那条一直受到保护且长期依赖的"财路"突然受阻。这个过程中,绝大多数电台都没有想过如何彻底改变现状,而更多的是用自办节目临时顶替医疗广告时段,并等待风声趋缓的时刻。从行政及执法部门的角度看,专项行动的确对各级电台造成了经济打击,但仍然不能从根本上解决虚假医疗广告的问题。职能部门的这些打击性行为通常是在一定时期内进行的,并非长期有效。这种管制行为如若作为一种长期性制度安排或运行机制,则势必会对广电媒体造成更沉重的打击,迫使其找到医疗广告之外的生存路线。但是,既然医疗广告可以在行政垄断和保护下长期生存,那么我们不得不将行政的力量划归到医疗广告的利益共享集团当中。所以类似于专项行动这样的管制举措恐怕很难成为一种制度常规,也难以避免成为"一阵风"。

四、媒介商业化与广告伦理的"集体无意识"

大众媒体作为社会公器应当维护被社会价值观所普遍认同的原则,站在积极、向善、科学的角度明确立场,从事媒介生产,引导大众视听,而身处媒体机构的从业者亦应当以这样的伦理原则为职业底线。但是,在媒介市场化和商业化的过程中却经常伴随着违反伦理规则和道德要求的负面效应。尤其是在转企改制的大环境下,媒体经济创收的压力巨大,大量的精力被迫从新闻传播的职能层面撤出,去从事广告创收、产业经营等问题。媒介伦理原本最应当关注的是,从社会道义出发,媒体从业者应该做什么、怎么做。而在市场化、商业化条件下,媒体的基本伦理底线被越放越低,甚至是被忽略。媒体

---

❶ 邓炘炘.《动力与困窘:中国广播体制改革研究》,中国经济出版社,2006年版,第273页。

更多地在考虑谁是广告的潜在消费者、可以将广告投放在哪个频率得到更好的效益等。

在媒体业社会责任感不断降低，尝试用低俗化、迎合化的价值观招徕受众和广告的趋势之下，整个行业的发展路径就更多地以市场的喜好和年终绩效为衡量标尺，而非媒体公共服务的实际需求和对媒体品质的更高追求。因此，当电台医疗广告进入广播电视领域并带来经济效益的快速增长时，我们看到，鲜有电台、电视台完全拒绝这条创收增长的道路，而是逐渐地放任其在广播电视中的存在，并最终成为一种行业运行的惯性和难以摆脱的顽疾。当医疗广告形成全国气候并受到社会公众的质疑和批评时，行政机构开始出台法规进行约束监管，但诚如前文所言，长期以来，医疗广告商、广电机构、行政主管部门之间业已形成权力寻租和利益共享的链条。而且，制度条文、政令文件在逐级传达、执行过程中发生的走样和变形，导致了医疗广告监管的"盲点"，也造成了电台医疗广告"常年播常年管"的尴尬局面。而且，医疗广告对广电资源长期的占有及这种特殊节目样态的广泛普及，使得整个行业及广播从业者日渐疏忽或放松了对传播伦理的考量，在一种近似于"集体无意识"的状态下保持广播日常运转。

对电台及其频率而言，在电台医疗广告的问题上的确有无奈之处。比如我们看到有的电台一方面在播出大量的医疗广告，另一方面又自办了几档健康知识类或专家咨询类节目。这意味着这些电台实际上是有意愿为听众提供健康服务，发挥媒体价值的，但电台广告营收的实际压力又难以解决，很难在较短时间内找到可以整体取代医疗广告的广告来源。所以，电台只能是一边办真健康节目，一边播伪健康专题。即便是在江苏"健康广播"、山西"健康之声"等以传播健康为宗旨的专业化频率当中，依然给医疗广告留出了位置，在向听众讲授健康知识的同时帮医疗广告商"卖药"。

持续失败的路径依赖有四个特点：第一，市场交换依赖社会关系，受一种脆弱的权力平衡的统治，是人治不是法治。第二，没有用来搜集和分配市场信

第九章　医疗广告的制度经济学观察

息的制度，存在一种以人情为纽带的贸易关系，缺乏普通的竞争和法律准则。第三，产权没有正式的法律制度的保护，产权的界定和保护带有个人偏好。第四，缺乏一个强有力的稳定的政府，产权被任意侵犯，使规模经济得不到发展，市场交换个别化，商业中欺诈、机会主义盛行。❶从以上分析看来，广播的宣传事业属性及其实质上的无主性造成产权的模糊，进而使广播进入了一个行政和权力垄断的空间。广播时段虽然作为一种商品进入了流通环节，但由于垄断和人情关系的存在，市场竞争机制并没有在此流通环节得到充分发挥，而处于失灵状态。与此同时，整个广播行业出于广告创收的压力而不能直面医疗广告所造成的传播伦理问题，而是以一种道德上的"集体无意识"将医疗广告视为常态和必备。这也是为什么当电台医疗广告的播出受到外部管制时，电台只是临时找一些应急节目来填补时段空缺，并原地不动等着管制期的结束和医疗广告的恢复播出。

但是，有两个问题是广播行业必须思考的：其一，目前所谓"健康广播"的格局流露出各个电台极大的随意性，严肃的健康知识类节目的品质和内容的可推敲性有待印证，真伪健康节目混杂交错，对听众缺少解释和引导。也就是说，我们的电台对健康问题的传播处于"只管播不管听"的状态，一切健康相关信息的真伪虚实都需要听众自己把握和判断。这无疑是对听众的不负责任。听众究竟能从电台播出的纷繁信息中获得多少帮助？各个电台恐怕很难在这个问题上给出一个有信心的回答。其二，依赖电台医疗广告创收或者赚钱的这条道路，电台已经走了20多年。多年来，对虚假医疗广告的行政管理虽然一向是阶段性的，但从2013年专项行动的打击力度和范围来看，电台和医疗广告商今后恐怕很难再肆无忌惮地制作、播出，尤其是语言夸张的营销说服性内容的播出空间会越来越小。这势必意味着医疗广告在广播电视中的售卖效果会大打折扣，如果达不到良好的销售预期，医疗广告商恐怕也难以继续留恋广电媒

---

❶ 国彦兵.《新制度经济学》,立信会计出版社,2007年版,第434页。

体。广播业者理应看到这种趋势并提早调整和过渡,顺应制度变革的走向,争取主动权,而不是被动等待政策上的叫停和松动而亦步亦趋。

第二节 医疗广告寻租关系及其表现

笔者绘制了一份简明关系图,用来表示医疗广告商、电台广告部和播出部门、电台管理人员及广告代理公司四者之间的寻租关系。图9-1可以看出,四个要素两两之间都有密不可分的租与求租关系,其中,电台的部门领导等管理人员对多方寻租关系的形成和运行具有决定作用。本节试图从广播体制的层面,解释医疗广告进入电台过程中多方寻租现象的成因。

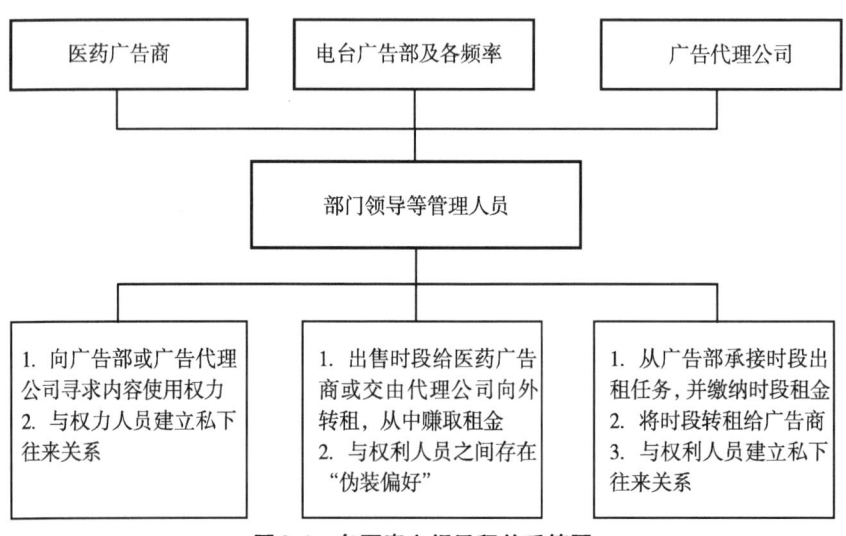

```
┌──────────┐  ┌──────────────┐  ┌──────────┐
│ 医药广告商 │  │电台广告部及各频率│  │广告代理公司│
└─────┬────┘  └───────┬──────┘  └─────┬────┘
      │               │                │
      └───────────────┼────────────────┘
                      │
              ┌───────┴────────┐
              │ 部门领导等管理人员 │
              └───────┬────────┘
      ┌───────────────┼────────────────┐
      │               │                │
┌─────┴──────┐ ┌──────┴─────┐ ┌────────┴──────┐
│1. 向广告部或 │ │1. 出售时段给 │ │1. 从广告部承接 │
│广告代理公司  │ │医药广告商或交│ │时段出租任务,并│
│寻求内容使用权力│ │由代理公司向外│ │缴纳时段租金    │
│2. 与权力人员 │ │转租,从中赚取│ │2. 将时段转租给 │
│建立私下往来关系│ │租金          │ │广告商          │
│              │ │2. 与权利人员 │ │3. 与权利人员建 │
│              │ │之间存在"伪装│ │立私下往来关系  │
│              │ │偏好"        │ │                │
└──────────────┘ └──────────────┘ └────────────────┘
```

图9-1 各要素之间寻租关系简图

第九章 医疗广告的制度经济学观察

一、产权不明导致时段资源由公有转为私用

国务院于1998年首次发布并于2004年修改的《事业单位登记管理暂行条例》对事业单位的界定是："本条例所称事业单位，是指国家为了社会公益目的，由国家机关举办或者其他组织利用国有资产举办的，从事教育、科技、文化、卫生等活动的社会服务组织。"而在《事业单位登记管理暂行条例》出台的同一年，第九届全国人大一次会议决定，逐步减少对广播电视在内的大多数事业单位的行政拨款，促其走上自收自支的经营道路。广播电视事业被全面推向市场，事业单位企业化经营管理的模式逐渐在全国广电行业推开。所以，广播电视既要服务于宣传事业的大局，又要通过资源配置和市场服务去获取成本补偿和赢利。

企业化经营带给广播电视最大的动力，是提高媒体经营的能动性和市场生存能力，同时可以充分运用媒介资源，自主创新，根据受众的不同需求，提供有针对性的视听产品，带给人民群众更丰富多元的服务。但与此同时，事业和企业的双重性又导致了矛盾的产生，即媒体的企业身份与现代企业制度的要求不能相符。现代企业制度要求企业以完善的法人制度为主体，且以产权清晰、权责明确、政企分开、管理科学为条件。但是，广播电视产权不清的问题直接导致内容寻租和权力寻租的可能。

所谓产权，是财产权利的简称，包含所有权、经营权、监督权、收益权和处分权等。在现有制度条件下，广播电视等公营媒体的产权结构不明晰，形式上是人人共有，但实际上控制权在少数人手中。国有事业单位的背后是国有产权，国有产权本质上是一种公权，不可能也不应该像其他产权那样，通过人格化主体来形成自我约束和激励机制。"公权企业有天生的弱点，即它们缺乏有效地和主动地开展市场经营活动的活力、动力和压力。当放松甚至放弃对公权企业的公开和透明监管时，这类企业会尽可能地增加自身的收益，而把成本和

风险转嫁给社会,结果造成公权利益受损。"[1]同时,媒体资产的所有权、经营权、监督权没有分离,这直接导致所有权的虚位,缺乏对经营者必要而有效的监督制约,有学者提出,这种没有"外部人监督",只有"内部人控制"的现状是媒体新闻寻租现象的内在原因。[2]

对于广播电台而言,其财产权利最直接的行使对象即无形却有限的声音资源,而声音资源市场化的途径就是将一定的广告时间出让给外界,从中赚取"租金",即最终的广告利润。公有即人人所有,而人人所有又相当于人人没有。在电台所有权"无主"的情况下,内部人员拥有它的实际使用权、经营权、处分权等。所以,当电台的时段租让行为并不是在出让所有权,而是在租让实际使用权。有学者将这种租让与租用广告时间的行为称作"内容寻租"[3]。目前,电台医疗广告的"内容寻租"存在两种基本形式:一是在自营广告的电台,广告部门把时段直接承租给医疗广告商,后者将广告内容灌入该时段,并成为媒体商品的一部分,随常规节目播出。二是在采用广告代理制的电台,医疗广告商与代理公司约定时段,再由代理公司向电台广告部门或频率索取时段,最后由广告商承租并填充广告内容。这意味着,时段资源由公有转为私用,并充分进入消费市场,为广告商的利益谋取最大化。可见,医疗广告商、电台、代理公司之间合作关系之所以成立,正是建立在"时段寻租"的基础上。

二、权力的行政垄断是寻租之源

(一)寻租在媒介行为中的体现

寻租理论的思想最早萌芽于1967年塔洛克(Tullock)的一篇论文。但作

---

[1] 邓炘炘.《动力与困窘:中国广播体制改革研究》,中国经济出版社,2006年9月版,第276页。
[2] 肖峰.《从"新闻寻租"看媒体运行的体制之痛》,《新闻知识》,2005年第10期。
[3] 向东.《论媒体产业的"内容寻租"和价格构成的特殊性》,《经济体制改革》,2002年第4期。

第九章　医疗广告的制度经济学观察

为一个理论概念是到1974年才由克鲁格（Krueger）在她探讨国际贸易中保护主义政策形成原因的一项研究中正式提出来的。在这以后的十多年中，寻租理论得到长足发展，其理论影响力已遍及经济学的各个分支，乃至为社会学、政治学、行政管理学等其他社会科学学科，亦提供了新的研究思路。

寻租经济学理论认为，"租"或者叫"经济租"，是一种超过机会成本的余额，是超额利润。"租"是通过创新承担风险和垄断而形成的，通过创新和承担风险获得的超额利润是正常合理的"租"，对社会发展是有积极意义的，能够增加社会福利。垄断则分两种情况，一种是因创新稀缺而形成的暂时的和自然的垄断，这种垄断因自然原因而产生，所获得的超额利润是合理的。另一种垄断是由特权所决定的是指每个经济人都想获得组织的强制性权力并行使而造成的、具有排他性的人为优势。行使特权以获得这种人为优势而产生的超额利润，这种超额利润在寻租经济学中界定为"租金"（Rent）。

权力是一种资源，权力寻租是公共权力的私用，是对公共利益的损害。权力寻租产生的原因是多种多样的，主要有以下几种：产权制度因素。产权不清晰，形式上是人人共有，但实际上控制权在少数人手中；管理制度因素。企业内部管理制度混乱，没有形成现代的权力制衡制度；经济利益驱动因素。经济学假设人都是经济人，都会追求自己利益的最大化，权力的控制者也会权衡各方利益，实现自己经济利益最大化；此外还有监管法制的不完善（王英辉，2008）。

杨成洲等人（2009）从行政管理学的角度提出，寻租和腐败之所以关系密切，在于二者都显著地寄生于公共权力，都造成了市场的扭曲、资源配置不能向最优目标转移。他们认为，寻租和腐败活动是一个负和博弈的过程，每个利益集团、政党和经济主体都不断地卷入寻租活动中，不断消耗原本可用于生产性活动的资源，以致所有各方均遭到福利损失。罗显华认为，中国社会存在独特的组织整合失灵现象，是寻租行为得以滋生的土壤：在体制层次上，名义体制和实际体制两张皮；在组织层次上，在正式组织之外还有以各种关系网搭建的非正式组织；在运行层次上，实用规范（突出表现是人治）与信奉规范（法律、法规、政策等）并存，但前者远比后者有效和实用。

有学者结合媒介商品生产和流通的特点，提出了"内容寻租"的概念。所谓"内容寻租"是指媒体商品在生产的最后一个环节，出让一定时间和空间给广告公司或广告客户，让广告内容来填充媒体出让的时间和空间并使广告内容成为媒体商品内容的一部分，进而进入消费市场。媒体实际是在自己的商品中留出时间和空间空白，并把它租出去。媒体一般不会因为广告内容填充而增加成本，进入流通领域即媒体商品的发行、传输渠道以后，也不会因为广告内容而增加成本，在添加的广告成本几乎可以忽略不计的情况下，媒体企业通过"内容寻租"而获取的租金就成了媒体最大的收入，租金最大化是媒体企业经营过程中追求的最大目标。❶

如果说以"内容寻租"的方式来换取广告收益是媒体经营中的一种必要手段，是一种合情合理的权宜之计，那么，所谓"有偿新闻"，恐怕就是情理、法理之外的权力寻租行为了。邵培仁曾提出媒介系统信息发布的链条可表示为：信息采集—信息加工—信息传播—受众接受和反馈—信息采集，罗锋等人认为，当权力寻租介入媒介生态之后，这一传播链条便会"变异"为：人力资源—信息资源—受众资源—财力资源—发行与广告资源—人力资源。尤其是"有偿新闻"的出现，会迫使原本处于传播端口的信息和创造完全退出，不仅引发信息危机，还会使媒介丧失"新陈代谢"的功能。❷

（二）医疗广告商与电台合谋过程中权力制导的表现

寻租显著地寄生于公共权力，寻租者通过游说、"进贡"等手段疏通关系，说服掌权者给予其某种特权。由于公共权力的介入，不合理干预和管制妨碍了市场的平等公平竞争，它就为少数有特权的人为取得超额利润、进行不平

---

❶ 向东.《论媒体产业的"内容寻租"和价格构成的特殊性》,《经济体制改革》,2002年第4期。
❷ 罗锋,胡朝阳.《试论媒体"寻租"行为对媒介生态的破坏》,《泰山学院学报》,2004年9月刊。

第九章 医疗广告的制度经济学观察

等竞争创造了机会，使得市场失灵，资源的配置不能向最优化目标转移。[1]在事业单位系统里，掌管稀缺资源权力的官员和部门拥有绝对的权力。因为在同等的情况下，领导可以决定做什么、如何做，这即所谓的行政垄断。"企业或者行业运行者因公权力而形成或增强的垄断力量，这种力量和局面很难被市场力量所克服和平衡。"[2]就电台医疗广告而言，时段资源的配置是极为关键的，是否能从电台拿到时段，拿到的是A、B、C、D哪个档次的时段，能否拿到优惠价格……这些问题都与广告商的利益密切相关。电台最核心的时段（间）资源的配置应当基于某种机制流程的保障，一旦缺少这种机制，那么，资源便会沦为权力人争取自己利益的手段。从LS的以下表述可以看出，B电台资源配置过程中，权力的制导大于一切规制和理想的设计。

LS：好（时）段往往在主任手里，信息不公开、不共享。按理说应该让时段也融入市场、参与竞争，同等的情况下，综合考虑客户的情况，比如信誉、实力，以及投放周期、价格等，争取让时段的价值最大化。所以根本要解决的是体制问题、人的问题。

新制度经济学把对产权安排与资源配置效率之间关系的研究作为研究对象。明晰的产权结构可以帮助提高资源配置效率，减少不确定性，从而降低交易费用。并且，任何社会的利益关系都受产权关系的制约，有什么样的产权关系，就有什么样的利益关系。无产权或产权模糊，经济活动主体均不能得到相应的利益。经济主体活动的外部性太大，经济主体的积极性就会受到影响。确立产权的目的之一正在于使经济行为的外部性内在化。"在具有复杂利益关系的市场经济社会，若不对各生产经营主体进行产权界定、明确产权利益，或者产权边界模糊，整个利益关系就会变得模糊，结果必然导致生产经营单位和个

---

[1] 杨成洲,刘毅,余璇.《从寻租理论窥探腐败现象》,《法制与经济》,2009年2月。
[2] 邓炘炘.《动力与困窘：中国广播体制改革研究》,中国经济出版社,2006年9月版,第262页。

人失去动力，失去生产经营的积极性。"[1]在以行政垄断为支撑的产权结构中，其他经济主体很难进入这些行业，产业缺乏竞争，从而导致低效。"当广播电台经营作为一个行业禁区被划定以后，广播广告，至少在发布环节上，也就成为了一种行业特权和资本无法自由进出的领域。"[2]

经济学家丹尼斯·C.缪勒（Dennis C. Mueller）说："只要信息和流动性的不对称阻碍着资源的流量，就存在租金。"[3]当行政特权等价于资源配置的话语权时，垄断便形成了，而医疗广告商等利益集团的目的就是说服电台领导、广告部主任等运用其权力为私人利益服务。当然，后者在这个过程中也为权力寻找到了"租金"。即便是在资源配置受机制和制度保障的电台，也不免会落于权力寻租的境地。比如前文曾提到，虽然有些电台选用"竞价"的方式来决定时段的归属，但其公平性仍然是相对的，仍然会受制于领导的权力和"关系"而丧失平衡，权力人及享有其权力庇护的广告商，共同赋予"竞价"一个有利于他们的新规则。

三、"偏好伪装"推助权力寻租

孟德斯鸠在《论法的精神》中说道："一切有权力的人都容易滥用权力，这是万古不变的经验。防止权力滥用的方法就是用权力约束权力，权力不受约束必然产生腐败。"[4]

目前我国事业单位推行科学民主决策机制，完善重大事项集体决策、专家咨询、社会公示和听证及决策失误责任追究制度。这种决策程序在一定程度上具备透明度，避免了个人决策在判断上的局限性。但由于权力集中在单位领导或少数资源垄断者手中，所以一般职工会选择隐瞒自己的真实态度或意见，而

---

[1] 国彦兵.《新制度经济学》,立信会计出版社,2006年2月版,第117页。
[2] 邓炘炘.《动力与困窘：中国广播体制改革研究》,中国经济出版社,2006年9月版,第238页。
[3] 丹尼斯·C.缪勒著,杨春学等译,《公共选择理论》,中国社会科学出版社,1999年版,第222页。
[4] 何清涟.《现代化的陷阱——当代中国的经济社会问题》,今日中国出版社,1998年版。

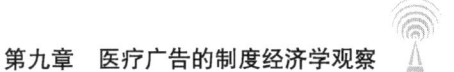

第九章　医疗广告的制度经济学观察

听任领导做出决定。这种在特定社会压力下，隐瞒自己真实欲望的行为被称为"偏好伪装"（第默尔·库兰，2005）。"偏好伪装的存在，使得事业单位内部和外部监管弱化，导致权力资源配置的严重扭曲，在一定程度上纵容权力寻租的出现。"[1]可见，虽然实行了民主决策机制，职工在名义上拥有制衡决策者的权力，但人们的"偏好伪装"却让这种制衡权成为空中楼阁，且助推了权力人的寻租行为。

---

[1] 王英辉.《从偏好伪装角度研究事业单位权力寻租行为》,廊坊师范学院学报,2008年8月第8卷第4期。

第十章　媒介经营视角下的医疗广告

基于其广告属性，医疗广告本质上是媒介经营的一种产物。同时，基于医疗广告在电台广告创收中所占的巨大比重，应该说，医疗广告是广播媒介经营的核心对象和经营收益的主要来源。因此，本章将重点从媒介经营的层面，观察电台对医疗广告与频率资源之间关系的处理。在行政管理趋向严格、制度约束力度加大的经营环境下，电台亟须破解经营困局。这既需要对经营结构的宏观调控，也需要在具体操作层面采取新的步骤和策略。

第一节　新闻频率独特的经营价值

一、河北新闻广播特殊的双频制

所谓双频，指的是电台（全台或某些频率）同时使用调频（FM）和中波（AM）两种波段对外播出。这种做法可以综合调频和中波各自的传播优势，从而延展节目的覆盖范围，城乡地区可以兼顾。当然，是否采取双频覆盖，这取决于电台的财力和频率本身的传播定位。

一般而言，采用双频播出的电台频率，其两个波段的节目是一致的，比如天津电台除了交通和小说两个频率外，其余7个频率都实行了双频制，且调频

第十章 媒介经营视角下的医疗广告

和中波共用一套节目。❶A电台新闻广播同样实行双频覆盖的模式，但新闻广播的调频和中波播出的是两套完全不同的节目，调频台每天24小时全新闻节目播出，中波台每天20.5小时的节目里有一半的时段是医疗广告，即便是非医疗广告时段的节目设置也与调频台不完全一致。❷新闻广播的中波节目做到了省（区、市）内全覆盖，比调频的覆盖面更广。

中波（AM）广播是第一代广播技术，自1920年在美国出现以来，中波广播一直是世界各国信息传播的主要技术手段之一。但是相对于调频（FM）而言，中波广播的信号不稳定，声音质量差，抗干扰能力弱，所以在高楼林立的城市里接收困难。❸正因如此，越来越多的城市人群更习惯用调频来接收广播信息。但与此同时，中波广播又具有传输距离远，覆盖范围大的特点，它可以覆盖很多调频广播到不了的地方，所以，在我国农村、远郊县等地区的听众则更容易接收到中波台的节目。这样看来，将调频台的医疗广告逐步往中波台转移，正是合理利用了中波技术的优点。因为它的覆盖面积广，所以节目有望被省内更多的听众接收到。而且，中波广播的主力听众，即农村、远郊县、城中村等地区的听众，同时也是电台医疗广告的主力收听人群和目标人群。这样的调整既让医疗广告的收听去向更有广泛性和针对性，也使得调频台越来越"绿色"。

QZJ：一方面它的（新闻广播）覆盖非常好，覆盖好的中波调频双频频道是最适合卖药的，因为它可以遍布城乡的每个角落。但是新闻又承担政治的任务，所以我们单分出一套调频在省会播新闻。这两套的节目有重合，也有区分，在几个点上可能都在播新闻，但到了某些点，调频还在播新闻，但中波已经在卖药了。

---

❶ 参见天津广播网:http://www.radiotj.com/。
❷ 参见河北新闻广播调频和中波两套不同的节目单:http://www.hebradio.com/xwgb/jmsjb/201301/t20130106_1085987.htm。
❸ 陈炫威.《AM广播的数字化方案设计和试验数据分析》,中山大学硕士论文,2004年,第1页。

新闻广播调频台是完全没有医疗广告的，做到了纯"绿色"。这种全新闻的节目设置和频率样貌更多地基于服务于政治宣传的喉舌功能，是省级电台不得不为的硬性任务。但是，对于一个同样是自收自支体制下的自营为主的频率，没有电台医疗广告，生存就无以为继。所以，中波台不可能再完全照搬调频台的纯新闻节目，而必须安置大量医疗广告，用来完成创收。所以，新闻广播才呈现出与众不同的双频双套节目的特殊安排。

二、新闻台的"卖药"吸引力是全国共通的

（一）吸引力之表现

笔者随机选取了北京、陕西、云南等地的12家电台，对其医疗广告的规模进行统计，并绘成表10-1，可以直观表述各台新闻频率中医疗广告节目所占据的分量。在这12家电台中，新闻频率对医药节目的占有率达50%以上的有3家；新闻频率占有率达25%以上的有8家。也就是说，有近7成的电台把自己1/4以上的电台医疗广告都归拢在新闻频率。而这些电台的专业频率都有六七家，甚至更多。相此较之下，新闻频率1/2或1/4的容量就显得更为巨大。如此看来，多数电台都不会将医疗广告平均分散到各个频率，而是倾向于让新闻频率承担更多。

表10-1 部分电台新闻频率电台医疗广告的规模占比

电台	新闻频率的医药专题时长(小时)	全台医疗广告时长(小时)	新闻频率在全台的占比(%)
北京台	4.5	25.5	18
陕西台	13.5	56	24
云南台	6.5	14.5	45
广东台	11.3	29.5	38
河北台	8	23	35
山东台	6.3	28.3	22

续表

电台	新闻频率的医药专题时长(小时)	全台医疗广告时长(小时)	新闻频率在全台的占比(%)
江西台	11	21.5	51
江苏台	12.5	41	30
黑龙江台	10	44.5	22
大连台	9	33.5	27
武汉台	8	9.5	84
昆明台	8.5	15.5	55

LB所在的城市电台共设有新闻、经济、交通和音乐四个频率。2012年，该电台广告收入是5000多万元，其中，医疗广告收入占其中的10%多一些（600万左右）。从绝对比例上看，该台并不依赖于医疗广告搞创收，10%的比例在全国范围内都属于较低水平。但是，从电台内部看，医疗广告在4个频率之间的分布是非常失衡的。交通台和音乐台原本就对医疗广告"绝缘"，加上经济频率开始向都市化、年轻化和有车族人群进行定位转移，无奈之下，收纳医疗广告的"重任"就落在了新闻频率身上。

"新闻频道一年的广告收入1200万元左右，医疗广告广告的收入能占到一半。"

也就是说，新闻频率中600万元左右的广告收入是由医疗广告创造的，而全台收入的10%多一些恰好也是600万元左右。这说明，新闻频率几乎已成为该台医疗广告唯一的进出窗口。

（二）探讨原因

1. 新闻频率的收听表现优异

2011年，CSM（央视—索福瑞媒介研究公司）对全国33家大中城市新闻综合频率的收听表现进行了调查。表10-2显示的是各城市受众收听新闻综合频率的时长占人均总收听时长的比重，可以看出，绝大部分城市新闻综合频率所占的比重都较大。33个城市中，绍兴、成都、佛山等7个城市新闻综合频率的收听时长占到所有频率收听时长的40%以上；武汉、石家庄、上海等11个城市该比重占到了30%~40%；另外有重庆、无锡、济南等11个城市该比重达到了20%~30%；天津、北京、广州、哈尔滨新闻综合频率的收听比重较低，在20%以下。总体而言，受众收听新闻综合频率的时长所占比重较大，反映出新闻综合频率在一个广播电台的发展历程中发挥着举足轻重的作用。

表10-2 2011年各城市新闻综合频率收听时长所占比重

城市	所有频率人均收听时长（分钟）	新闻综合频率人均收听时长（分钟）	新闻综合频率收听比重（%）
绍兴	96	44	45.83
成都	60	27	45.00
佛山	86	38	44.19
清远	44	19	43.18
常州	102	44	43.14
厦门	49	21	42.86
大连	98	40	40.82
武汉	51	20	39.22
石家庄	70	24	34.29
上海	76	26	34.21
南宁	54	18	33.33
长春	73	24	32.88
乌鲁木齐	98	32	32.65
福州	66	21	31.82
宁波	66	21	31.82
郑州	75	23	30.67
苏州	121	37	30.58
青岛	89	27	30.34
重庆	64	19	29.69
无锡	72	21	29.17
济南	104	29	27.88

第十章 媒介经营视角下的医疗广告

续表

城市	所有频率人均收听时长(分钟)	新闻综合频率人均收听时长(分钟)	新闻综合频率收听比重(%)
南京	80	22	27.50
沈阳	113	30	26.55
深圳	57	15	26.32
合肥	82	21	25.61
杭州	102	24	23.53
长沙	43	10	23.26
太原	89	20	22.47
西安	112	24	21.43
天津	132	26	19.70
北京	88	16	18.18
广州	56	8	14.29
哈尔滨	154	21	13.64

(资料来源:CSM收听研究)

从收听表现的另一项指标,即听众规模看,根据CSM对新闻、交通、音乐、都市生活、经济、文艺、体育、对农和外语教育各大专业频率2012年听众累计到达率[1]的比较,可以看出九大专业频率按到达听众规模大致分成三个等级。新闻、交通和音乐处于听众规模最大的第一集团,听众规模最大;都市生活、文艺和经济类广播的听众规模位居中游;而体育、对农广播和外语教育类广播的数量较少,听众规模较小,位居第三等级。与此同时,新闻综合频率又在听众最广泛的三大专业频率中独占鳌头,在2012年度,新闻综合频率的累计到达听众规模位居第一位。

2. 收听人群与医疗广告的目标人群最为契合

研究表明,65岁及以上、无业和离退休人士、初高中学历和个人月收入

---

[1] 到达率,指传播活动所传达的信息接受人群占所有传播对象的百分比。

在1501元及以上的受众群是新闻综合类广播最集中的收听人群。这与此类人群有较多闲暇时间待在家里有很大的关系。[1]谈到电台医疗广告在新闻频率较高的集中度时，LB认为，这并非出于其他各类型频率本能的排斥，而是基于这类节目在其他频率糟糕的收听表现和不利的市场反馈。此外，作为电台医疗广告的目标听众，老年人群又对新闻频率持有较高的忠诚度，所以，双方面的原因导致医疗广告逐渐聚拢到新闻频率。

LB：不是我们想集中到新闻频道，当年所有的频道都想卖，包括交通频道、音乐频道，至少在2004年、2005年那会儿还在卖。但最后都卖不下去了，你想，在它那儿（交通频率等）一个月投入好几万块钱，在外头都挣不出来，我怎么卖，它的受众不一样。后来看到，市场对新闻和经济的认可度还是比较高的，所以这两个频道保留了一些医疗广告。因为新闻频道一般是从原来的老人民台改过来的，到最后一般都改到新闻频率了，在中老年人群中有很大市场，所以新闻台一般都有一块卖药的比例。

此外，从收听时段上看，新闻综合类广播在清晨时段一枝独秀，引领全天收听，早间7:00左右是全天收听最高峰，收听率超过6%，在晨间时段良好的收听情况与老年人群的生活作息规律是相适应的。这也解释了为何A电台在晨间时段播出医疗广告的频次是最密集的。很显然，4:00~7:00的几个时段里，节目在老年人群中收听率、到达率和听众规模都会得到最优的表现。

三、船大掉头难

（一）创收全台第一，但70%是专题

基于良好的覆盖效果，A电台新闻广播的广告创收一直并不是一件难事。2013年，在A电台2.4亿元的广告收入中，新闻频率占1/4，大约6000万元，

---

[1] 解永利.《2012年新闻综合频率收听状况分析》，《CSM收听研究》，2013年1月刊。

排名交通频率之前,列全台第一。在这6000万元中,仅有不足3成是品牌广告,其余70%以上是由中波台的医疗广告创造的。看似70%以上是一个很高的比例,但依时间线继续往前推可以发现,这已经是一个逐年下降的数字。因为在2011年之前,新闻频率调频台的品牌广告只有100多万元,整个频率的创收完全要依靠医疗广告。相比规模较小的其他专业台,新闻频率广告创收直接关系到全台水平,所谓船大掉头难,新闻频率中的医疗广告需要在更长一段时间内用品牌广告进行稀释。

WLH:谁都知道应该转型,但总是要妥协于现实,因为它占的盘子太大,在全台创收中占的比重大,所以转起来难。只能在品质安全的情况下先维护医疗专题,一边再发展品牌广告,慢慢转,比小的专业台要花更多时间。

将医疗广告创收的较大压力放在新闻频率身上,既有广播频率本身历史沿革的原因,有新闻频率收听表现较好的原因,也有新闻频道收听人群与医疗广告目标人群相契合的原因,是广告商投放广告最安全的一类频率。但是,如果电台一味地为了满足广告商的需求而出让新闻频率的节目资源,那么势必会有损听众对新闻频率的忠诚度。正如有的研究者所讨论的,目前的医药广告节目受制于"广告化严重,知识性差,服务性弱""主要面向患者,忽视了健康人群的收听需要""节目模式雷同,内容同质化"等原因,而面临较明显的市场压力,进入发展相对低迷阶段。[1]作为各地电台"发源之处"的新闻频率,只能通过改变来减缓听众流失和节目品质下降的风险。

(二)经营人员过少,品牌广告增量有限

电台在2013—2014年逐步铺开实行广告代理制之后,新闻频率中波台的医疗广告分别由两家广告公司打包代理。调频台的品牌广告中,汽车、房地产等三四个行业是在整体上被行业代理出去的,其余行业则为频率自营。这就是

---

[1] 陈叶红,赵海静.《人口老龄化——健康类传媒面临数万亿市场空间》,《数据广播》,2012年第2期,第23-24页。

新闻频率所实行的"自营+行业代理+专题打包"的多元创收结构。2014年，新闻频率的创收任务是6800多万元，其中，中波的医疗广告整体打包占到5000万元，调频台的品牌广告占1800万元。尽管品牌广告的规模比2011年之前翻了十几倍，但新闻广播的广告经营人员却一直没有增加，整个频率有150多人，广告部只有四五个人。

WLH：从转型的角度说，在150个人当中由这四五个人去做肯定是不够的，要是彻底转型，得需要三四十个人去专门做广告。比如有的省台新闻频率跟我们人数差不多，他们里面有30多个人做广告，毕业生进来不让你先去做新闻，先去做广告。

之所以寥寥几位员工就可以完成1800万元的品牌广告，一方面是因为行业代理减轻了频率的负担，另一方面是因为新闻频率在传统上与通信业、酒品企业、大型药企等"VIP客户"保持着稳固的合作关系，且这些企业本身不接受广告公司的代理。同时，新闻频率在大户之外再对接一些小户，频率就能维持品牌广告平稳的创收。但是，用极少数人力资源去自营品牌广告这种状态存在的前提，是品牌在总体中占有的比例仍远远小于医疗广告，在电台广告结构升级逐渐演进的过程中，品牌广告份额的增加势必会唤醒人员结构的调整。

第二节　对医疗广告过高的依存度暗埋经营危机

"传媒产业的赢利模式一般有四种：一是卖内容；二是卖广告；三是卖活动；四是资本运作。我国传媒产业的一个基本现实是，过度依靠卖广告这种单点支撑的盈利模式，这使传媒经营的风险程度很高，高度受制于广告业的风吹草动。"[1]这是喻国明先生在10年前对传媒产业现实状况的判断，单从目前的广播行业看来，盈利模式单一的景象似乎改观不大。

一、经营结构单一，线下活动无利可图

近几年，一些电台在"卖广告"的基础上，提出"以活动带动收听率和市场占有率"，借助广电媒体所具有的行政资源，与企业和社会机构合作在线下开展活动，同时线上联动直播。但是，从A电台的实际看来，这种"卖活动"的经营方式并不普遍，是零星的、个案性质的，远不像广告经营那样成熟。关键问题是，线下活动需要占用大量人力、物力及时段资源，但往往电台并不能从中得到经济效益上的回报。相比之下，"卖广告"则可以为电台赚到真金白银，迅速回收利润。在尚未找到线下活动的盈利途径时，电台和各频率都难有"卖活动"的兴趣。

QZJ：线下活动不算在我们的GDP里。我们的政策是，活动在扣除了应有的税费之后，是可以支出的，允许你没有盈利。现在活动盈利的确很困难，比如汽车文化节，三天时间进场观众15万人，现场销售了2000辆车，涉及金额很大，但对我们来说其中的盈利空间很小。商家虽然会交给我们参展费，但同时我们要拿这些钱交租金和各种费用，支出其实是很大的，想从中实现盈利很难。这是一个难点。

业内人士认为，线下经营活动的意义和功能更在于扩大频率或节目的影响力，而并不能对频率创收产生多大贡献，也无法从根本上改变频率的经营结构。

LJ：线下活动现在对我们就是边边角角的修饰，算是戴朵花。比如找家企业到社区做活动，每个社区投入1万元钱，做50个社区，企业给我50万元。

---

[1] 喻国明．《2004年中国传媒业发展大势猜想》，载于《北京人民广播电台建台55周年广播论坛文集》，中国广播电视出版社，2004年版，第51页。

这种对创收结构没有什么影响，改变不了根本的东西，只能是说好看一些。

有研究表明，广告收入在传媒整体收入中超过70%，或某一类别的广告或某一广告公司提供的广告占传媒收入的30%以上，对于该传媒而言，都将具有较大的经营风险。❶从这两个数字看，A电台和B电台都超过了风险的界限，而在广播行业普遍缺少创新和活力，又普遍依赖医疗广告的状况下，恐怕承受类似经营风险的电台不止这两家。

二、遭遇效益提高的瓶颈

媒体"卖广告"的经营方式，在本质上是将一定规模的公共资源拿出来商用，从中赚取经济回报，以维持媒体的生存和发展。但是，对于报纸、广播、电视这些传统媒体而言，公共资源都是有限的，广播电台每天只有24小时的时间资源。"卖广告"越多，节目时间就越少，所以，在电台内部都有一个"卖广告"，尤其是"卖时段"的大概临界点，而不会任由其进入。而当"卖广告""卖时段"逐渐趋于饱和的时候，电台的广告效益也会逐渐趋于平稳。此时，电台只能通过逐年涨价来提高效益，实现增收。

但是，从B电台的情况看，涨价这条道路似乎也极为艰难。

首先，我们将几家市级电台的收费标准与该电台的价位（见表10-3所示）进行比较显示，该电台医疗广告的收费已处高位。比如廊坊台A时段统一收费120元/分；泰州电台A时段的节目大约67~100元/分；武汉经济广播热线专题节目的统一价为267元/分；B电台最贵的一个时段是270元/分。可见，B电台最贵的时段与武汉电台持平，但比其他几家电台都要高出若干。但是，B电台从2008年左右就一直沿用这一收费标准，未变动过价格。对于一家对医疗广告的创收依存度高达80%的电台来说，连续5年不在专题时段上涨价绝不是一件好事，因为这无疑在很大程度上抹去了电台增收的空间。

---

❶ 同上,第52页。

第十章 媒介经营视角下的医疗广告

LS：（一年4000多万的收入）在市级台算是可以的，但是增速太慢，提价提不上来。（收入增速）不太稳定，一般一年能增加10%~15%，但有的年份不增反降。

表10-3 B电台医疗广告的收费标准

时段	新闻广播	经济广播	交通/文艺广播
	1分/元	1分/元	1分/元
00:00~05:00	35	30	15
05:00~07:00	185	165	105
07:00~12:00	270	210	165
12:00~18:00	210	190	125
18:00~21:00	170	130	105
21:00~24:00	85	65	55

其次，广告商之间"结盟"对抗涨价，这是该电台涨价难、增收不稳的关键所在，也是二者合作过程中最大的矛盾和难题。

LS：最大的问题是客户容易形成联盟，比如时段占满了，但是想进来的客户很多，那么按照市场的道理，我们可以适当涨价，提高广告价格。但是，药贩子他们相互之间很熟、有默契，一旦说涨价，他们就形成联盟，说不做了，逼得我们只能维持原价。这个以前发生过。

在传媒业激烈竞争的年代，"注意力资源"是各类媒体追逐的对象，传播回收的是受众的"注意力"，出售给广告商的也是受众的"注意力"，"注意力"是传媒真正能赚钱的终端产品。对于传统广播而言，符合受众接受旨趣的信息和节目是"注意力"的核心来源，以受众基础好的高品质节目来扩大收听市场，进而将收听市场出售给广告市场，实现从节目到广告的良性循环。当然，这是一种理想的状况。也有一些电台既没有优质节目来吸引听众，又大量吸收医疗广告取代节目空间，陷入"节目越来越糟、专题越来越超"的恶性循环。

LS：一方面是栏目质量本身不够好，很难吸引广告；另一方面，我们本来属于卖方市场，资源少，客户多，我们有资格提价，但他们一结盟，价就提不上去。这是很特殊的一个事情，不符合市场规律。

试想，如果电台自办的节目是出色的，是符合当地听众需求的，那么自然会有更多的品牌广告商愿意投放广告，专题时段也会因此压缩变得更稀缺。只有在品牌广告和医疗广告两方面都成为"卖方市场"，电台才可能抵御医疗广告商的"联盟"。但问题恰恰在于，该电台的广告结构存在问题，品牌广告规模太小，不得不以医疗广告来求得生存。也就是说，看似电台属于"卖方市场"，却被医疗广告商看到了"软肋"，因而遭受"要挟"。

第三节 政策管制下的经营困局

一、2013年专项整治内容明晰化

"我国的违法药品广告包括假药和超适应症宣传情况十分猖獗，严重违法广告率已高达58.2%。国家药监局下决心大力整治。"❶这是2012年10月9日，原国家药监局稽查局副局长邢勇在一次研讨会上透露的一条信息。四个月后的2013年2月28日，工商总局、中宣部等13部门联合出台《2013年虚假违法广告专项整治工作实施意见》（以下简称《意见》）；❷4月23日，工商总局、中宣部等8部门在《意见》的基础上，进一步联合下发《关于开展整治虚假违法

---

❶《健康时报》，2013年9月16日，第24版。http://www.jksb.com.cn/article.asp?id=46928&apage=2。

❷ 参见工商总局网站，http://www.saic.gov.cn/zwgk/zyfb/lhfw/lhfw/ggjdgls/201303/t20130307_133801.html。

第十章 媒介经营视角下的医疗广告

医疗广告专项行动的通知》(以下简称《通知》),❶决定从2013年4月25日至7月25日分三阶段开展集中整治。

在此之前,工商、宣传、卫生、广电等相关部门曾经多次单独或联合出台文件,❷对虚假违法医疗广告进行管理,但似乎都未对医疗广告市场产生强有力的冲击。但是,从2010年开始,多部门联合开展专项整治活动成为一项常态机制,且在管理态度和手段上趋于严格。2013年,不仅《意见》的出台方从12部门增加到13部门(增加了国家旅游局),而且首次根据《意见》的要求,下发《通知》,对整治时间和安排、整治内容等做出了更明确、更具体的指示。

此次《通知》之所以具有极强的约束力,关键在于它根据国家既有的法律法规和行政规范,对医疗广告的整治内容进行了明晰化表述,这是2010—2012年历次专项行动未曾做到的。白纸黑字的要求也杜绝了广告发布媒体打擦边球或蒙混过关的可能。

二、整治重点和主要内容

各地各有关部门要对辖区内报纸、期刊、广播电台、电视台,以及大型门户类网站、搜索引擎类网站、医疗药品信息服务类网站、医药企业及医疗机构自设网站,发布的医疗、药品、医疗器械、保健食品广告及宣称具有治疗作用的保健用品广告进行清理检查,主要内容如下。

(一)超出批准的功能主治和保健功能,宣传包治百病、适合所有症状及治愈率的;

---

❶ 参见工商总局网站,http://www.saic.gov.cn/zwgk/zyfb/lhfw/lhfw/ggjdgls/201304/t20130424_134729.html。

❷ 比如《关于进一步加强广播电视广告宣传管理的通知》(广播电影电视部,1999);《关于开展"反误导打虚假"广告市场治理专项行动的通知》(工商总局,2001);《关于进一步加强对大众传播媒介广告宣传管理的通知》(3部门联合,2001);《关于规范医疗广告活动 加强医疗广告监管的通知》(3部门联合,2003)《关于进一步加强广播电视医疗和药品广告监管工作的通知》(5部门联合,2009)。

- 145 -

（二）使用患者、医学专家、科研机构等名义证明疗效或者保证治愈，以及冒用公众人物的形象和名义做宣传的；

（三）夸大产品功效，宣传保健食品、保健用品、消毒产品具有治疗疾病作用的；

（四）利用医药资讯专版、专题节目和新闻报道等形式，以专家讲座、医学探秘、患者讲述用药治病经历等方式，变相发布医疗广告，推销医药产品与服务的；

（五）未经卫生计生、食品药品监管和中医药管理部门审查或者核准，非法发布医疗、药品、医疗器械、保健食品广告的；

（六）利用大众传播媒介发布处方药广告的；

（七）其他违反广告管理法规的情形。

我们看到，"包治百病""患者证言""专家证言""保健品可以治病"这几项是医疗广告节目中最常用的说服手段；而"卖时段"给广告商做节目的行为本身就是"用专题的方式变相做广告"。如果用以上内容标准去对照，那么，占据医疗广告80%~90%规模的强行卖药节目是绝对意义上被整治的对象。而剩余10%左右的其他类型，也面临"听众证言""变相广告"等方面的风险。

三、电台医疗广告被迫"改头换面"

以往的专项行动没有对医疗广告的内容做出如此明确的查处标准，这是电台和医疗广告商未给予足够重视的原因之一。而2013年的这次整治却让医疗广告中的虚假违法行为无处遁形。逼于无奈之下，广告商做出了两大最主要的改变：一是去除听众热线环节；二是主讲人不能"忽悠"，产品性能与广告批文要严格一致。

LB：原来他讲的范围有点宽泛，有些超范围的东西，比如这个药不能治糖尿病，他却说能治糖尿病，类似于这种情况是有的。现在就要严格按照广告批文来，批文允许讲什么，我们就让他讲什么。而且以前有讲师讲和热线咨询反馈（两部分），现在只准讲师讲，不能接热线，也没有反馈，只能让讲师讲养生，到最后他会落脚到自己的药上，说自己的药可以治什么病。

实际上，早在2012年，就有一些电台意识到医疗广告的生存局面日趋严峻，开始寻求破解之道。观察看来，北京电台似乎是所有电台中最早采取"绿化"行动的一家。2013年年初该电台医疗广告就开始呈现规模缩小、内容"去广告化"等几点变化。这些变化实际上开始于2012年下半年的专项整治活动。北京电台对医疗广告内容的"大清洗"，除了取消听众热线、要求主讲人讲法收敛等做法外，还强化了广告部门的能动性和管理意识，以往不被重视的播前审听环节，得到严格执行。电台不再为迎合广告商的利益而有所放松。

能够提前预判并自觉改变的做法一方面需要对行业政策的敏锐感知，另一方面还要求它对医疗广告的弱依赖度，以及果决和勇气。可惜，同时具备这几种"能力"的电台并不在多数，即便有的电台已经产生了逐渐减少医疗广告的想法，但转型措施尚未找到，"风暴"却提前到来了。我们认为，在经济利益的持续诱惑下，很难单纯依靠电台自我约束的内力来减少医疗广告对广播资源的占有规模。但是，当强大的外力到来时，许多电台并未做好准备，只能服从于外力的管制，很显然，这种服从的过程一定是伴随着疼痛和茫然的。

四、医疗广告创收链条危机重重

第一，医疗广告商受到最直接的冲击。听众热线和主讲人浮夸式的"卖药"技巧是医疗广告打开销售市场最关键的两大要素，对于广告商来说，没有了热线和夸大，专题广告就失去了效力。所以，有的广告商在停播和"严打"期间选择了撤出电台，有的不仅线上撤出，更在线下从药店的租用柜台中撤出，医疗广告商入不敷出的景象可见一斑。

ZT：大家都不挣钱了，都很焦虑。比如保健品客户，没有消费者（热线），就没有当"托儿"的了，节目效果就不明显，就不卖钱，收不上来钱，能投入的广告费就少。去年停了一些节目之后，有的客户逐渐就撤了。

LB：让他（广告商）不接热线，对他的销售影响很大。他们跟我说根本卖不动，有的药店都撤柜。因为现在不是查得紧吗，药店为了避嫌，少麻烦，就干脆撤了。

第二，电台广告效益严重受损。广告客户赚不到钱就无力支付电台广告费，电台效益也会因此受损。在突如其来的"风暴"面前，这种连锁反应尤为明显，双方都很难快速应变。当然，电台方面也尝试了多种手段，以期挽留广告客户。而降价和打折是不少电台选择的出路，比如B电台打出了5折的超低价格。但从实施效果上看，广告商的合作意愿仍不能得到激发。

LS：我们这三个月给客户都打了5折，但还是没太有吸引力。有些就干脆停播，观望。他们也着急，他们就指着广告呢，停了广告基本就没收入了。

在广告商纷纷选择退出、电台被迫停播或降价的状况下，电台的短期和长期效益都严重受损。

LB：我们先是停了一阵子，大概10天，整个取消了。打击很大啊，如果（全年）完全不做，对我们得有一两千万的损失。后来又恢复了一部分，但这三个月我们的损失也很大，得有七八百万吧。这个损失既包括折扣优惠掉的那部分，还有停播的那10天，也不能收人家的钱。

从A电台的情况看，2013年4—7月专项行动期间，电台在医疗广告上的直接损失为2300万。尽管当时多数频率都停播了医疗广告，但新闻频率的中波台却在例外，并没有一刀切掉专题的播出。

WLH：因为台里也会论证哪些频道的节目可能有风险，我们经过审查认为还是比较规范的，产品也没问题，所以就没怎么停。

当然，频率与广告商之间也做出了互相妥协，即广告商的专题内容多一些保健知识，少一些夸大和营销的成分，频率则在广告价格上削减1/4。根据核算，新闻频率2013年在医疗广告上损失了500万左右。

在从业者看来，国家屡次出台"严打"措施，对广播的发展环境无疑是有利的，也有益于广播媒体社会效益的积极发挥。但是，广告效益的大幅缩水，又很难令从业者为政策的出台奋力叫好。所以，不少电台只能在这个"又爱又恨"的过程中硬撑和观望，等待政策的松懈，也等待敢于以身试法的电台带领大家重新开张。

LS：内心来说，这应该是一个趋势，因此的确虚假广告太多了，比如药当保健品卖，保健品又当药卖。一方面想支持，但另一方面经济利益的确又受到很大影响。自从整治以来，我们电台每个月的广告平均能少300万左右。今年受政策的影响，可能达不到4000万（2012年的广告收入）了。这个政策真是致命打击。

第三，医疗广告职业主持人的收入锐减。我们仍以ZT的例子来说明这一问题：2012年年初，ZT手上每天有六七套节目需要串词、合成，虽然广告公司每分钟只提供3元左右的薪水，但由于节目量大、件数多，所以，他作为医疗广告职业主持人的月收入可以达到近2万元。但是，ZT这项工作的风险在于，一旦节目量减少，会直接地体现为工资水平的下降。从2012年7月开始，他所负责的医疗广告流失了一半以上，而收入也锐减到年初时的1/3。

ZT：以前直播是3元/分，现在全部降到了2.5元/分。我们是计件工资，现在节目少了2/3，收入也少了2/3。以前真是比较多，2012年年初每天的节目至少是200分钟，现在只有90分钟。

五、跨地区连带传播给广告商带来市场补位的可能

笔者收听发现，北京电台在整治期间彻底去除了医疗广告中的热线环节，主讲人的讲述也以知识性内容为主，严格遵循了国家的治理规定。但是广播传播有一个特性，即地区连带性，其不仅可以覆盖当地，还可以将周边地区纳入收听范围。北京电台对节目的彻底清洗，并不意味着北京地区医疗广告市场的弱化，因为外围省市电台在"严打"期间仍有不少强行卖药节目播出。笔者从河北香河乘车返回北京的途中，用手机内置收音机搜索收听，发现以下几家电

广播电台医疗广告调查读本

台的医疗广告都有听众热线环节：FM103.4（山东阳信电台）[1]——国药抗骨片；FM105.2（河北新闻广播）——百草益寿茶；FM105.6（香河电台）——九七抗骨疗法；FM93.8（承德电台）——清基胶囊；FM105.8（保定飞扬调频）——北京王府井医院医疗专题。笔者当天下午在北京西四环地区再次收听发现，FM103.4已不在收听范围内，而河北省、市其他几家电台都还在收听范围内。也就是说，从河北到京东再延伸到京西，这几家电台的节目可以实现全覆盖，同时这也意味着，从北京电台撤出或不满于被整治的医疗广告商，可以转移到上述几家河北地区电台继续播出，不仅可以节省广告费用，且仍然可以面向庞大的北京市场卖出产品。这几家电台无疑为广告商提供了一举两得的机会。

既然北京电台的广告商可以在河北寻找到替代方案，那么其他相邻地区的电台之间亦会存在相互补位的可能性。而在业内看来，电台长期依赖于用大面积医疗广告来赢利的模式，一旦被迫改变，电台很难充分实现自收自支。所以，在找到替代方案之前，这种赢利模式恐怕还会继续，不会因一次政策打击而彻底完结。

LS：一旦有了这种模式，想改变它很难。现在还是观望吧，这个事情很矛盾，国家既要严格管理，不让播出医疗广告，但又不给我们拨款，那这样下去就发不出工资了，会有问题的。所以还不明确，看看下一步省台和其他台会不会松动吧。

---

[1] 阳信人民广播电台发射机功率5000W，发射塔高162米，结合阳信位于环渤海经济开发区的中心位置，电台的信号可以覆盖整个滨州市，以及周边的庆云县、乐陵市，以及河北省的盐山县、海兴县，济南市的济阳县、商河县，覆盖面积十分广阔。参见：http://baike.baidu.com/view/3387371.htm。

第十章　媒介经营视角下的医疗广告

第四节　A电台经营结构调整

一、借助市场调整广告结构

一直以来，A电台各个频率的广告部对各自的广告创收具有直接的操作权和话语权，也就是更多地采用频率自营的办法来完成电台分派的创收任务。2013年开始，电台逐步引入市场上的广告代理公司，对广告资源进行重新盘活和调整。但是由于市场代理的模式仍处在初始阶段，且各个频率之间的实际情况和需求也存在差异性，所以从表格统计的情况看，目前A电台9个频率❶的广告经营方式并不统一。整频率代理指的是电台把某个频率全部的广告资源打包代理给某家广告公司。行业代理则意味着电台把品牌广告❷的类别划分为汽车及其周边、糖烟酒、食品饮料、房地产、金融保险等若干个条块，每个条块交由一家广告公司代理。整频率代理和行业代理的一个共同特点是，不论代理公司的实际经营状况如何，其每年都要按照与电台谈妥的合同价格足额交纳代理费用。也就是说，假设某个频率广告全年代理的合同价是3000万元，那么，不管代理公司是超额营收还是实际亏损，它都需要向电台交纳这一承租费用。如此一来，电台不仅把创收压力转嫁给了广告公司，且能够"坐收渔翁之利"。实际上，音乐频率、文艺频率（现为私家车频率）此前的试点尝试，让A电台逐步建立了整频率代理和行业代理在全台铺开的信心。

---

❶ 2014年之前，A电台共分设8个频率。2014年2月，电台新增设科教频率，并将频率资源以一定的价格承包给某节目制作公司，该公司负责该频率的节目采制、人力管理和广告运营等。科教频率实际上是广播制作分离的一种操作和安排。

❷ A电台将全台广告从整体上分为两大类，一类是60秒及以下的品牌广告，一类是1分钟以上的专题（主要指的是电台医疗广告）。

QZJ：音乐、私家车先行有一家公司在3年之前整频承包了这两个台，我们签了一个较长时间的合同，他第一年承诺了一个数字，第二年按20%左右的速度增长，我们自己是拿不到那么多钱的。所以我们觉得这种整频率代理的形式很好，当时他给我们一年1000万（一个频道），但是在此之前，我们那一个频道品牌广告只能有个三四百万。所以第一年，这个公司基本上是赔了一半，但他必须上交给我们1000万，补齐，跟出租车份钱是一样的。到了第二年他给了我们1200万，到现在这一个音乐频道就给我们2800万了。

但是，A电台尚处在起步阶段，行业代理的竞争和运行都是不充分的。严格意义上，成熟的行业代理应该是全频率"通吃"的，假设一家公司希望代理某电台汽车行业的广告，那么它需要完整地买断该电台所有频率的汽车广告，也就是所谓频率"横切"。A电台在2013年年底进行广告招标时曾设想将所有未整频率代理出去的频率都按行业进行"横切"，但在实际竞标过程中却出现了流标的状况，即某些频率的品牌广告无人问津。在新闻、交通、经济、生活、农民这5个未实行整频率代理的频率中，有的行业代理做到了"横切"，比如这几个频率中所有的汽车广告都被某家公司代理走了，也有的行业代理公司只选择了代理其中的一个或几个频道，而没有全包。

表10-4　A电台各频率2013、2014年广告经营方式细分

频率	广告经营方式
新闻	自营+行业代理+专题打包
交通	自营
音乐	整频率代理（品牌）
经济	行业代理+专题打包
生活	行业代理+专题打包
私家车（文艺）	整频率代理（品牌）+自营（专题）
旅游文化	整频率代理（品牌）+自营（专题）
农民	自营+行业代理
科教	整频率代理（品牌）

第十章 媒介经营视角下的医疗广告

因此，A电台各个频率的广告经营模式才表现出很不统一的状况（见表10-4所示）。其中，经济频率和生活频率都采用"行业代理+专题打包"的模式。以生活频率为例，其每天12.5小时的医疗广告集中打包给了一家广告公司，由其负责客户来源和节目制作，并按照定额支付电台承包费用。专题打包所赚取的广告费是生活频率创收的核心来源。同时，这个频率与汽车、糖烟酒、房地产三个行业相关的品牌广告则被代理公司"横切"出去，但品牌广告规模很小。私家车频率和旅游文化频率正处在从自营到整频率代理的过渡期，所以实行了"整频率代理（品牌）+自营（专题）"的模式，即频率的品牌广告交由代理公司，同时台里仍允许它在夜间播出医疗广告。新闻和农民两个频率虽然都实行"自营+行业代理"的模式，但其内在的表现却极为不同：在新闻频率方面，由于其良好的覆盖力和影响力，所以基本实现了全行业代理，即所有代理公司在"横切"时都会把新闻频率放在其中。同时，该频率握有不少传统上的大客户资源，所以自营性广告来源和收入都是有保障的，也是频率创收的重要部分。而农民频率方面，医疗广告和购物广告是其创收的主要来源，但其未能如生活频率一样从整体上把医疗广告或购物广告打包出去，所以只能实行自营。而且，受制于频率影响力和覆盖的限制，该频率被代理的行业广告也是十分有限的。

可以看出，A电台多数频率都处在从自营到市场化广告经营的过渡阶段，受制于各自定位、影响力和现实需求的不同，各个频率只能在尽量引入代理制的同时，结合自营和以往的资源，将广告创收做到最大。竞标成功的代理公司需要每年足额上交承包金额，这既减少了电台内部的创收压力，又实现了稳步增收。而且，更为关键的是，专业公司拥有大量品牌广告资源，而这些资源的引入可以有效帮助电台广告结构的逐步调整，减少对电台医疗广告的依赖。

QZJ：我们的目的很简单，就是进一步扩大品牌广告的量，压缩医疗广告的量，这考虑到了我们的广告经营风险，而且医疗广告的确也过了蓬勃发展的时期。

二、电台内部存在医疗广告调整的多重处境

2012年前后，A电台就意识到电台广告结构的失调状况，表达出改革广告创收结构的意愿。无疑，2013年八部委针对虚假医疗广告的联合专项行动对A电台的改革节奏是有推进意义的。在现实条件下，电台领导交由广告管理部的任务一是拓展品牌广告，二是打造医疗广告的升级版，尽量少触碰政策壁垒。也就是说，从电台制度设计和长期规划的角度看，电台对改革创收结构，削减医疗广告容量是持积极态度的。从引入广告代理机制的实际操作来看，电台的积极性也见诸于改革的行动力。但是，政策或方向性意见是宏观和全局的，而电台的现实处境却是具体和细分的。因此，关于创收结构的调整和医疗广告的衰退，电台不同的部门要素实际拥有多元的关怀和思路。

首先，作为全台医疗广告的总监管部门，广告管理部的把关尺度变得难以拿捏。面对电台提出的"减少触碰政策壁垒"的要求，广告管理部就需要在专题内容审查环节更加规范和严格，弱化专题中的营销和说服性表达。但这势必又会引发广告商的不满，甚至是撤出。所以，广告管理部只能敏锐观察政策和管理形势的变动，以相对灵活和摇摆的尺度换取医疗广告相对的"绿化"。

QZJ：我们当然可以做到"纯绿色"，但是对于商家来说，这种"绿色"节目不是他们想要的，他们得不到好的效果。所以我们这层针对专题的规范是比较困难的。收紧了之后，商家挣不到钱，很可能就履行不了广告合约了；放宽了，他们就得过且过、得寸进尺。所以，只能是（政策）管的时候就紧一紧，不管了就适当放开。

其次，不同频率在广告结构转型和医疗广告体量调整这一问题上面临不同的现实处境。2013年专项行动之后，农民频率引入购物专题，涉及高档酒、收藏品、保健食品等产品，虽然也有"打擦边球"之嫌，但尚未处于政策打击范围之内，所以，这类专题性节目成为2013年下半年之后填补广告时段的重要出口。从结构上看，农民频率的广告主要包括购物专题、医疗广告和医疗品

牌广告。其中，医疗品牌广告大约只能占到频率创收的0.8%，分量极其微弱，而医药和购物两类专题各占该频率创收规模的一半。尽管2013年专项行动的"严打"势头已经过去，但农民频率还是尽量保持了购物专题业已执行的规模，以此平衡医疗广告。这在该频率总监LTS看来，正是频率广告结构调整的一种实践和长远考虑。

LTS：现在专题和购物差不多各占一半，购物多一点。的确是购物多了会影响收听率，医疗广告的收听率绝对比购物要高。尽管这样，我为什么还想再试一段购物呢？因为医疗广告的政策风险时时存在。购物虽然也有风险，但我们希望在医疗广告之外再开辟一个专题的方向。宁可收听率上受些损失，也要先保住经济利益，其实是一种结构的调整。我们希望在结构上是堤内损失堤外补，这边（医疗广告）的风险往那边（购物广告）转移一下。

LTS用"船小好调头"来形容农民频率的结构调整情势。所谓的"船小"不仅是频率人员规模和创收规模小，还指的是频率影响力的相对性及听众年龄结构的相对松散。与此相比，生活频率的"调头"难度却要大一些。生活频率的创收规模在全台范围内仅在新闻和交通之后，排第三位，广告份额越大往往意味着越大的调整风险。更为重要的是，生活频率的听众群常年稳定在中老年群体，与电台医疗广告的潜在消费人群十分贴合，而对其他消费型产品的广告关注度较低。生活频率曾经尝试用购物专题或品牌广告来替代医疗广告，但客户大都因为投资回报过低而陆续撤出。正基于此，一个频率广告结构的调整很难靠一己之力完成，而必须依靠电台在政策上的保护。这种保护在根本上是减少各个频率的创收任务，留出一定的时间和空间供频率重新塑造听众结构。

LJ：如果要硬调，会涉及广告价格、时间段等问题，而且我们有2800万的任务，11个小时的专题正好值2800万，一动就完不成任务，所有人的收入都受影响。除非台里允许频道任务损失，比如去年的任务是3000万，台里现在允许损失500万，砍掉500万的专题，然后上一定时间的非医疗专题或者其他。进而节目就会做出调整，来支撑非医疗专题，会向年轻人的方向发展，这样慢慢就能做住。没有这样的保护，频道是很难调结构的。

尽管广告管理部门承受着医疗广告审查标准的双向压力，尽管不同播出频率广告结构调整的难度各异，但A电台从业者对未来医疗广告的节目质量却持有一致的观点，即以往那些过于粗放和夸大实际的专题的生存空间会越来越小。在尚不能对医疗广告进行"一刀切"的过渡期，需要频率重点培育和维系优质医疗广告客户，用更规范的专题内容来保护公信力。

三、向品牌广告要增量

A电台从2013年开始的广告结构转型的思路是借助外部广告市场的充分竞争，实现各频率经营结构的渐次调整，减小对医疗广告过深的依赖，进而形成一个"品牌强专题弱"的成熟的结构整体。当然，想法的执行需要一个有效的约束力予以推进。A电台的这个约束力是从创收规划和绩效考核制度上给各个频率的医疗专题划定红线，明确规定了专题时段的上限。这意味着电台把广告收入的增长点从医疗广告撤离，而放在由代理公司辅助完成的品牌广告上。品牌广告的创收增收计入频率绩效，而医疗广告不再放入绩效考核的范围。也就是说，电台医疗广告是存量而且有下行趋势，品牌广告是增量，并会刺激专题存量的减少。

从广告收入的实际数据看，A电台调整广告收入结构的做法是有实际效果的。在全面引入市场代理机制之前的2012年，全台全年广告收入大约为1.8亿，其中电台医疗广告的创收比例占75%，品牌广告只占25%。也就是说，整个电台广告创收和运行支出的3/4都要依赖"卖药"。2013年4~7月的专项行动使电台在医疗广告方面直接损失了2300万，但经过测算，2013全年电台的广告业务额不降反升，同比涨幅超过30%，达到了2.4亿。QZJ用"逆势上扬"来形容2013年A电台的广告经营局势，他认为其中一个重要原因是实行品牌广告代理制的正当其时。

QZJ：2013年的2.4亿当中，品牌广告占42%，购物类广告占10%，医疗广告有1.1亿左右，占总体上的一半左右。但需要注意的是，2012年时，医疗广告占的比例是75%。也就是说，2013年，我们是在医疗广告少了25%的情况下超额完成了任务，所以我们还是挺骄傲的。

而且，当年试行的行业代理招标成果也大大超出了电台的预期，也在一定程度上弥补了医疗广告停摆期间所造成的损失。

QZJ：比如当时5个频道所有的汽车广告，我们的标底价是1100万，我们当时认为这已经很可以了，但是那年通过行业代理招标，最后实现的是1708万，跳了一大块。跳上去的这600万就为我们专项行动期间的损失起到了补充的作用。当然，还有一些其他行业也有补充。

也就是说，2013年开始在全台逐步铺开的广告代理制初步促成了广告结构的调整，从医疗广告的一元化向"医药+品牌+购物"的三元模式升级，而且这种升级还有业务额较大增长的保障。电台内部认为这是一条具备可行性的成功的路径。但是，广告代理制也存在一种潜在风险，即在初始阶段，代理公司为了最大限度占有电台资源，有可能会抱着跑马圈地的心态，超预算地参与广告竞标。这样，代理公司就会面临亏损的风险，或者存在广告上单量不足以支撑所有代理时长的现象，也就是所谓广告泡沫。但是，代理公司与电台合作的前提是互利双赢，而不是前者对后者的无偿服务，所以如果长时期亏损，代理公司甚至会铤而走险去弥补开支和回收利润。

第十一章　还原健康广播的价值及其伦理学思考

健康因其自身所具有的深刻内在价值而应该成为评估社会发展的一个重要维度。健康的生活本身就是好的生活，是人们普遍认为有价值去追求并实现的最终目标之一。广播是社会公众尤其是中老年人群接触健康知识、获取健康服务、提高健康素养的重要渠道，亦应当从媒体的社会角度出发承担服务公众身心健康的义务。在现行体制下，广播行业形成了以医疗广告为生的路径依赖，广告言论与新闻传播——两个原本具有明确分野的传播范畴在"健康"这个议题上发生碰撞，而且医疗广告的规模之巨、性质之模糊对科学意义上的健康传播带来效果上的削减。但是，即便在现有行业运行环境下，广播健康服务的公共性仍有可供还原的空间。在商业广告言论和健康公共服务二者之间寻求平衡，是广播行业在健康传播问题上应有的责任意识并应该付诸实践。

第十一章　还原健康广播的价值

第一节　健康类广播节目的问题和改进思路

一、现有健康类广播节目的既存问题

（一）真健康节目量少且质同

健康养生传播是国内各级电台热衷的一项事务，但总体看来，由电台自办的以传播健康知识、提高健康素养为目的的真正意义上的健康广播节目并不在多数。比如中央国际广播电台只有中国之声的"养生大讲堂"和老年之声的"健康之家"两档健康节目；A电台仅有生活频率的"燕赵名医堂"一档自办健康节目，石家庄电台有经济广播"健康新元素"一档节目，其他省级电台、省会城市电台的节目量与河北地区的情况大致相仿，一般都只有1~2档自办健康节目。在一般城市电台和区县电台的层面，健康节目的数量也十分有限，多数电台基于制作能力等多方面原因并没有向当地听众推出健康知识类节目。

与此同时，从现有的健康知识类广播节目看，传播者一方能力素养参差不齐，传播内容渠道来源及准确性把关不严，传播形式也无外乎主持人照本宣科、专家医生电台坐诊、电话导医等几种，缺少创新和亮点。这使得国内广播健康传播出现了较严重的同质化现象。再加上以药品、保健品销售为目的的广告节目冠以"健康"的名号堂而皇之地大行其道，各频率专业化水平受到影响，广播透支公信力的现状更令人扼腕。

（二）广播优势特征不明显

目前电台自办的健康节目多采取一对众或双（主持人）对众的组织形式，极少见到带有策划意识、接触听众生活实际、灵活使用现场音响的节目。一对众或双对众的优点是可以更集中地将健康知识传递给听众,在有限的时间里做到信息量最大化。但缺点是,由于健康议题相对专业和枯燥,节目容易有填鸭感、灌输感,知识和信息也会因此变得冗余。

(三) 广播健康教育意识不强

以内容上看,寻医问诊或导医服务是电台自办节目热衷的兴趣点,也就是请医药专家做客直播间,讲解具体疾病或引导实地就医。节目希望立竿见影地为听众"排忧解病",听众也可以免去医院就医之苦,从节目里收集实用信息。节目和听众之间的供需对应关系很明确。但是,国内广播中对健康生活方式、控烟、运动、心理健康等长效议题的关注偏少。尽管这类议题不容易"出彩",但公众健康素养的提高有赖于此,广播也应当承担相应的健康引导和教育功能。

(四) 健康专业频率的定位和内容建设问题

从省级电台的情况看,目前有山西和江苏两家开设了专业健康频率。山西"健康之声"(FM105.9)开播于1995年,是全国第一家健康广播频率。其与省内外医疗卫生单位合作,建立了专业的采编播队伍,全天节目中设置了多档健康知识类、服务类节目,如《寻医问药》(上午版、晚间版)、《专家门诊》《中医百草园》等。应该说,与卫生单位的合作保障着节目资源和质量,是健康专业频率发展的一条有借鉴价值的思路,这些节目也可以向听众提供科学、权威和实用的信息。但我们观察和收听山西"健康之声"的节目却发现,该频率在播出常规健康和娱乐节目之外,仍留出了8小时左右的时长用来播出医疗广告。❶作为电台播出部门的一部分,每个频率都需要承担电台创收的任务,因此,虽然是健康专业频率,"健康之声"也必须在一定程度上为了经营和创收而让步。但从广播业务的角度看,这种真伪相间的健康节目结构安排,无疑会

---

❶ 参见山西健康之声节目表和频率介绍:http://www.sxrtv.com/radio/。

令健康传播的实际效果打折。

与山西"健康之声"的定位不同，江苏"健康广播"（AM846）采取的是"大健康"的传播思路，全天节目分为医、养、乐、情四个板块，与狭义上健康概念相关的节目只有"天天养生""阿松导医台"两档，前者以讲知识为主，后者以导医服务为主，其余节目则围绕养老、育儿、娱乐、情感等主题进行设置。在全国各级广播中的健康节目，老年人是这一广播类型最明确的收听主力，江苏健康广播的受众定位也不例外，在多数节目上体现出明显的高年龄段倾向。这是否意味着频率在设置传播定位时，下意识地将健康与老年画上了等号？健康对老年人而言，是一个必要但不充分条件，健康并非老年人唯一关注的话题；老年人对健康而言，也是一个不充分条件，因为其他各个年龄段都有对健康的需求。当下的专业健康频率和节目往往把目标受众限定在老年人，为了迎合这部分人群，在节目内容、样式上跟进其喜好，将专业健康频率打造成了包含健康板块的老年频率。

二、BBC健康节目的启示

（一）强调广播优势，多录音专题少室内访谈

健康与康乐（Health & Wellbeing）是BBC广播节目中的一个类型（Genre），旨在为听众提供健康信息服务。面对不同的服务和传播对象，其议题的选择呈现出明显的贴近性和对象性，选题策划意识突出；在传播形式上尽量调动广播声音资源的现场感和传播动感，减少说教色彩。健康与康乐节目以录音专题为主要形式，针对身体和心理健康相关的话题进行深度报道。周末则固定设有"诊疗室时间"栏目，由主持人与一名全科医生对话交流，为听众提供医疗知识和服务。总体来看，节目所涉及的话题多为长效性议题，如运动员退役后的保健、青少年的肌肉发育等。从这一角度而言，健康与康乐的对内节目更带有健康理念和信息普及的意味，是一种潜移默化的信息宣导。一期节目30分钟

左右，可以在线收听直播或录播，录播节目一般提供一周的收听时限，到期后将被更新，以确保节目的流动性。

（二）向公众提供健康教育

在BBC的对外广播World Service中也有以健康为议题的类型广播健康与康乐，主要节目是18分钟专题健康检查（Health Check），通常以发生在世界各地的新闻为由头，介绍与此相关的疾病原理、预防和治疗等问题。比如某期节目从7名秘鲁儿童近期死于狂犬病一事说起，介绍了什么是狂犬病，有哪些症状，其在世界范围内是什么趋势和状况，以及专家对控制狂犬病的看法和建议等。由于是对外广播服务，尤其是以亚洲、拉美和非洲的发展中国家为目标对象，所以这些节目经常涉及糖尿病、狂犬病、HIV、婴幼儿死亡等，有较强的教育功能和话题针对性。在线环节提供了近200期节目音频供听众点播和下载，为方便非母语听众收听或学习，节目的文字内容和延伸链接可在线查阅。

尽管面对传播环境和媒介性质上的不同，但对国外健康节目的介绍和了解对我国健康类广播节目的改进和创新是有借鉴价值的。

三、广播健康传播的改进思路

（一）传播人员的专业化

传播者的个人能力和素养在很大程度上决定着一档广播节目的质量和社会认可度。健康类节目由于其内容属性的专业性，对相关业务人员的健康素养和知识储备提出很高的要求。但是，目前看来，国内电台从事健康传播服务的专业人员是匮乏的。从电台用人机制上看，播音、新闻传播、文学等专业的高校毕业生是电台业务人员的主要来源。这些员工对广播运行、媒体环境、广播业务等可能更为熟悉和擅长，但大都不能快速胜任健康传播的工作，而是需要在接手健康议题之后，长期积累学习并逐渐适应健康传播者的角色。

第十一章　还原健康广播的价值

比如河北电台一档健康节目的主持人潇某在大学学的是新闻专业，2004年毕业后被分派做资讯记者，后来转岗做健康节目主持人。她认为自己的专业知识是多年来在与专家交流及阅读医学专业书籍的过程中积累而来，这些知识和素养可以帮助她充当听众和专家之间的桥梁。

潇某：我自己在这个过程中也一直在提升，力争处在专家和听众中间的位置，我不可能比专家懂得更多，但一定要比听众知道得多，这样才能发现听众亟须提高的健康常识在哪儿、健康误区在哪儿，搭好专家和老百姓之间的桥梁。我自己也经常看相关的书，最近正在看河北省名中医的经验集，把各个中医的经验、研究方向、擅长治疗的疾病等了解透，从而在节目过程中运用自如。

北京电台爱家广播健康节目主持人李某的专业是播音主持，1994年进入电台工作，1995年开始担任电台医疗广告的主持人，"卖药"节目开启了他从事健康广播的第一步。李某认为自己的专业知识正是从参与节目的各路嘉宾的讲述中学到的，但学习的过程中也需要自己辨别专家的真伪。

李某：健康是一个极其专业的领域，主持人不懂会遇到好多问题，节目做不到点上。我是从卖药节目做起的，得看你遇到的是什么人，遇到的真是一大夫，你就会从跟他们的聊天中不断积累相关的知识。这些知识可以武装你的，加上时间，你就可以形成体系，或者说起码你对一个病或者几个病比较了解。

作为健康类节目的主要传播者之一，主持人的健康素养和知识储备决定着节目的品质和信息的科学价值。我们此前讨论到的电台健康节目量少且同质化的现象，很大程度上也是源于广播从业者中健康专业人员的匮乏。电台业务管理层面也逐渐意识到这一问题，比如江苏健康广播有意在人员构成上进行调整，以增强节目和频率的专业化。

刘某：我们台有专业知识的就是阿松，这也是我们一个瓶颈的地方。所以这几年我们招人都不去高校招了，希望从社会上招一些有医学背景的，懂得中医、心理学、养生学的一些人才过来。

健康节目的专业性意味着其传播的难度,也意味着传播谬误会随着真理的传播一并到来。媒体是公众获取健康信息及其健康素养提升的重要渠道,而业务人员健康专业能力的高低直接决定着听众获取信息的多寡优劣。现有健康节目的从业者有的出于个人兴趣而深入健康传播的环境中,有的则是随着工作经验的增加而日渐积累起个人的健康知识体系。但广播健康传播整体水平的提高绝不能单纯依靠零星的几档节目,而必须将此作为一项特殊业务,更多吸收健康、医学等专业人才或知识复合型人才,向公众传播专业、严谨、准确、丰富的健康信息。

(二)扩容、引导和创新

在"健康广播"的议题之下,电台自办的健康知识和服务类节目被规模庞大的医疗广告所掩盖,其传播效果在一定程度上被广告说服削弱或扭曲。与此同时,电台和广告商出于赢利考虑,尽量将一般节目和医疗广告之间的分界模糊化,使人难以辨别。我国中老年听众本身的健康素养和信息真伪的辨别能力就不高,媒体又没能合理引导公众的视听选择,而是交给听众自行判断。听众处在这样一种所谓健康传播的环境之下,恐怕很难稳定且持续地获得健康素养的提升。

基于此,我们认为,广播媒体在加强专业人才储备的基础上,首先应当扩容自办健康节目的规模和数量,并合理分配到早、中、晚不同的播出时段,扩大听众对健康信息的接触面。

其次,广播应当对听众健康传播的接受行为进行恰当引导。在现行体制之下,我国各级电台既不是原本意义上的事业单位,也不是纯粹的以商业价值为驱动的商业电台,而是处在两种元素交织并存的状态。由此,医疗广告才会以专题节目的形式混杂在一般节目中,混淆着听众对健康知识的理解和认知。引导收听行为的一种重要表现即在播出过程对一般节目和广告节目有所区分,并告知听众。比如在广告专题前后使用警告语、提示语等。当然这种做法会背离广告商以假当真的初衷，并影响其产品的销售，进而影响电台的广告收入。所以，是否可以做到明确引导，在很大程度上要取决于电台如何看待公共服务精神与广告创收之间的价值关系。

最后，在现有的知识宣讲、导医服务等节目形态的基础上，合理借鉴国外节目的有益元素，比如重视声音符号的运用、听众的参与、多元声音的表达及寓教于乐等，创新研发突出广播特色的节目形态。

另外，如果说导医和问诊节目旨在立竿见影地为听众提供健康解决方案，那么广播健康传播还应当在此之外，将提高公众健康素养、提供健康教育、塑造健康观念等事务纳入传播视野。例如，中小学生体质状况、控油控烟控盐、家居卫生与健康、儿童营养与肥胖等长效性议题可以在潜移默化中塑造听众健康生活的态度和行为，对国民素质的提高产生长远影响。即时服务和长效教育相结合，可以丰富广播健康传播的层面，也是广播公共服务、公共教育功能和媒介责任的融合体现。

四、线上广播与线下服务并行

一般而言，电台自办的健康类节目都是公益服务性质的，这些节目除了通过线上广播服务听众之外，还会走入社区、街道等开展线下活动，进一步为听众提供帮助和健康支持。这种线上广播与线下服务相结合的做法，不仅是广播公共服务性的体现，也有益于节目品牌和广播公信力的塑造。

居民社区是健康知识传播、健康教育、促进公众形成良好健康态度和健康行为的重要场所和环境。近几年，我国开始重视健康传播在社区范围内的推进。2005年，卫生部出台的《全国健康教育与健康促进工作规划纲要（2005—2010年）》指出："围绕重大卫生问题针对重点场所、重点人群，倡导健康的公共政策和支持性环境，以社区为基础，开展多种形式的健康教育与健康促进活动，普及健康知识，增强人们的健康意识和自我保健能力，促进全民健康素质提高。"2009年,"新一轮医改"的指导性文件《中共中央国务院关于深化医药卫生体制改革的意见》中也指出:"完善以社区卫生服务为基础的新型城市医疗卫生服务体系。加快建设以社区卫生服务中心为主体的城市社区卫生服务网络,完善服务功能,以维护社区居民健康为中心,提供疾病预防控制等公共卫生服务、一般常见病及多发病的初级诊疗服务、慢性病管理和康复服务。"

2009年,卫生部首次出台《国家基本公共卫生服务规范》,2011年再次推出修订版本,它们都对健康教育做出了细致的要求。在2011年版《国家基本公共卫生服务规范》中提出,健康教育服务的形式应包括提供健康教育资料、设置健康教育宣传栏、开展公众健康咨询活动、开展公众健康咨询活动、举办健康知识讲座、开展个体化健康教育等几种。目前,广播健康节目的线下活动更强调或等同于开展公众健康咨询活动,将线上的知识讲述与线下免费诊疗相结合,为公众提供实实在在的服务。

2010年清华大学的一项研究,对社区健康传播尤其是公众参与行为和态度进行了量化分析。有关"社区健康促进的公众期望"的调查数据显示,62.5%的公众希望进一步完善社区医疗卫生设施,其次是加强社区医药卫生人才队伍建设,加强社区健身器材建设及改善社区卫生环境。[1]这说明公众的健身意识强烈,主张改善社区内基础设施建设,并认为目前社区医疗卫生机构的设施水平和服务能力还不够好。

这项调查提醒我们,广播健康节目的线下活动可以进一步拓展思路,与社区卫生服务相结合。比如在健康教育服务成熟的社区借助其卫生资源,并发挥媒体号召力强的优势,组织公众的参与和互动,一方面增强公众对社区健康服务的认知、监督和利用,另一方面丰富广播节目的服务面向。而在健康教育服

---

[1] 赵曙光,李萧,倪燕.《中国健康传播研究(2009—2010):从媒体舆论到医患沟通》,吉林大学出版社,2010年版,第127页。

务尚不成熟的社区，广播节目则可以与之配合，共建宣传栏、开展咨询活动等，吸引社会和公众对该社区的关注，从而督促和帮助其健康教育服务能力的提高。

第二节　延伸思考：广播在体制与伦理的矛盾之间自处

商业广告在根本上服务于广告主、广告商的私有利益，而不是社会公益。为了解决经营难题而将广告吸纳进来之后，它就必定在公众的接触范围之内，必定会在不同程度上对公众产生影响。新闻服务、文明教化、娱乐是大众媒体应当具备的三个基本功能。在事业单位企业化经营的特殊体制环境下，除了少数国家全额拨款的事业型媒体机构之外，绝大多数传媒机构都需要解决资金来源问题。而广告是各类媒体不约而同的选择。

一、医疗广告也是电视的支柱性财源

此前的论述中我们已经深入分析了电台医疗广告大量占用广播时段的情形。以B电台的情况为例可以看到，医疗广告是广播经营性收入的绝对主力，"广播卖药"已然是一种行业现象，它的收入多寡可以影响电台的存活质量。但是，我们需要进一步看到，医疗广告并非只对广播行业具有吸引力，包括报纸、电视及网络在内都给医疗广告留了一席之地。根据媒介市场研究机构CTR的电视广告刊例花费监测，2010年，食品饮料、日化和酒类是中央电视台投放前三位的行业。汽车、服装服饰、家用电器和医药保健业也是投放总额较前的行业。在省级卫视频道，医药保健业投放遥遥领先，其次是食品饮料和日化业。[1]根据笔者的观察，我国电视媒体中的医药保健品广告大致包括三种类型：①品牌广告；②时长不一的卖药专题；③访谈形式的药品广告专题。尽管《广播电视广告播出管理办法》明确规定，药品、医疗器械、医疗和健康资讯类广告中禁止以医生、专家、患者、公众人物等形象做疗效证明，但我们仍可以在不少地方电视台看到明星代言的不孕不育医院广告，也可以看到主持人—嘉宾访谈性质的广告专题。

二、对（烟）酒品广告的危害性无意识

在制度的严格约束下，近两三年来，烟草企业的形象广告在电视台已不多见，但仍可以在广播中听到烟草企业冠名节目。在政府和相关社会机构的控烟呼声越来越强的当下，不得不说为烟草企业进行形象宣传的做法是超越媒体良知和底线的做法。相比之下，广告管理制度和媒体自身对酒精类产品广告保持着更高的宽容度。酒类产品广告是各级电视台盈利的重要来源，有的酒品企业甚至不惜出重金买下《新闻联播》的5秒倒计时广告。虽然一些酒品广告本着"健康饮酒"的创意，在卖酒的同时提倡"少喝"，推出了"朋友不在酒量，在体谅""没有身体，哪来感情"等广告词，然而对整个社会而言，巨大的酒类产品的广告利润往往意味着巨大的社会公害。酒类产品不仅威胁个人的身体健康，更有可能带来醉驾乃至家庭暴力等社会问题。

在电台方面，2013年4月开始的针对医疗广告的专项行动引发电台广告收入的普遍大幅度缩水。多家电台想出的对策是以广播购物替代医疗广告，由"卖药"转向"卖酒"，较多的是五粮液、茅台、拉菲等名酒销售。而且，这些卖酒专题多采用新闻采访专题样式，即有主持人、有连线、有新闻由头的5~10分钟专题，穿插在全天的节目里以线性广告的形式播出。这些卖酒专题与

---

[1] 参见腾讯财经新闻：http://finance.qq.com/a/20110309/005888.htm。

第十一章 还原健康广播的价值

坐台卖药专题极为相似，主持人跟销售商一唱一和，以超低价格吸引购买，且节目在全国多家电台联播。可见，广播电台似乎是本着一种"补位"的心态主动欢迎酒品广告商把电台医疗广告被迫让出的时段"接手"。电台并不关心广告的内容和所宣传的产品是否合法、合规、合理，而是急于尽快把折损的广告收入补齐甚至是增收。

三、缺少自律自觉的同时，他律作用难以显现

"作为媒体，都应该是有自律意识和社会责任的，这样才能够打造公信力，如果一味刊登这类广告，丧失了社会责任和公信力，就好比一种'自杀行为'。"❶2006年，新闻出版总署和国家工商总局发布通知，要求从当年11月1日起，所有报刊一律不得发布包含性病、癌症、人工流产等12类内容的医疗广告或格调低下广告。《新京报》一位负责人就此接受采访时表示该报自创刊以来就一直拒绝刊登此类广告，并表达了关于媒体自律的上述观点。但是，自律换来的纯洁与不加区分的广告换来的金钱，哪个更重要？恐怕对于多数市场化媒体或者必须依靠市场的事业媒体来说，都会在经营实践中选择后者。

在传统广告管理中，从事广告业务必须通过广告行业的资格认证，获得营业执照。而在网络环境下，几乎任何拥有网络使用权的企业、经营组织或个人都可以从事广告业务。加之网络本身超链接、海量储存、可检索、可推送等一系列传播优势，广告商在受到政策管束时大可从传统媒体转战网络。从以下两则采访实录❷看来，其一，作为广告行业自律的主体之一，这些广告商毫无广告伦理意识；其二，广告监管缺乏约束力甚至是基本的震慑力；其三，网络是传播非法、虚假广告的新平台。

---

❶ 参见中国网报道：http://www.china.com.cn/txt/2006-10/24/content_7271794.htm。
❷ 参见报道：http://news.sohu.com/20061024/n245977878.shtml。

采访对象1：销售肝病药物的刘姓负责人

记者：11月后，乙肝类医疗广告就要被禁止在报纸刊登了，对你们是否有影响？

刘：没关系，很早前就在禁止，现在不是还在登吗？你看电视，这种广告现在还是很多。

采访对象2：销售白癜风药物的相关人员

记者：今天在报纸上看见你们打的广告了，但是从11月起这类广告将禁止在报纸上刊登了。

相关人员：禁止了，就不登了呗。

记者：那怎么宣传你们的药品呢？

相关人员：我们还有网站，在我们网站上也可以看到。

目前，我国没有针对网络广告管理的专门法律法规。对违法网络广告，按照《广告法》的规定，只能对违法者最高处以5倍的罚款，这样的处罚力度对早已获取高额广告利润的广告商起不到任何震慑作用。

四、国外广告伦理的价值启示

（一）商业言论受宪法保护的相对性

商业言论（Commercial Speech）是西方（主要指美国）司法体系中常见的一个概念。美国联邦最高法院在审理言论自由的案件时，通常依其内容的不同将言论划分为不同的类别，如政治言论、商业言论等，并对不同类别的言论给予不同程度的保护。商业言论一般是指经营者为了获取交易机会而提议进行商业交易的言论，主要表现为对产品或服务的任何形式的营利性或商业性广告。因此，对商业言论更通俗化的表述有商业广告、广告等。

美国宪法第一修正案（the First Amendment）规定："国会不得制定相关法律以剥夺公民的言论或者出版自由。"那么，商业言论是否属于宪法第一修正

第十一章 还原健康广播的价值

案所保护的言论自由？从20世纪40年代以来的一系列相关判例来看，美国联邦最高法院的立场经历了几次转变（刘晖，2011；赵娟，2005）。第一阶段是完全排除保护阶段，20世纪40年代，美国最高法院认为，一种言论一旦被定义为商业言论，则必须通过所谓的"主要动机检验"(Primary Purpose Test)。"主要动机检验"是一种非常严格的判定一种言论是否是商业言论的检验方法。其采用的唯一评判标准就是该言论是否以追求商业利润为主要目的。如果一种言论被认定是以追求经济利润为主要目的，此言论一定会被界定为商业言论，进而被"打压"。第二阶段是大力保护阶段，20世纪70年代，美国联邦最高法院逐步修正了以往其对商业言论一味排斥的立场，部分地摈弃了衡量商业言论的"主要动机检验"，明确宣布"即使做广告的人纯粹是出于经济利益，也不能剥夺他受宪法保护的发表言论的权利"❶。最值得注意的是，美国联邦最高法院在这一时期首次以非常清晰简练的语言给商业言论下了一个定义："商业言论就是指为了促成商业交易的言论。"第三阶段是中等程度保护阶段，20世纪80年代，美国联邦最高法院决心推出一套行之有效的裁决标准来一劳永逸地解决商业言论的宪法地位问题。制定这套裁决标准的原则是既要肯定商业言论对社会与公众的信息价值，同时又把其潜在的负面影响压制在最低限度。这套标准就是一直沿用至今的"中哈德逊检验"法，其核心是"四步分析法"。❷

从以上美国对商业言论（广告）案件审理的标准沿革可见，商业言论的自由是相对的，即便处于高度发达的市场竞争环境，广告商也不能仅仅出于自己的经济利益和商业便利而随意设计、传播广告内容。商业言论的首要目的是获取交易机会以营利，因此它是一项重要的经济权利。赵娟等人（2005）认为商业言论更为重要的意义在于它为广大的消费公众提供了他们所关心的信息，正

---

❶ 转引自刘晖.《对美国商业言论宪法地位的探索以及对中国的启示》,《新闻大学》,2011年第4期,第131页。
❷ 具体可参见刘晖.《对美国商业言论宪法地位的探索以及对中国的启示》,《新闻大学》,2011年第4期,第133页。

是依靠这些信息，消费者才能做出理性的经济决策。在一个自由的市场经济体系下，这是公共利益的源泉。但是即便是在20世纪70年代大力保护商业言论的阶段，商业言论固有的特点使一些大法官认为商业言论依旧需要调控，除非该言论是"真实的与非误导性的"。商业言论不可能像政治性言论那样完全享受宪法保护，它仍然得接受某种程度的司法审查。诚如李晓萍（2007）所认为，美国法院在保护商业言论时，更强调保证公众接收到的信息的真实性，虚假或者容易误导公众的商业言论及违法行为或产品的商业言论，不在法院保护之列。

（二）广告自律与广告管制密切结合

在广告自律的问题上，一些广告发达国家在较早的时候就意识到这个问题。如美国广告传播媒体是最早提出对广告进行自律的，早在1865年，《纽约先驱报》就发表了拒绝刊登不可靠药品广告的宣言；1880年《农场杂志》、1892年《妇女家庭杂志》等都拒绝刊登成药广告；1911年《印刷者油墨》杂志刊登旨在抑制骗人广告的规则——"普令泰因克法令"（Pintefslnk Model Statute），标志着美国广告自我管理体系的建立。《纽约时报》提出，凡是"有欺诈嫌疑的广告""内容空泛、足以使人误解的广告""攻击他人的广告""保证能治百病的广告""淫秽、粗俗、邪恶、憎恶或侮辱人的广告"等，一概拒绝刊登。可以看到，美国媒体在广告监督中具有特殊地位，他们可以拒绝刊登或播放一些他们认为不适宜的广告，而无须说明任何理由。❶

除此之外，在美国，香烟、酒精类饮料等产品被广泛认作"邪恶产品"（Vice Products），因为这些产品不仅影响健康，还会严重影响对未成年人的保护，因此司法系统对这些产品的调控比较严格。比如对张贴烟酒广告的地点等

---

❶ 陈绚.《广告道德与法律规范教程》，中国人民大学出版社，2012年版，第145页。

第十一章　还原健康广播的价值

有非常具体的规定，电视媒体几乎不能播放烟酒产品的广告，此举是为了让这些广告远离学校、医院等公共服务设施。❶

自律与他律是相辅相成的。而作为广告他律的重要组成部分，美国从20世纪初期就出台法律法规对商业广告进行管理和控制。1914年美国国会通过的《联邦贸易委员会法》，规定了传播虚假广告应负的法律责任及虚假广告的含义等。1938年美国国会通过了《食品、药品与化妆品法案》，授权相关机构禁止制造、贩卖或运送变质、掺假及冒牌的食品、药品及化妆品。❷程士安、章燕（2008）研究认为，到了20世纪70年代，随着市场经济、消费能力的快速增长，欺骗性广告、价格共谋、产品安全等问题凸显，美国关于广告伦理的研究被提到一个相对显著的地位。比如：鉴于对什么是欺骗性广告的争议，联邦贸易委员会（FTC）在1983年将"欺骗行为"的定义正式记录在案，规定它由三部分组成：广告中有容易误导的成分；消费者可能会做出反应；可能损害的消费者利益。具体还包括：虚假的产品示范，使用容易造成误会的语言，暗示一种不存在的或者是部分存在的利益，遗漏必要条件及提供没有证明的诉求，广告诱使消费者转变态度等。FTC还对上述行为提出严厉的处置方案，并提出了广告法制管理和自我管制（自律）的方法。❸

在日本，商业广告也受到相当强的法律管制。媒体如果发表不合法的广告，给受众造成损害，须承担民事责任。日本新闻协会在1949年通过了《报纸广告净化要则》，1958年10月7日还制定了《广告伦理纲领》。其主要内容是：①广告必须注意内容的净化，并确实负责；②广告不得侵犯新闻报道的自由；③广告不得损害、毁坏他人的名誉或给人不快的印象；④广告不得虚伪夸大而使读者蒙受不利；⑤广告不得损害社会道德和善良风俗。随着时代的发展

---

❶ 刘晖.《对美国商业言论宪法地位的探索以及对中国的启示》,《新闻大学》,2011年第4期,第134页。
❷ 陈绚.《广告道德与法律规范教程》,中国人民大学出版社,2012年版,第182页。
❸ 程士安,章燕.《广告伦理研究体系的构建基础》,《新闻大学》,2008年第4期,第124页。

和新情况及问题的出现，1976年5月日本又对《广告伦理纲领》作了全面修改，而且本着同样的宗旨制定了《报纸广告刊登准则》。❶

（三）对药物广告的管制严厉且细微

尽管商业言论自由对于一个贸易自由的社会来说具有极其重要的作用，但在美国，自19世纪末20世纪初那个走街串巷叫卖药品和"万灵药"的年代以来，欺诈性广告一直被视为社会中的一种可鄙行为。❷美国的违法性商业广告大体可分为三类：一是针对非法产品或服务所发布的商业广告，如针对未成年儿童发布酒类或烟草制品广告。二是广告中含有民族、种族、宗教、性别歧视等内容。三是广告中包含危害消费者权益或社会公益的内容。非法广告可能会涉及食品、药物、医疗设备及化妆品等众多行业，美国联邦最高法院曾明确表明宪法第一修正案对于虚假性或误导性商业广告进行规制是"没有丝毫障碍"的。❸

美国主要从商业广告的外在和内在两个方面来判断其是否具有虚假性或误导性色彩。为了制止此类不良广告的发布，美国建立了良好的防范机制以保证消费者理性抉择的做出。

评判一条广告是否具有欺诈性的第一步是判断该广告事实上传递了何种内容。美国还确立了较为清晰的规制对象，并发展出了相对完善的认证方法。

1. 虚假陈述。商业言论中的虚假陈述可能出现在与产品有关的任何方面，如质量、价格、功能、特点和使用期限等信息。除非产品确如商业言论所言，否则该言论可能被认定为欺诈性广告而受到广告管制部门的严格制裁，如联邦贸易委员会有权因此发出广告终止令甚至判令广告商承担巨额赔偿金额。通常

---

❶ 梁关.《日本新闻媒介的自律与他律》,《国际新闻界》,1998年第1期,第35页.

❷ [美]约翰·D.泽来兹尼.《传播法：自由、限制与现代媒介》,张金玺,赵刚译.清华大学出版社,第4版,第438页.

❸ 张妍妍.《美国的商业言论自由》,山东大学博士学位论文,2012年,第110页.

第十一章　还原健康广播的价值

这类广告商会在商业言论中进行虚假承诺或虚假证明、误导性比较、诱售广告、形象歪曲等表述，如广告商宣称某一产品具有"抗癌"或"恢复青春"等功能而无法予以保证，再如打折前先行提高商品的零售价格或对外宣称限期销售而实际并未限期等手段。

2. 遗漏必要信息。虽然联邦贸易委员会从未要求广告主披露其掌握的有关自己产品的全部信息，但是如果达不到消费者对广告产品的基本期望，那么相关信息的不披露就可能构成欺诈性遗漏。联邦贸易委员会对某些特殊行业如食品、药品、酒类产品和烟草制品类的商业言论予以重点监管。如果某药品对广告中所宣称的症状不起作用，联邦贸易委员会会要求广告主公布实情。❶

在承认广播这一通信媒体所具备的公共资源性的基础上，政府首先要在申请者之间做出选择，授予某些广播机构以有限的垄断权——独家在固定时间内，特有频率上，以特定功率精心广播的权利。政府有权制订标准以确保该频率资源不被滥用。美国联邦通信委员会具体执行对广播频道上商业言论的播出实施管理行为，批准广播为"公众利益、便利和必需"而经营。政府将有限的广播资源在申请者之间进行分配时必须能够满足公众利益、必要性和便利。广播频道申请者和运营者若想长时间占有和使用频谱资源就必须牢记这些要求并加以合理使用。否则，联邦通信委员会有权应受众的请求收回该频道或对其不予更新。❷

新闻学教育家徐宝璜在《新闻学》中论述了广告伦理的问题。他提出广告道德具体包括三方面的要求：一是广告必须与新闻分开；二是禁载不正当广告；三是要树立广告信用。他认为有伤风化的广告内容，"虽人愿出重资求其一登，亦当拒而不纳"❸。显然，今天的媒体对待广告态度完全逾越了上述几条原则，媒体将广告视为参与市场竞争的胜利果实，并将之运用到内部资源盘

---

❶ 张妍妍.《美国的商业言论自由》，山东大学博士学位论文，2012年，第114-120页。
❷ 张妍妍.《美国的商业言论自由》，山东大学博士学位论文，2012年，第136页。
❸ 转引自孙瑞祥.《"以德治国"与广告伦理》，《新闻战线》，2001年5月，第27页。

整、员工绩效等若干方面。从法律约束的层面上，我国于1994年制定了《中华人民共和国广告法》。该法的第三条规定："广告应当真实、合法，符合社会主义精神文明建设的要求。"第四条规定："广告不得含有虚假的内容，不得欺骗和误导消费者。"但实际情况却是，严格的广告法规定与大量虚假、失实的广告并存，法律规范对商业言论很难产生切实的约束力。在广告成为媒体生存保障的状况下，我们不能一味批判媒体有违广告伦理或丧失服务功能，而需要摸清实际症结和根源之后，找出可供转圜的方法。

结　语

一、医疗广告面临的压力和风险

电台依靠吸收和播出医药健康节目来维持运行的制度惯性是在几种作用力的推动下共同形成的：第一，这种模式很好地解决了电台运行成本支付及增收的问题；第二，事业单位集体经济的属性使"产权明晰"变成一个空口号。行政权力垄断的体制弊端之下，权力和资源占有者极容易与获利丰厚的医疗广告商之间形成利益同盟，医疗广告的进入和退出都难以在自由市场中进行；第三，行政导向下的广电机构更多地秉承对上级负责的态度，而非对公共利益负责。管理部门对医疗广告的监管一直采取"阶段性严打"的措施，具有长期管理效力的法律法规的实际约束力和惩罚力度极其微弱。而且，在管与被管的上下级关系中，广电行政部门与电台的利益关系、连带关系是客观存在的，这也意味着行政监管的力度和尺度存在弹性空间。第四，缺少公共监管和公众诉求的渠道。也就是说医疗广告在一种缺乏外部监督的近乎"真空"的环境中进行着内部操作，并逐渐形成了赖以生存的运行路径。

电台医疗广告虽然长久以来维持了广播行业的生存乃至不断增长的利润，但对于广播这种公共服务性资源而言，过于强调经济效益或以此为目的的制度结构实则隐藏着不小的行业运行风险。

其一，广播只是医疗广告商众多售药平台和渠道之一，与医疗广告商从消费者身上赚到的巨额利润相比，广播收取的广告费是极其微小的。实际上，在医药厂家及医疗广告商生产—销售—消费这条庞大的产业链条上，广播电视等媒体只是其中的一个环节，它并不能从厂家及广告商的卖药盈利中获得分成。从这层意义上说，广播电视与医疗广告商之间甚至不是合作关系，而是前者对后者的服务关系。而且，当受到政策管制或限制时，医疗广告商可随时根据收益率的情况选择减少播出时长或从电台撤出转到其他平台，而相应的处罚风险则由电台承担。

其二，行政管理部门针对虚假医疗广告的治理虽是阶段性的，但力度却在持续加大，从2013年专项行动期间各地、各层级电台全面掐断医疗广告播出的现实举动可见一斑。如果电台不主动设法改变，而是被动地等待政策放缓，那么，不仅广告收入的稳定性和增长性难以预计，且有可能由此陷入一个经济效益和社会效益双双低下的尴尬处境。

其三，尽管医疗广告这种特殊的广播内容已经在很大程度上将声音资源转变为商品，但广播本应具有的公共性或公有属性使听众愿意相信或听从广播中传递的各类信息。所以，暂且不论电台医疗广告中所售药品的有用性多少，或是所谓健康养生知识的科学性如何，广播所选择的这条创收道路本身就是以听众的信任力资源为赌注的。

二、改变和创新

基于以上关于电台医疗广告风险性的分析，我们认为广播行业走了20多年的这条老路迫切需要做出改变和调整，以创新求得生存。

（一）建立更严格的进入和退出机制，实施多元化经营

从节目运行的角度看，电台医疗广告难以撤出的一个重要原因是其在广播节目中所占的分量，及其广告结构的单一性。所以，广播需要首先从规模上减少电台医疗广告的进入和分布，给各个频率"减负"，留出更多时段用来生产常规节目。而这需要在一套更严格的医疗广告进入和退出机制下完成。比如在

进入环节对节目内容质量进行严格审查和把关，在退出环节加大违规处罚力度、提高广告商再次进入的门槛等。这样可以首轮淘汰那些依靠信口雌黄欺骗消费者的不实广告商家。这样的做法一定会带给电台一时间的阵痛期，会面临广告缩水的增收压力。因此，在收紧医疗广告的同时，还需要电台多元化经营的配合和补充。比如增设与社会服务性机构合作的合办类节目，开展与线上节目相对接的线下活动，在汽车、房地产、餐饮、旅游等相关领域与社会机构进行合作，既能从中获取经营性收入，又能丰富节目内容和样态，并为听众和消费者提供更多样化的信息和服务。同时，还可以结合微博、微信等新媒体手段强化线下活动的推广和营销。广告经营逐步走向多元之后，电台对医疗广告的依赖程度和经营风险都会降低，并且线下活动、新媒体营销等做法增强了电台与听众之间的黏性，广播的服务功能也得以发挥，广播资源的活跃程度因此得到提高。

（二）划清医疗广告与电台节目之间的界限

电台医疗广告在组织形式和传播构成上与电台常规节目极为相似，而且这类节目穿插在常规节目当中，不加任何提示和说明，很容易让听众将此误解为电台常规节目。这一点恰好是利用了听众的信任心理，更好地服务了医疗广告商隐蔽营销的策略。2013年之后，北京电台在所有电台医疗广告的开头都加上了"以下是广告时间"这句提示语敬告消费者。还有电台在白酒购物广告节目前也增加了例如"广播购物欢迎您继续收听""购物有风险，消费需谨慎""以下是广播购物时间，请选择收听"等提示性语言，以示电台常规节目内容和广告的区别。虽然大量医疗广告的播出违背了广播本应彰显的服务功能，但改变现实状况仍不是一朝一夕便可完成的任务。在此条件下，用提示语言对听众的收听和消费行为做出一定的引导和提醒，也不失为一种社会责任。

我们认为，医疗广告之所以存在并流行，至关重要的原因在于听众尤其是中老年人对健康的实际需求。所以，在逐渐减少电台医疗广告的播出体量，并通过多样化途径稳固广告创收的同时，广播应该从媒体核心功能的角度出发，解决受众对健康知识、信息、服务等的需求，并为社会公众健康能力和健康意识的提高做出努力。

真健康与伪健康混杂交织的状况是目前所谓"健康广播"当中面临的实际问题，广播既要做健康知识普及的严肃性健康节目，又不得不吸纳大量电台医疗广告来维持运转。也就是说，节目部门和广告部门往相反的方向各自用力，电台夹在这两个作用力之间，以一种极为尴尬的姿态在处理"健康"这个议题。从社会建设性的角度看，电台这样的做法对公众是不公平的，因为公众不仅不能从广播中获取充分且准确的健康信息，还必须承担虚假健康信息，甚至是欺诈性信息所带来的风险和损失。但是，电台长期以来行走的这条道路有其深刻的体制症结。作为处于行政和政策保护下的经营性事业单位，广播既不能充分地融入媒体竞争的市场，缺少被迫放弃医疗广告的外力；又不能不计财力地、单一地行使公共服务的职能，主动扬弃医疗广告的束缚。广播体制改革长期以来实际上都在处理这样一个难题，即如何在广播的公共服务性和经营生存的矛盾之间找到平衡，实现政府、电台、公众等多元利益的共荣。而解决这一难题，电台的主观努力和媒介自律是一方面，更重要的还在于改革的深化和广播体制的理顺。

在现行的宏观体制框架下，如何实现广播社会效益和经济效益的合力最大化，减小电台医疗广告给广播行业运行带来的风险，是一个系统性、全局性问题。需要在更切实际的制度统筹安排，广播行业的实践探索、创新和自律，乃至听众媒介素养和健康素养的提高等一系列制度和传播环境下，共同争取。

附录一　访谈信息

一、受访听众

1.李女士，58岁，退休工人，初中文化程度，现居住于北京朝阳区潘家园某社区。从2004年左右开始养成广播收听习惯，坚持至今，每天收听广播4~5小时。

2.孙女士，55岁，退休工人，初中文化程度，现居住于北京市朝阳区劲松某社区。2000—2006年曾坚持收听广播，后逐渐放弃。

3.段女士，54岁，退休工人，初中文化程度，现居住于山东省淄博市临淄区晏婴路某社区。2011年开始养成广播收听习惯，坚持至今，每天收听1~2小时。

4.徐先生，85岁，大学退休教师，现居住于北京朝阳区望京某社区。常年坚持收听广播，每天收听2~3小时。

5.张女士，71岁，中学退休教师，现居住于北京朝阳区望京某社区。从2007年开始养成广播收听习惯，坚持至今，每天收听广播1小时左右。

6.刘女士，65岁，现居住于北京朝阳区青年路某社区。从2000年左右开始养成广播收听习惯，坚持至今，每天收听广播2小时左右。

7.冯女士，57岁，退休工人，现居住于北京朝阳区英家坟某社区。从2004年左右开始坚持收听广播，每天收听5~6小时。

8.王女士，60岁，农民，现居住于山东省淄博市临淄区召口乡。每天收听广播超过10小时,是日常接触时间最长的媒体。

二、电台从业人员

(一)电台广告部门人员

1. QZJ,A电台广告管理部工作人员。

2. LS,B电台广告管理部门工作人员。

3. FL,北方某省级台广告部门工作人员。

4. LB,北方某城市电台广告部工作人员。

(二)医疗广告主持人

1. ZT,多年在某省级电台从事医疗广告的主持和编辑工作。

2. F女士,A电台生活频率主持人,主要负责该频率医疗广告主持工作。

3. GX,某城市电台主持人,同时承担部分医疗广告的主持任务。

(三)电台其他人员

1. WLH,A电台新闻频率总监。

2. YYJ,A电台生活频率总监。

3. LJ,A电台生活频率副总监。

4. LTS,A电台农民频率总监。

附录二　电台从业人员访谈实录

访谈对象：LS
身份信息：B电台广告管理部工作人员
访谈时间：2013年7月22日
访谈地点：B电台

1.一般而言，医疗广告进入台里播出，需要经过哪几个流程？

一方面是审核资质，包括药监局的手续、批文等，还有代理产品的这些客户的资质、税照等。另一个是对产品版本的审核，要审听，看看是不是符合广告法的一些要求，但说实话这个环节不是太严格，因为还是比较看重经济效益嘛。

2.与电台广告部门对接的，是广告代理公司还是医药厂家？

主要有两种，一种是广告代理公司，另一种是经销商，也就是个人的或者药贩子。第二种形式的偏多，能占到80%~90%。有的即便是通过代理公司跟我们合作，但它的目的只是帮广告公司要点发票，本质上还是个人在做。

3.这些合办节目通常由广告公司或厂家自己制作，电台需要提供主持人吗？电台会否直接参与制作电台医疗广告？

一般主持人不参与。如果直播，偶尔可能电台的主持人串下场，比如上面正好是他的节目，他就临时串一下。收入方面，应该会给一点小费吧，不会多。

4. 电台从医药类合办节目中取得的只是广告费,而不包括卖药盈利收入,是这样的吗?还是说电台、广告公司、医药厂家共享药品销售利润?

对,还是相对单一的,就是卖时段收广告费,没有其他利润。

5. 电台、广告公司、医药厂家之间的合作中,较常出现的问题是什么?

最大的问题是客户容易形成联盟,比如时段占满了,但是想进来的客户很多,那么按照市场的道理,我们可以适当涨价,提高广告价格。但是,药贩子他们相互之间很熟、有默契,一旦说涨价,他们就形成联盟,说不做了,逼得我们只能维持原价。这个以前发生过。

6. 医疗广告(硬广告、合办专题节目)在全台广告创收中的大致比例是多少?近些年有什么变化趋势?

我们有四个频率,新闻、经济、交通和文艺,新闻和经济的医疗广告占各自频率广告收入的90%左右;交通和文艺少一些,各占50%左右。从四个频率整体看,医疗广告能占80%以上,因为交通台的医疗广告少嘛,所以稍微稀释了一下大盘子。

电台和各个频率之间广告经营的关系是统分结合,统的意思是我们广告经营中心负责统一经营所有资源,分指的是各频率利用自己的资源优势可以拉广告。从广告部到各频率再到个人都可以拉广告,但以经营中心为主。

频率自营的部分先上交到台里,台里返40%给频率,15%给个人作为稿费提成,但是医疗广告讲座是没有提成的,所以对个人来说也没什么诱惑,基本没人出去跑讲座。

7. 一般来说,医疗广告时段是按月/季度/年购买吗?

也是根据客户的意愿来定。但是医药讲座有特殊性,很少有客户就做一两个月,至少也得是三个月。他们一般挺珍惜拿到的时段的,能长久做就长久做。通常我们都是满载运转,深夜都没有空时段,所以新客户来了也存在买不到时段的可能。我们也考虑过竞价,但他们一联盟,我们就没辙了。

8. 拿到全年的医疗广告后,怎么在电台几个频率中分派播出任务?这主要

附录二 电台从业人员访谈实录

涉及广告部门怎么与业务部门谈时段的问题吗？

主要还是看客户的要求，他们想在哪个频率哪个时段播，如果这个时段正好有空，那就给他做。我们现在交通台的品牌广告是由外面公司代理的，它也有讲座，但比较少，讲座主要是新闻和经济在做。

9. 电台医疗广告的播出流程是怎样的？由导播负责穿插吗？

主要是放带子，就是录好的，直播少一些。播带子的占80%~90%。

10. 台里是否有关于合办节目或者医药保健品节目的相关管理办法、规定性文件等？

有。但主要是一些关于价格、合同签订的规定。

11. 广告部门对电台医疗广告的管理、监督主要体现在哪些方面？

我们广告部的经营和管理是分着的，经营部门负责审核、监听，也就是他们进来时，一些资质和内容的审查。管理部门的工作一是签订合同之后，对合同的审核，比如看看价格是否符合规定、合同的字面是否有问题等，主要是法律程序方面的事情。二是对客户是否按时付费的审查和管理。我们的付费形式有两种，一种是播前付款，不付款不给播，这种占70%~80%，另一种是播后付款。新客户一般要求他播前付，一些合作良好的老客户可以播后付。

12. 在您看来，为什么广播成为电台医疗广告最牢固的一个阵地，或者说医疗广告节目已经成为广播的一种节目类型？

一个原因是这是一种延续下来的状况，多少年来都这样。节目本身少，时段空缺，而且做节目本身耗费人力物力，说不定还得搭钱，但卖时段能直接带来经济效益，省心，直接点钱。另一个原因是一旦有了这种模式，想改变它很难。现在的广电部门大部分是自收自支，医疗广告抽走之后直接影响电台的收入，甚至影响我们的工资。

13. 近期国家八部委针对虚假医疗广告的整治活动影响很大，您怎么理解这项举措？

从内心来说，这应该是一个趋势，因为虚假广告的确太多了，比如药当保健品卖，保健品又当药卖。一方面想支持，但另一方面经济利益的确又受到很大影响。自从整治以来，我们电台每个月的广告平均能少300万左右。

14. 怎么跟客户交代呢？

还是得跟他们说严格执行，另外给他们一个缓冲期，让他们把带子再剪一剪，修改之后再播。但是，说实话，这些医疗广告没有忽悠没有"托儿"，实际就没有效果，没了效果，再怎么鼓励他们，他们也不想播了。还有，我们这三个月给客户都打了5折，但还是没太有吸引力。有些就干脆停播，观望。他们也着急，他们就指着广告呢，停了广告基本就没收入了。

15. 省市工商、药监部门经常会审查节目，查处虚假广告。你么也受到过处罚吗？

他们定期查，但基本上罚罚款拉倒，数额也不太大，查一批客户，总共罚几万块钱左右，也是象征性的。说是罚客户，但这个钱一般就是我们交了。他们也是看上面的，上面要求严，他们就查得严一些，除了罚款，再让补补手续什么的。上面严就管，不严基本不管。

16. 为什么这一次特别严呢？

可能下决心了吧，以前总是吆喝。

17. 一年4000多万的广告收入，在同行业电台中处于什么水平？

在市级台算是可以的，但是增速太慢，提价提不上来。栏目质量本身不够好，很难吸引广告，另一个本来属于卖方市场，资源少，客户多，我们有资格提价，但他们一结盟，价就提不上去。这是很特殊的一个事情，不符合市场规律。

18. 一般每年的增速能有多少？

不太稳定，一般一年能增加10%~15%，但有的年份不增反降。今年受政策的影响，可能不够这个数（4000万）了。这个政策真是致命打击。

19. 对于普通员工来说，他们对电台广告创收的态度是什么？

应该是无所谓，因为收入多少跟他们的工资关系不太大，现在机制上缺少

附录二 电台从业人员访谈实录

衔接，多收入1000万，少收入1000万，员工拿到的工资都差不多。

20.您怎么看待7月25日之后，电台医疗广告的发展情况？

现在还是观望吧，这个事情很矛盾，国家既要严格管理，不让播出医疗广告，但又不给我们拨款，那这样下去就发不出工资了，会有问题的。听说有的电台都开始从银行贷款了。所以还不明确，看看下一步省台和其他台会不会松动吧。

虽然说是事业单位企业化经营，但实际上又没完全放在市场上，还是会有很多行政和政策上的约束管理，体制机制上也做不到完全市场化，有些脱节的地方。

21.您刚才说电台医疗广告不给提成，为什么要把这一块划出去呢？

其实当时制定这个的时候出发点是好的，不给提成就是想调整广告结构，鼓励绿色品牌的广告开发，因为绿色品牌是有提成的。（为什么没实现初衷呢！）可能是单纯的提成达不到鼓励大家的积极性吧，其实鼓励员工不单纯是利，比如精神鼓励、岗位鼓励（名），情、名、利，应该结合起来才对。

22.现在门外排队的客户比较多，一旦有了空段，谁先进谁后进，是谁说了算呢？

这也是个问题，好段，尤其是电台的好段，往往在主任手里，信息不公开、不共享。按理说应该让时段也融入市场，参与竞争，同等的情况下，综合考虑客户的情况，比如信誉、实力，然后投放周期、价格等，争取让时段的价值最大化。所以根本要解决的是体制问题、人的问题。

广播电台医疗广告调查读本

访谈对象：QZJ
身份信息：A电台广告管理部工作人员
访谈时间：2014年3月20日
访谈地点：A电台

1. A电台的广告有几种形式？

一个是品牌广告，界定为60秒含60秒以下的广告形式，界定了时间后它的内容就界定了。另外一种是非品牌广告，我们定位为专题广告，是一分钟以上的。这种长时间的广告里面就会加入更多的内容。最早我们说的专题广告是一分钟以上五分钟以下的，但是政策对广播广告的管理是有模糊地带的，20世纪90年代电视业方兴未艾，对广播的冲击是很大的，当时医疗广告给广播打了一剂强心针，但这一针是饮鸩止渴式的，还是好的办法，当时人们是不会考虑这一点的。人不能跨越一个历史阶段去评判它，因为它当时的出现契合了那个时代，是不可跨越的。所以，长时段的专题现在看来是违法的一种做法，因为广告审查表上都不会批那么长，但是现在没有办法。

2. A电台什么时候开始实行广告代理制？为什么考虑采取这种经营方式？

我们前年开始行业代理，但很不成熟，去年年底开始系统的执行起来。我们大致把广告的类别分为汽车及其周边、糖烟酒、食品饮料、房地产、金融保险等，归堆，成为条块，每一条块由一家公司代理，它的目的是防止各个公司之间打架，它促成了相对的一种垄断，大的、有实力、出价高的公司会有优势。但是我们现在不是真正意义上的行业代理，因为我们刚刚开始尝试行业代理。之前，音乐、私家车先行有一家公司在3年之前整频承包了这两个台，我们签了一个较长时间的合同，他第一年承诺了一个数字，第二年按20%左右的速度增长，我们自己是拿不到那么多钱的。所以我们觉得这种整频率代理的形式很好，当时他给我们一年1000万（一个频道），但是在此之前，我们那一个频道品牌广告只能有个三四百万。所以第一年，这个公司基本上是赔了一半，

附录二　电台从业人员访谈实录

但他必须上交给我们1000万，补齐，跟出租车份儿钱是一样的。到了第二年他给了我们1200万，到现在这一个音乐频道就给我们2800万了。据我们估算，给了我们这2800万之后，他依然是挣钱的。这个估算是根据他的广告上单量，以及刨除他对外的折扣，再减掉他的成本，他仍然是赚钱的。

3. 在实行代理制之前，各个频率均是自营广告。实行代理制之后的情况是怎样的？

我们去年的设想是，所有那些没有整频交给广告公司的频率，他的品牌广告都用行业代理的形式推出去，其中包含了剩下这些频道的每一条线我们都考虑到了，划分了很细的条块。但是，现在没有很好地执行起来，就是因为有的频率掉线了，流拍了。具体讲，除了整频代理出去的频道，还剩下5个频道的品牌广告需要做，分别是新闻、交通、经济、生活、农民。在这里头，有的行业代理是把这5个频道都包下来了，比如这几个频道中所有的汽车广告都被某个公司代理走了，也有的行业代理公司只选择代理其中的一个或几个频道，而没有全包。但是我们有一个原则是优先照顾那些5个频率都买的公司，这就是我们所说的横切，优先于横切，再是第二步的单点。在医疗广告方面，也是这么走的。比如生活频率的医疗专题打包给了北京的一家公司，他的汽车行业、糖烟酒行业、房地产行业已经横切出去了，分别被三家行代公司买走了，只不过量比较小。我们的目的很简单，就是进一步扩大品牌广告的量，压缩医疗广告的量，这考虑到了我们的广告经营风险，而且医疗广告的确也过了蓬勃发展的时期。

音乐、科教[1]是整频率代理，被一家公司代理，只允许他经营品牌广告，这两个算是一类。但也有一定的区别，音乐的主持人和节目还都是我们自己的，但科教的节目、主持人等也都外包给公司了。私家车也是整频代理的，原来的文艺频道，一家公司代理了它的全部广告，绝大部分是品牌，也允许在夜

---

[1] 科教频率是A电台2014年新增设的频率，采用整频率外包的方式运营。

间上一部分医疗专题，因为处在过渡期。旅游频道也是刚刚开始走上这样的转型之旅，品牌广告和医疗广告各占一半，品牌任务多一点。然后，交通也算一类，它是自营，尽管它是行业代理出去了，但经营主体还是自己。剩下的新闻、经济、农民、生活可以归到一类。当然新闻有点特殊，因为它是双频播出，一方面它的覆盖非常好，覆盖好的中波调频双频频道是最适合卖药的，因为它可以遍布城乡的每个角落，但是新闻又承担政治的任务，所以我们单分出一套调频在省会播新闻。这两套的节目有重合，也有区分，在几个点上可能都在播新闻，但到了某些点，调频还在播新闻，但中波已经在卖药了。经济和生活是非常相似的，都是以医疗广告为主，品牌只是很微小的一块。品牌广告的维系很多时候是一种关系维系，不但是一种市场行为，比如你是经济的总监，我是你的哥们儿，那我肯定就投经济了。农民频道是这两个频道的小兄弟，整体的量都差一点。几乎是每一个频道都有不一样的地方，大概划分了两大阵营，一个是以品牌为主的，另一个是以专题为主的。

4.广告管理部的主要职能是什么？

广告管理部原来叫广告经营中心，曾经有一段时间，所有的广告都由经营中心来安排，那时候频道只是承接、对接、做好节目。但后来又把它分下去了，由各个频率的广告部负责基本频道的经营，一些大客户VIP全台横切的客户，由我们来负责。只牵扯频率自己资源的，让他们自己经营。现在又逐渐地往市场代理的方向走。

现在行业高度细分，广告业发展非常成熟了，以前传统意义上的那种靠喝酒拉关系的广告业务员已经很少了，而是逐渐趋于与专业的广告公司合作。所以，除了这些大客户还在跟我们联系之外，绝大多数广告客户和电台都需要跟行业代理公司合作。很少有媒体再跟末端直接合作了。

我们32个人，分4个科室。一是合同管理，全台所有的广告合同都要在这里进行审查，主要是价格审查和行业政策的审查，看看是不是触碰了行代，是不是价格上有问题。二是制作部门，有的广告商提供了文字稿，我们要找人制作音频，当然有很多公司自己就提供了音频，我们就看看他的音频跟广告申报的内容是否相符。都做好了之后，我们去给他排单，上到播出系统里去，随着节目播出。三是监听，作用是看看广告里有没有隐患和跑冒滴漏。四是驻京办，有3个人，他们负责省外广告的开拓等。

5. 2013年A电台的广告创收完成预期了吗？受专项行动的影响有多大？

2013年我们实际完成2.4亿，2014年我们的任务定的是2.7亿。2013年专项行动4个月我们损失了2300万。我们现在的台长从2012年起开始着力调结构，2013年就有了行代了，所以品牌广告多了，还有打擦边球的购物广告也补了一块，再加上9~12月医疗广告又开了，所以全年的广告任务还是完成了预期。专项行动之后我们只是想着尽量往回补损失，根本没想到还超额完成了，超了700万。所以当时都觉得很有面子，大家都觉得我们是逆势上扬，评价很高。

2012—2013年处在一个广告经营结构的调整期和过渡期，但已经看得到一些跳升了，比如当时5个频道所有的汽车广告，我们的标底价是1100万，我们当时认为这已经很可以了，但是那年通过行业代理招标，最后实现的是1708万，跳了一大块。跳上去的这600万就为我们专项行动期间的损失起到了补充的作用。当然，还有一些其他行业也有补充。

6. 在2013年的2.4亿创收中，医疗广告占多少？

根据我们的测算，品牌广告能占42%，购物类广告占10%，医疗广告在2.4亿中占1.1亿左右，也就是说2013年将近一半的收入是医疗创造的。但需要注意的是，2012年时，医疗占的比例是75%，当时购物广告基本是没有的，品牌广告占25%。也就是说，2013年医疗专题同比少了25%的情况下，我们还超额完成了任务，所以我们还是挺骄傲的。2012年完成了不到1.8亿，2013年到了2.4亿，我们在调整了广告结构的同时，业务额上涨了34.6%。

7. 您对2014年的广告创收情况怎么看？

2014年的广告我们是比较乐观的，但也存在两大风险，一个是品牌广告的泡沫，2014年我们在招商会上签订的合同额是2.27亿，这里头包括医疗和品牌，品牌将近1.4亿，但我认为这个1.4亿是有泡沫的，也就是行代公司赚不到钱，但他还要交给我们份儿钱，这就存在着隐患。第二个风险是政策风险，面临政策规范的随时到来。

8. 在医疗广告这部分，今年会怎么做调整？

今年台里交给我的任务一是拓展品牌广告，二是打造医疗广告的升级版，尽量不去违反政策。我们当然可以做到"纯绿色"，但是对于商家来说，这种"绿色"节目不是他们想要的，他得不到好的效果。所以我们这层针对专题的规范是比较困难的，收紧了之后，商家挣不到钱，很可能就履行不了广告合约，放宽了，他们就得过且过、得寸进尺。所以，只能是管的时候就紧一紧，不管了就适当放开。

9. 广告管理部如何把握医疗广告的审查尺度？如果出现违法行为，工商部门会采取什么措施？

他（广告商）首先要有广告资格审查，有做广告的资格，另外他的产品要在药监局网站上查得到，这两点我们查得是比较死的。我们也做内容审查，播出前后都会审查，但不论是播出前查，还是播出后查，他们都听我的，我听钱的。去年专项行动过了之后，我们大着胆子放开了，但是不放开，电台就没法运转，我们也完不成任务。我们跟工商关系也不错，后来要求罚我们款，我去跟领导汇报的时候就说，是因为去年9月我这里放开了，放开了就会出现违法现象。领导对这些也都清楚，就说罚款就罚款吧。基本上不罚客户，我们就把这个担起来了，罚媒体，一年就是几十万吧。如果真像是交保护费那种也就算了，也利索，但事实上还不完全是这样，还得管理和规定。所以，只能是磨合吧。

10. 面对众多希望与电台合作的广告代理公司，电台的筛选原则或标准是什么？

我们筛选这些公司，最主要的还是通过年底的竞标，因为大家放在一个相对公平的线上，避免了一些人为操作。任何情况下都不能完全排除人为因素，比如不论怎么竞标，我们都是甲方，甚至于在制定规则的时候就有我们的倾向性。我们不可能任公司之间互掐，胜出者跟我们合作，这样不行，我们也有一定筛选的人为条件。这些人为因素包括了印象、信誉度等。去年我们的竞标设置了拦标价，如果没有这个，就会价高者得，那我们的控制就会很难。比如市场容量只有1500万，A用1200万拿到了，那他还有300万的盈利空间，这个空间可以保证他的发展和跟我们的合作，但是如果B用2000万拿下了，那他处在亏损的边缘，他会不择手段地破坏市场。所以，看似今年收得多，但明年很可能这个市场就坏了。这是我们需要考虑到的，我们要保护好这个市场。

11. 目前来看，电台的经营性收入中，广告和线下活动各占多少？

线下活动不算在我们的GDP里。我们的政策是，活动在扣除了应有的税费之后，是可以支出的，允许你没有盈利。现在活动盈利的确很困难，比如汽车文化节，三天的时间，进场观众15万人，现场销售了2000辆车，涉及金额很大，但对我们来说其中的盈利空间很小。商家会虽然交给我们参展费，但同时我们要拿这些钱交租金和各种费用，支出其实是很大的，想从中实现盈利很难。这是一个难点。当然这种活动的一个好处是扩大了我们的影响。

12. 电台每年的发射费用有多高？

对我们来讲，发射的费用是很高的，在全国范围内都是高的。我们任何一个频道的总功率都在几十到一百千瓦，最高的新闻能达到300千瓦。比如经济频率，在石家庄的有一个中波50千瓦，有一个调频10千瓦；保定一个调频10千瓦，在廊坊还有一个中波50千瓦，加起来100多千瓦。新闻频率对河北是无缝覆盖的。这些基站有的是局属的，有的是跟地方台谈的合作。北京那块是通过两方面过去的，中波是通过廊坊发射台，调频是一东一西，西边是张家口的人头山发射台，东边是承德的雾灵山发射台。

13. 现在社会上对所谓"电台卖药"现象基本上是一边倒地反感、控诉、斥责等，广播的媒体形象也因此受到影响。您怎么理解或看待这种现象？

我始终觉得医疗广告并不丢人，丢人的是虚假的、违法的广告，虚假广告不单单是医疗广告。老百姓对健康是有很多需求的，你传达的是一种真实的声音，别人就不会烦你。医疗广告的问题在于，它一跟生命联系在一起，消费者就会丧失理智，商家就会利欲熏心。医疗广告有一种暴利的特点，而且很隐蔽，对不同的人有不同的效果。所以，医疗广告有诱恶的特性，要规范就要规范这些东西。当大家对钱财支出的承受力不同时，反应就不一样。医疗广告容纳进来很多把毕生钱财用来治病的人，结果没治好，他就会到处反映。其实，这些人不一定是受损失最大的，但他们是承受力最弱的人。而且，药品跟一般商品不同的是它跟生命相关，有不可逆性和机会成本。

有的产品是有用的，但是它为了迎合消费者，非要把产品跟治疗结合起来，夸大效果。老百姓也更加愿意接受可以治疗疾病而不是保健的东西。所以这个问题的产生，卖的和买的都有责任，是国民素质不成熟的一种表现，也反映了中国人的一种心理。

14. 今年新增设的科教频率在运行机制上与其他频率有什么不同？

科教的人都是公司的，我们台里只有8个人负责节目的审查协调之类的。相当于一个广播节目制作公司把这个频率都包了，这也是台里的一个新的机制。其实就是类型化广播，有一个模式。有点本土化，但也差不了太多。我们为什么跟人家合作呢？因为我们要从中受益，相当于以前自己去做菜，费时费力，还不一定好吃，现在我相当于去叫外卖了，省了时间，还专业。在市场细分的情况下，还想包打天下是不可能的。他们一年给我们多少钱，这个钱我们自己认为还可以。如果我自己做，我的投入产出比比这样还合算，我干吗还包给他做呢？双赢是合作的基础。

附录二　电台从业人员访谈实录

访谈对象：LB
身份信息：北方某城市电台广告部工作人员
第一次访谈时间：2013年4月22日
访谈地点：电台

1. 一般而言，医疗广告进入台里播出，需要经过哪几个流程？

我们台是通过竞价，并不是固定了多少钱，你来做。因为我们在本地的公信力和影响力还是不错的。竞价，一般一个时段有10个厂家来，跟拍卖是一样的，竞标，明标3次。当然在竞价之前，你有资格竞价的前提是经过我们的审查，如果是药——不能是处方药，必须是国药准字的，在国家食品药品监督管理局的网站上是能查到的，必须是正规的。这样竞标之后就可以播。广告部去审查。广告部很大的一部分工作就是审查资格和合同，如果靠这几个人去拉广告不现实，1000多万的广告不可能拉的来。

2. 与电台广告部门对接的，是广告代理公司还是医药厂家？

目前全是医药厂家，没有代理公司。因为我们不需要代理公司，当然也可能医药厂家跟代理公司合作，但跟我们接触的人代表的是医药厂家，所以对我们来讲面对的都是医药经销商。

（竞标是一年一次吗？）

我们的竞标并不是一年一次，如果你不愿意做了，我们空出来之后再竞标。我们2001年开始搞竞标，在此之前，比如有个时段是空的，那你有关系你的客户就上，很乱的，通过竞标实现公开、公平公正，杜绝了谋私利或者权力寻租的空间，造就了这么一个环境。我们竞标的起步还是比较早的，我们也考虑过一年一次，但是人家当年帮助了你，你再一年一次就很不厚道了。现在山东、台济南台都是你说的这种，一年一次，重新竞标，但我们不一样，只要你愿意做就一直做，什么时候不想做了就空出来。我们每年也都有任务嘛，所以每年都小幅度地上涨，比如2000元的时段每天上涨100元、

- 195 -

200元，在他们能接受的情况下小幅上涨。因为如果重新竞标，这个标肯定会很高。

3. 这些合办节目通常由广告公司或厂家自己制作，电台需要提供主持人吗？电台是否直接参与制作电台医疗广告？

制作分两块，一块是经销商自己制作，另一块是我们直播。比例上，直播的多。我们主持人在直播间，他的嘉宾打电话进来。如果他自己做，主持人是经过我们认可的，最起码得有主持人资格证。电台直接参与的占大头，操作简单，因为要重新制作再播出，费两遍时间，直播简单。

4. 电台从医药类合办节目中取得的只是广告费，而不包括卖药赢利收入，是这样的吗？还是说电台、广告公司、医药厂家共享药品销售利润？

现在看就是广告费，而不包括卖药收入，他卖药跟我们没有关系。如果有关系很麻烦的，我们不存在卖药的资质。我们就是广告费。

5. 电台、广告公司、医药厂家之间的合作中，较常出现的问题是什么？

出现的问题，我们最头疼的是讲座的讲师会在一定程度上出现夸大疗效的问题。

你说的这个好，以后要审查，做好了之后先听一遍，没有问题再播，这样好。现在我们并不是每期都去先听，而是播完之后监听。我们最近正好遇到这种问题，他在讲座的时候说着就说顺嘴了，我们是有规定的，在什么范围内讲。但是他说顺嘴之后，这个药就变成包治百病的了，那肯定不行，我们回来马上就要找他。他就能控制一段时间，但是总是会出现这种情况。这种情况是我们非常不愿意看到的，刚才你说的这个我觉得也是一个方向。

以后我们也可以考虑全改成录的，凡是录好的就没这些毛病，他知道你在监管，他就会小心。如果要直播，他就胡说。

广告监管在我们这里很麻烦，我们的规定都是很严格的，第一次警告，第二次回家。但是这么多年的交情，有时候嘴上猫点我们也理解，并没有搞得那么严格。

6.医疗广告（硬广告、合办专题节目）在全台广告创收中的大致比例是多少？近些年有什么变化趋势？

在全台的广告来讲，比例很小，10%多一点。但是在我们频道比较大，主要是新闻，经济频道现在也少一些了，因为今年它改叫私家车频道了嘛。不是我们想集中到新闻频道，当年所有的频道都想卖，但最后都卖不下去了，并不是原来就像现在这样走品牌，是卖不下去了才不卖了，包括交通频道、音乐频道。至少在2004、2005年那会儿还在卖。你想，在它那儿一个月投入好几万块钱，在外头都挣不出来，我怎么卖，它的受众不一样。后来看到，市场对新闻和经济的认可度还是比较高的，所以这两个频道保留了一些医疗广告。因为新闻频道一般是从原来的老人民台改过来的，以前叫××人民广播电台，到最后一般都改到新闻频率了，在中老年人群中有很大市场，所以新闻台一般都有一块卖药的比例。

7.不同时段的广告价目表。就医疗广告而言，一般有哪几种合作形式？（硬广告、专题、冠名）不同合作形式的收费标准有什么区别？

主要是硬广告和热线专题。

性药广告我们至少从搬到新大楼来就没有，一直都没有，给多少钱都不做。我们已经觉得卖药不是什么很好的事了，更不能没有底线地去做。能好听点就好听点吧。要不他们讲得非常露骨，没法听，对我们台的整体形象也不好。（品牌）广告饱和之后，怎么才能提高广告收入？那就是开（专题）时间段，具体在这个时间段做什么、怎么做，这还是一个论证的过程。因为作为一个地市台，当地的GDP跟我们的广告收入是有联系的，比如2012年我们的广告收入是5000多万，再往上六七千万或许可能，再多不太现实，怎么去开辟新的渠道和空间，刚你说的那个可能是一种可能。

8.一般来说，医疗广告时段是按月/季度/年购买吗？

按月。

9.拿到全年的医疗广告后，怎么在电台几个频率中分派播出任务？这主要涉及广告部门怎么与业务部门谈时段的问题吗？

我们是各个频道自己组织竞价，报台里备案就行了。各频道的经营以频道为主，在我们这里是这样。台里的权力很小的，我们都是各频道自主经营。我们是在原来的基础上逐渐压缩医疗广告的比例，空出来，做节目。2012年我们把上午时段全空出来了，调频台的上午空出来了。因为我们还是要考虑频道的发展，频道发展好，收听的人多了，卖药才会上得去价。如果都没人听了，那更不长远。926不是，其他三个都是双频。新闻这边能做到的就是分频，在一定时间内分频，也有很多是并机的。

运营是我们自己嘛，我们现在就是逐渐减少时段，没有再开时段的可能性，逐渐减少，提高一下价格。他们能接受，我们的节目也能更好听。

10. 电台医疗广告的播出流程是怎样的？由导播负责穿插吗？

直播环节，主持人我们自己的，导播是他的。

11. 台里是否有关于合办节目或者医药保健品节目的相关管理办法、规定性文件等？

我们有一整套规定。

12. 广告部门对电台医疗广告的管理、监督主要体现在哪些方面？

你必须有这个资格，所有的OTC已经全部出去了，原来有，现在已经都出去了。最后一页有一些明确说明的内容不许发布，虽然是卖药，但也要卖得好听一些。同样是讲高血压、心脏病，那你谈谈养生，内容好听一点。如果是性药，那你怎么谈养生？都没法谈。所以前边一部分监管，后边一部分审听。

13. 在您看来，为什么广播成为电台医疗广告最牢固的一个阵地，或者说医疗广告节目已经成为广播的一种节目类型？

首先是有市场，再一个就是看病难、看病贵。所谓的有市场，根本在于医疗体制改革不完善的地方太多，所以才造就了这个。包括广播和电视，为什么有大量医疗广告？因为受众有需要，但是医院或者卫生部门无法满足这些需要。比如要治我这个病,一年拿出2000块钱,我能接受;但是让我去医院治,一年可能最少得2万,我治不起,就算有医保,我也得花不少钱。尽管治不起,但我身上还是有病,还是得治,这就给广播电视医疗广告制造了存在的空间,我是这么认为的。如果医院改革,社保非常完善,那广播里肯定不会有这些医疗广告,药根本卖不出去。现在中国的这个市场已经是很明显了,有市场它才会存在,存在就是合理的。它是存在的,但是在广告法里这是不合法的东西,因为你不能用讲师,不能用患者的形象。但不可能不做,因为有很大的市场。比如,一个月最高的在我们这儿投入10万块钱,一档节目10万块,不能说一个月挣11万就来电台做广告,挣15万也不会做的!有很大的一块利润和市场,才会去做。

14. 他们私下跟你聊自己的经营状况怎么样?

有,凡聊必谈不挣钱。他对我们也是一种……(不交底的态度),他的广告投入确实在他的成本里占很大一块比例。原来他们曾经跟我说过一个比例1/3、1/3、1/3,也就是说1/3成本、1/3广告投入、1/3利润,不一定准确,但大体是这么个说法。这几年1/3广告投入这一块可能又高一点了,因为我们也在涨价。但凡我们问,他们都说不挣钱,不挣钱他们还会做好几十年?肯定有利润,但他们都不会说实话,咱们也说不准确。

15. 他们这十几年里产品都不变吗?

变。原来乌七八糟什么都有,后来我们不让做性保健、不让做处方药。由于政策的变化,我们允许他们换。我们也是一步步走,一步步规范,他们也是原来没边乱讲,连食品也能治病,现在逐渐规范了。如果很过分,我们一定会管理。我们在管理的严格,他们也在随着我们变。

16. 是他们随便想换什么产品都可以吗?

不是。我们的规定是,如果我们说你这个不行,需要换产品,那你可以换一次。如果你今天卖这个,明天换卖那个,这样不行,必须经过重新竞价。

我们不跟药厂打交道,打交道的都是经销商,各种药品在本地的总代理、经销商、办事处。包括一些大厂的经销商，他产品很多很多，一家经销商可能代理他的几种产品，这种不能做就换成另一种，都有可能。只要是我自己代理的我能换，允许你换一次，但不能总换。

我们这种讲座就是这些经销商销售产品的重要手段，包括报纸。

17. 近些年，电台医疗广告在药品种类、所针对的病种、讲述内容上有没有什么变化？

主要就是刚才讲的，要根据我们的规定来。刚才谈到的一些变化指的是最近10年以内的。

18. 主持人是各个频道自己提供吗？工资待遇怎么考核呢？

主持人是我们自己的。就是由我们自己考核，主持一档节目多少钱，现在卖药主持人一档节目十几块钱，因为他作用也不大，就是串联的作用。他如果只做这个收入很低，我们的主持人都有自己的节目，比如我四点的节目做完了，五点要是有讲座，我就顺下来，捎带挣这十几二十块钱。

19. 最近在跟广告商合作过程中有没有什么突出的问题？

最近又打仗。他说他的药是大方子，比小方子好，那个小方子呢又说他的不好。互相诋毁，在我们这里是不允许的，因为他们治的病有相同的地方。一个说"什么时候听说偏方能治好糖尿病的"，另一个说"你怎么知道偏方不能治大病的"，类似这样的互相指责，夸大自己的方法，无意中会诋毁另外一家。

20. 导播是他自己的人，会跟热线那边先商量好吗？

原来是这样，为了推这些药，他找一些"托儿"来做节目。（现在没有吗？）现在没有。如果这个药为了打开市场，可能会这么做几天，但这个药效果出来之后，会送你药，大家会继续打，只要吃得好，消费者会继续去买。这个药一定吃不死，一定有治好的。我就有个例子，我三姨的病，都下病危通知书了，在医院花了七八千块钱，不管用，出院了。后来村里人告诉她一个药好，她买来吃了觉得不错，管用，虽然没完全治好，但不老犯病了。一年花钱也不多，还不犯病，这不挺好的。

21. 现在热线真的跟听众说的那么难打吗？

我们现在不存在打不进来，都是100部电话可以同时打，不会有忙音，但可能会接不进直播间，因为时长有限。比如我们25分钟的节目，前一半节目讲我们这个药多好，后面十几分钟接电话，一个人最少得讲四五分钟，最多接5个电话，少的接两三个，那十个人打电话的话，他不就接不进去吗？

22. 节目时长一般是多少？

我们的专题时长都是二十或者二十五分钟，没有一小时节目，我们不做。

23. 为什么所有人都说用药管用，几乎没有不管用的？

导播的可能性非常大。但我听到过说不管用的，一般就会让他改改办法，饭后改饭前，两粒改三粒之类的。我还听到过一种产品，有人打电话进来说不管用，还骂了一顿。我说该骂，它本来就是食品，都不是保健食品，没有健字号，却鼓吹能治病，那别人活该骂你。现在我们存在这个问题，食品能治病。

你看看吧，某省药监局批了很大一部分保健品，好批。

24. 现在这三种产品在台里的比例是怎么样的？

我们只有一种保健品，一种食品，其他全是药。照我说，食品应该全部砍掉。

25. 为什么不给这些节目再播一次的机会呢？

因为他买的就是这个时段，干吗再给他播一次呢？尽量地把我们良好的一面，好的形象展现给听众，这种东西不回放就不回放吧。

26. 新闻频率一年的广告收入大概有多少？

前几年也是这些人，他们最少也做了三年，都是些老客户，很少今年做了明年不做的。新闻频道一年的广告收入1200万左右，医疗广告的收入能占到一半。这个广告不像硬广告一样，做得少就挣得少，从节目单上看，专题广告时段你别看它不那么多，但都是些挣钱多的时段啊，最便宜的时段一个月还六七万呢。

一个是时段好坏，一个是竞价，比如一个时段空出来了，虽然不是太好的时段，但你不填进去，就有别人填进去。可能不是那么满意，但至少你有一个阵地。现在最贵的时段3230元/天，单频最便宜的时段1600元/天。

27. 对频率来说，找到广告客户难吗？能介绍一下你们的广告经营机制吗？

很多人往我们这儿打电话，根本不用我们出去找，我现在手上还有10个客户呢，都在等着出来空，去竞价，填进去。我们是全员拉广告，给提成，医疗广告也能拉，但没空去竞价。我们都没有权利去开时段，只能等。

很有积极性，比如最贵的这个时段一个月10万块钱，5%的提成，那很可观啊。现在我们所有的客户就在3个人手里，历史原因形成的，原来老广告部主任的客户延续下来，10多年不变。（为什么总能竞价成功呢）因为他们（老客户）有经验，敢投，心里有数知道投多少就能把这个时段拿下来，一般的新客户都不敢投。而且这些老客户搞定的都是有一定权力的，大概知道什么价位能拿下来，所以说里边还是有一些暗箱操作的东西。

整个广播电台100多人，我们广告部5个人。

在山东，应该是没有竞价这种形式了。领导喜欢这种形式，价高啊，拿到的广告收入多啊，这是我的工作成绩。

访谈对象：ZT
身份信息：某省级电台医疗广告的主持人
第一次访谈时间：2013年5月15日
访谈地点：电台

1. 所在电台采取广告代理制，那么，电台—广告公司—医疗广告商之间的合作关系是怎样的？

医药公司通过广播的媒体形式，达到纯粹利益的一种手段。基本是卖时段，一分钟多少钱，现在是广告公司和电台签协议，承包性质的，广告公司再卖时间给广告客户，广告公司从中盈利，而且盈利非常大。赚最大头的肯定是

附录二 电台从业人员访谈实录

广告商，产品的成本非常低，利润是非常大的。我知道一个广告客户从1996年、1997年开始做保健品，每个月搞一次活动，一次能赚两三百万，一年赚两三千万没问题。现在看也可以这么可观。很多这种广告客户已经拿了国外的绿卡。第二位的是电台，电台按照广告公司代理形式走，我跟你签了一个合同，我是甲方自然要赚得比你多，电台多一些，广告公司相对少一点，但广告公司是空手套白狼，也是很赚钱的。

合作的方式是，电台和广告公司签协议，把时段卖给广告公司，广告公司再合理地增加广告费用卖给广告商。台里的医疗广告都是代理制的，不插手这些节目的制作，制作也是由广告代理公司来做。

2. 广告涉及的药品、保健品从早年间的增高药、减肥药、性药、治癌药等药物，发展为目前以慢性疾病为主的药物，这是政策约束和监管的一种体现。您怎么理解和看待这个变化过程？医疗广告在内容和形式上的变化大吗？

我是1997年开始做医药保健品节目。增高、减肥这些东西，治疗慢性疾病的药物，我说句良心话，这没什么作用。无利不起早，你来电台做宣传的最终目的是赚钱，而不是解决劳苦大众的疾苦，如果这些药真的是治了病，那要医院干吗？

性药好像很少，多年前也少，癌症的也相对少，因为整个人群中得癌症的还是少数，老板想要赚钱，还是以治疗慢性病为主，他赚的钱才会比较可观。

内容形式上，1996、1997年那会儿，这些老师讲起来还是比较凭良心的，有耐心，仔细备课，多讲一些知识之类的。2003、2004年开始，这类广播节目市场化，电台和广告公司签了合同之后，纯粹由广告公司来运作。这之前的卖药节目都是电台的主持人来做，2004年之后归广告公司。公司纯粹为了追求利益，不管客户怎么讲，导致现在很多客户都是自己在做广播节目，他们自己找"托儿"，自己说疗效，怎么怎么好。2004年应该是一个转折，到现在。

形式上变化不太大，前面讲一些知识，后面找"托儿"来做宣传。有的广告客户基本讲不出什么东西，讲三五句，我们这个产品绝对有疗效，不信你来听消费者的。接下来就接听众热线了，他也不讲些什么知识。讲不出东西的保健品越来越多。

3.您认为政策的约束效力大吗？

政策本身是挺严的，但是工商部门的约束和监管也挺难的。广播有一个特性就是听众可以参与，广告法中明确规定不允许以消费者的形式参与节目，但是这个根本做不到。如果不以这种形式播放，就没有托儿，没有忽悠的资本，不好卖药，这个问题特别影响广播的信誉度。我做了这么多年觉得是越来越假。工商部门也是睁一只眼闭一只眼，他们很明白有广告"托儿"，产品才能卖，电台才能挣钱，他们也没办法。因为有利益存在，所以睁一只眼闭一只眼好。

4.主持人在电台医疗广告节目中的功能主要是什么？

我现在就是起始语、结束语、中间串个场，我的工作关系放在别处，我在这边搭着做。2004年改制之后，纯粹为了追求个人的经济利益，纯粹来做这类节目。2004年之前作为主持人来说，还能一定程度上把握一下节目的灵魂和框架，跟老师搭搭话，提一些听众关心的问题请老师解答。现在不用你了，就是起始语"今天请什么嘉宾"，人家把讲座录好放出来，"我们接一位听众热线"，"谢谢你"；"再接一位热线"，"谢谢你"……"整期节目结束，再见"。

5.主持人需不需要做前期准备工作？

现在主持人的作用越来越小了，没什么功能，会说点话，有点责任心，别出事，就行了。不需要做前期的任何工作，因为我们见不到客户和老板，不知道这是什么产品，只是给你一个节目的稿，念一下，就完了。

6.您现在专职主持电台医疗广告，收入情况怎么样？一期节目多少钱？

收入上会有一些差别，可能比其他节目的主持人的费用多一些。但按照单位时间算，没有别的主持人多，因为我们的节目量大。我在这个台平均每天有40个小时的保健品在卖，新闻台大概是五六个小时，绝不会少。广告公司会

附录二 电台从业人员访谈实录

希望主持人不要跟客户沟通,他们可以更好地垄断产品的管理。所以至于城管台、故事台有多少节目,我不具体做,我也不知道。爱家和体育每个台每天不少于6个小时。

单位时间我们的收入还是比较低的,其他主持人的节目一小时400元、500元、600元、800元都有,我们一小时大概100多块钱,一分钟3块,3块5,2块5的都有,这是广告公司定的。我们的风险比其他主持人大很多,因为客户是不稳定的,他随时可能撤了,他撤了我们这节目就没有了。我们实际是按小时赚钱的,这个客户撤半小时的节目,我们一个月就损失很多,我们是计件的。如果其他主持人的节目竞标上,基本这一年没问题,我们的风险是随时都有的。

7. 这个台的节目是直播还是录播?采取什么样的组织形式?

新闻台的节目全都是录播的,都是以前录好的,热线有的是有效果的,有的是"托儿"。电话都是提前约好的,他们不知道录音间的电话,我们要提前知道他的电话,跟他联系,请他讲,讲完之后,不对的地方剪掉。如果打节目中播报的电话,会直接打到场外热线去,而不是直播间。也有直播的,但为了广播节目的安全性,很多节目不敢直接接,比如有政治反动宣传,万一出问题呢,即便有延时器,也会弄得节目一团糟,自己也慌。他们一般是今天打进热线来,导播先跟你聊一聊,第二天、第三天再给他接进来。

8. 广告商进入电台之后,可以随时退出吗?还是必须严格按广告合同进入或退出?

这种节目中途撤出的情况很多呀。这种节目规定是进来至少要做三个月,那我没钱了,你能把我怎么样呢?惩罚什么呀,做了这么多年,大家都是朋友了,谁罚谁啊?这个月我不做,过半年我可能再做啊。

9. 有很多节目中,主持人介绍嘉宾或专家时,往往称呼为:某某医院的某主任、大家熟悉和喜爱的某老师、某主任。为什么不把姓名告诉听众?

某主任未必就是真的,他就随便编一个名字,有个客户还让我去山东台讲课呢,给我编了一个梁主任,后来我没接,因为太累了,伺候广告客户,因为节目的讲师往往会被客户挤兑得胡说八道，为了拿一些费用要被老板所左右，但这个主任到底存不存在，这个医院有没有这个人，未必，很多都是编的，所以他就没有必要把姓名告诉听众。说白了，广告性质的医药健康节目最终为了盈利，而不是服务，这只是一个形式，随便起个名字好了。

10. 有许多报道、论坛发帖等透露，有些专家采取游击战术，换一档节目、一个地域，就换一个姓氏，成为卖药专业户。是否有这种现象？

卖药专业户有这个现象啊，这个产品不做了，这个老师为了要吃饭，肯定会去选择下一个客户，挣钱嘛。

11. 据您了解，从总体上看，这些专家或嘉宾中，有几成具备医疗方面的相关资质？

资质有也可以是假的呀，东西可不见得完全是真的。到底有没有这些医院啊，职称啊，你觉得会每个都去仔细检查吗？我不这么认为。我知道有的客户找的讲师是初中刚毕业的，拿着稿子念，跟"托儿"对话，讲得不好不要了，再重新录一条，这种情况现在也还有。

12. 您跟主讲老师之间是怎么合作的？

广告公司告诉我联系方式，我联系这个老师，录节目，我把我的头尾串场跟她讲的灌在一起，合成就行了。我也不知道这些老师是不是有资格。这个老师我还见过，有很多录节目的老师我都没见过，只是打电话，打电话进来之后就录。老师基本上是广告商的老板选择的。

13. 有一种说法认为，广播医疗广告中打进电话的人有很大一部分是"托儿"，实际情况是这样的吗？哪些话语或行为，可以判断该人是否是医托？

现在"托儿"有了"托儿"的公司，不同节目里都能听到他们的声音，他们很形象地用声音的演变模仿不同地方的口音。为了每个电话挣几块钱，几年前录一个电话六七块钱。我道行挺深的，听一段时间就能知道他是不是"托儿"。"托儿"有个很大的明显就是阿谀奉承，一味地说你的好话，说产品多么有疗效，感谢你，让你注意身体，这基本上都是"托儿"。而且他的话语当中往往会加入"嗯……""啊……",他在想,这种基本是"托儿"。在普通的医药咨询节目中很少有说好话,"谢谢你"这种话,要问问题就不假思索地问,我的目的是想获得我要知道的,而不是来恭维你。

14. 系统收听会发现,热线接听环节总是遵循着若干套路,比如先表示感谢和电话难打,再汇报病情,然后反映后续问题,最后专家建议继续用药或停药。为什么会出现这种程序化、类似的电话?

90%以上都是接套路的,那就是录好的,都按照这个形式来,能忽悠几个上当的那就忽悠几个。如果你是保健品老板,你希望这种节目是做咨询的吗?你不是为了解答听众疑惑,而是要把这个东西卖给他。

15. 医药企业给这些"托儿"的利益承诺通常是怎样的?

这些听众,为了一天在家里接十几二十个电话,不惜在家等着,编谎话,这些客户会教他们怎么说,说什么病。因为我做这种节目很久了,在不同节目里经常听到同一个老头、同一个老太太痛苦呻吟地表述,只不过他换了一个名字。比如几年前一通电话六七块钱,因为是不同产品的电话,可能十个电话,也可能二十个,一个月赚一两千元。这些"托儿"不见得在本地,可能在外地,很多产品一听就是外地口音,但说自己是本地的。他们都是长途打过去。

"医托"收入这块,我也是听一些客户聊天的时候说的,具体这几年涨没涨我不知道。有专门的公司在组织,专门的医托公司会跟保健品公司联系,提供"托儿"。

总是有头脑简单的,总是有文化程度比较低的被忽悠上当,还有一些确实是身体不舒服的。不是所有的保健产品都没有用,都是骗人的,也有一些产品确实对人体有一定的调节作用,但绝对不能指望这些产品能达到什么目的,能把病给治好了,不是这样。

16. 对于一般听众来说,其实不容易区分广告里卖的到底是药品还是保健品。您认为呢?

它们的批文是不一样的,药监局给的有的是保健性的功能食品,有的是非处方药，对于非处方药来说，他们胆子更大一些，可以多说一些治疗范围啊之类的。但保健产品是（食）字，可能不提功效，但会说对糖尿病、高血压、心脏病有很好的作用。这么一听，不太明白的人会觉得它是治病的。节目中也很少提这个产品是哪里批准的，批号，属于哪一类，就是一种障眼法，我不提你也不知道到底是什么东西，我就说它的好，你要稀里糊涂地愿意买就买了。

17. 导播是电台人员还是社会人员？在筛选电话入直播间的过程中，是随机的，还是有选择性的？

保健品直播节目的导播全是他们自己的人，他们为了节目能创造更大的利益，肯定要安排自己合适的人。电台的人也不知道怎么说，不熟悉。节目完全他们自己做，一个老板可能有五六个产品在全国各地的电台在播在做，有专门的人给他剪辑、写稿、找热线、合成节目，非常专业，把成品节目拿过来播就行了，现在很多电台播出的广告节目就是这么做的。这种节目在这个台的比例至少占一半以上。而且现在广告公司不愿意让广告部知道有这种情况存在，因为这样他们可以省一些主持人的节目制作费，也省事。但对广播来说就存在一些安全隐患，客户只是为了自己的利益，但不知道有什么宣传精神和需要规避的问题。

18. "京隆养生堂"这档节目听起来跟纯粹的卖药节目不太一样，其中的确会讲一些健康知识，但也会提到某种产品。这档节目的性质应该如何理解？

"京隆养生堂"这个节目是"京隆堂"这个药房的宣传，我从去年11月做了一两个月。那个节目就是客户掏钱跟电台合办，是在帮大家解决一些问题，但最终是想让大家到他的药店去买药。但实际上会把这段时间没有卖出的药或者亟须推出的药，多说一说。比如这个药好久没卖了或者利润比较高，他就会拿一个本记下来，每次在节目里说到什么问题，大概能用上，就给你介绍一下，因为不是一种药嘛，几十种，能沾上边的就给你用。还是一种营销手段，客户到这儿来哪有那么大的奉献精神啊？

"京隆养生堂"这个时间也是卖给广告公司的，也是他们找的主持人，只不过形式略有不同。这都是广告公司的时间段，一旦有客户愿意要这个时间段，广告公司一定会和某个台的台长签协议，把这个时间段拿下来。比如允诺这个时间段我一个月给你20万，你不要管我会问客户要多少钱。

19. 在您看来，广告部门的监管工作意义有多大？

他们也监管，但基本是有个窟窿之后堵一堵。主持人是服务性质的，广告公司以盈利为目的，广告部也是为台里挣钱的，有大事发生他们总是会打点和抹稀泥的。

ZT第二次访谈

时间：2013年6月26日

地点：电台

1. 这个台现在的医疗广告节目跟去年相比发生了很大的变化，是什么原因促成了这些变化？带给节目的具体表现是什么？

去年7月中旬左右，工商局开始规范医药节目，给我们开了个会。告诉我们听众的反应比较强烈，电台的宣传形式给很多老百姓带来了一些误区，也有南方的听众服用这些药品之后不但没有治好病，反而加重了病情甚至过世。所以，从7月中旬开始停了一些节目。节目的形式一刀裁，消费者热线环节取消了，老师只能讲知识，这种形式延续到现在。今年年初开始，广电总局开始要求全国各地电台进行整顿，5月份左右开始真正的整顿。外地我有一个朋友，也是做保健品节目的老师，他说他们那儿都已经停了。

2. 专家讲的内容有什么变化吗？

不允许讲某种产品管用，夸大效果，只能介绍这个产品的成分，这些成分对身体的作用，不能说这个产品怎么怎么样，是否治病等。

这种形式之后，电台的广告会很大地缩水。但是电台是党的喉舌，它不会在意这些钱的，你是为国家服务的，有这么多人员在这儿，谁会为了眼前的这些钱，丢掉自己的位置和工作？

3.这样的改革之后，广告商的反馈是什么？

大家都不挣钱了，都很焦虑。比如保健品客户，没有消费者，就没有当托儿的了，节目效果就不明显，就不卖钱，收不上来钱，能投入的广告费就少。去年停了一些节目之后，有的客户逐渐就撤了。

4.对主持人来说有什么影响吗？

我们收入少了。我们其实就是计件工，按节目、按分钟来算。外采是5元，直播是3元，现在全部降到了2.5元。（什么是外采？）以前有消费者的时候，我们到客户的公司，请一些消费者来，坐到一起聊一聊。一个屋子，组织大家坐在一起，录一下，我们把带子拿到机房来，灌进去，再剪一剪。

5.现在改革之后，节目的运行流程是怎样的？

还是由专家先录，录好之后给我，我转成MP3格式，交给速打公司（速打公司是广告部找的），速打公司打成文字稿之后交给广告部。广告部再一个字一个字地审核，哪里有问题就标出来，然后交给我，我再改节目。

6.我听节目发现，很多老师讲得都比较实在和实用，不浮夸了。

对，尤其是一些年头久的产品，从时间观念上来说，大家觉得能在一个市场做10年、15年，会对它有一定的信任感。

7.您现在的节目量也缩水了，能具体说说吗？

节目少了2/3，收入也少了2/3。以前真是比较多，2012年年初，每天有六七套吧。当时的节目最长的50分钟，一天光在爱家台就4套，这就是200分钟，现在就变成了3套，最长的就是30分钟，这才90分钟，少了110分钟。新闻台的节目也在减，以前新闻台有一档气血双补丸的节目，现在也没了。

8.这个台目前都是这种形式吗？

现在全是这种形式，没有打热线的情况了，那样风险也挺大的，如果老师讲错了，被工商抓到之后要罚钱的。

9.这个台有多少保健品节目的主持人?

6个左右吧。只有1个是台里自己的人,他算是顺带着做。其他人都是外来的。按照现在的流程,我们主持人不会承担太大的风险。因为做节目,我们会简单地把一下关,客户也有一定的风险意识,因为如果老出问题,你还打不打算继续做呀?再一个速打公司打成了文字交给广告管理部,真正承担风险的是广告部门。你让我改的我就改,你没提出的我就不改,最后的风险肯定是广告部来担,因为他们是我的上级监审。

附录三 医疗广告节目听众访谈实录

访谈对象：李女士
基本情况：58岁，退休工人，初中文化程度
访谈时间：2013年6月6日

1.如果让您评价一下自己的身体状况，您觉得好吗？

不好。我48岁的时候就把子宫摘了，好什么呀？而且现在骨关节也不好，每天都疼，风湿也有一点，但不厉害，主要是骨关节炎。说白了，原来坐月子的时候老碰凉水都有关系，那时候我们家也烧煤，不自己背怎么办啊，也累着了。

2.您这个关节炎是什么时候开始得的呢？

从我40多岁就开始有感觉，一开始是后背疼，但也没当回事，一疼就去拔拔罐子，现在是越来越厉害了。疼了有十多年了。

3.您是什么时候退休的？

我退休时是45岁，那时候乐意退休，上班还没有退休挣得多呢，2001年退的。

4.您为什么会坚持听广播呢？

因为我的一个发小跟我说，人要预防老年痴呆呢，就不能让脑子老闲着，得让它动。我就想起来，以前给我们家闺女买过一个录音机，900多元呢，但她一直没用，我就用它来当半导体了，没事就让它响着，有个动静，就跟有人

在旁边跟你说话似的，一边干活一边活动脑子。

5. 您听广播频繁吗，大概一天听多长时间？常听的是哪几个台，是当地的还是外地的？听哪种类型的节目多一些？

我只要是一起来就把它打开，我老听106.6，固定在那个台，什么都有。如果我没事呆在家，一天怎么都能听四五个小时。

6. 您特别喜欢哪种类型的节目？

说实在的，我们这种岁数的人，喜欢听的没有什么，跟你们欣赏的不太一样。比如说听听老歌，我肯定喜欢，但它没有。要听点怀旧的事情，也特喜欢，但它没有。

7. 健康养生的节目您听吗？

也听。

8. 听完了能有收获吗？

有时候半导体里能教你做一些动作，比如说教一些对肩膀有好处的动作，但人家要求天天做，坚持做。我都坚持不下来。

9. 您觉得自己的健康习惯好吗？你平时注意养生保健吗？

都说这个岁数少吃肉，少吃这个那个，但我从来不忌口，不是特别按照它说的那些来。邻居们还爱遛弯，但我也不大愿意，关节疼嘛。当然我也知道注意点好。

10. 现在广播里有一些节目推销药品、保健品、医疗器械，您常听此类节目吗？

这种节目我也听，但有的信，有的不信。

11. 那您买过广播里专家推荐的药品、保健品或医疗器械吗？买了些什么，花了多少钱，是用来治什么病的？

买过，有一种往腿上抹的东西，叫骨细胞修复液，他说的是能让你骨头里的什么细胞再生成。现在想起来你说可能吗？你都老了，肯定是退化，小孩才再生吧。但是呢，抹上之后还真管点用，刚才出来我又抹上了。

12. 您还记得是听哪个台的节目吗？对里面专家说的有什么印象吗？

不记得在哪个台听的了。里面那个男的说：要是不管用，我砸我祖宗这牌子，用我性命担保什么的，不蒙人。而且说是3块钱一次，我一想那也承受得了，不如买来试试，我没要那么多，就买了500多块钱的。

13. 用了之后，您觉得效果满意吗？

抹上以后，就觉得热乎乎的，舒服点。不过呢，后来我认识一个骨科大夫，他说不让我瞎抹，他说里面可能有激素，如果有激素，抹上是舒服，但是有依赖性。他建议我有病就去骨科医院看，别乱用。但是我用的也不多，不像他说的一天得抹三次，我就早上抹上一点，让它舒服点。

14. 您坚持在用这个修复液，买了几回，花了多少钱呢？

对，我一直用，上次买的用完了，后来让我闺女从网上刚给我订的，人家给送来了。这骨细胞修复液用了一年半，总共花了1000多块钱，且用呢。它就是一个小管，上头有个滚珠，就这么往身上抹。

不过现在弄得我也糊里糊涂，那天我看电视里说，什么什么丹宝那都是假的，骗人的，但没说这个骨细胞。所以我也不知道这是对是错。但我想这反正不是药，吃不死，不就是往腿上抹的吗？

15. 您所谓的"舒服点"是指什么呢？

就是它本来挺疼的，抹上之后好一些。我现在出门，抹上点，再贴上一个膏药。像以前吧，我如果只贴膏药，这腿就觉得痒痒，但抹上这液，再贴膏药，就不那么痒痒。

16. 也就是说，它本身也没有什么治疗作用，主要是用来缓解症状的？

它那节目里说：保证你能治好。那我现在想想，可能吗？我都往60里数了，这病是越来越好，还是越来越不好啊？肯定是不好啊。所以，他那个肯定有点骗人。但是呢，也不知道它里边有什么东西，我抹上就觉得舒服一点。

17. 您买来的时候有留意过它上头有没有批号、准字号什么的吗？

没有。

附录三 医疗广告节目听众访谈实录

18. 您买的时候有什么优惠活动吗?

买的时候是买四盒赠一盒,总共给了五盒。这次又买,又赠了一盒。

19. 您打电话订药的时候,有没有再跟销售人员交流过?

我问过,我说:你这个药是有那么管用吗?她就问我是什么情况,我跟她说了说,然后她就跟我保证这药绝对有用,不是骗人的。我就说不订多了,先订五瓶试试。因为我也是挣工资的,万一上当呢,对吧。然后她就说:你订五瓶没有疗效,只有够十瓶才是一个周期,才有疗效。我还是没要那么多,就要了五瓶。他们说:您订这么少不管用,不是按照说明来,您要达不到疗效,您该说这药不管用了。要是按照他们说的一天三次,我肯定抹不了几天。

20. 您打完电话之后,他们是怎么把药给您的?

他们给送过来,有人给打电话,送到家门,把药给了我,我再给他钱。

21. 这十多年来,为了这关节的毛病,老去四处看吧?

老看!前年还住院了呢,膝盖都蹲不下去。反正我觉得有病还得到正规医院去,人家说我这年龄还不到做手术的岁数,得65岁以上,让我保守治疗。天天打点滴,消炎,吸收积水。打了一阵,我觉得还挺好,就出院了。

22. 平时也吃医院里给开的药吗?

吃,但我也没坚持吃,为什么呀,因为医院开的这些药,尤其是这治骨病的,吃完了都胃疼。是药三分毒,老吃药不行。

23. 您现在除了抹这个修复液,还采取什么办法吗?

前阵子人家跟我说光明医院有一老头治颈椎治得挺好,后来我就去找他给看了看,他给开了一种针药,打十针,一天一针,那就打呗。一会儿我还得去。治治反正比不治好。

24. 那一年下来,您的医药费能有多少钱?

得有一万多块钱,自己得掏1300元的底儿,加上不能报的那一块,自己怎么也得拿两三千吧。我也没细算,但比如这一次看病花1000,那自己得掏100多,就是这样。

25. 如果现在您偶尔从广播里听到适应您病症的药，您会考虑买吗？

我觉得我还不是轻易上当的，因为听多了，也能判断出来。不过我买这个修复液吧，也是因为真难受，就买来试试，反正它不是吃的。如果是吃的药，我绝不通过这个渠道买。

26. 广播里的医药健康节目一般都有热线，有听众来介绍自己的情况，您觉得这些热线对您有帮助吗？

我觉得假的多，"托儿"多。比如，他在热线里说：什么什么大夫啊，我订了几个疗程，我老伴也是这个症状，我接着还订你这个药。然后那大夫就说：你老伴这个病，保证能好。你老伴得加点量，你得减点量。对这种电话，我都不信。

27. 您觉得自己的健康知识储备丰富吗？

不丰富。最基本的养生知识我们都知道，比如少吃肉，多锻炼，多吃点酸的软化血管，但你要说丰富或者特别清楚，那肯定谈不上。

28. 您主要通过什么渠道了解健康知识呢？

我的话，还是广播多一点。广播能占六七成吧。

29. 那您怎么判断这些信息是准确的还是有误的？

他越忽悠得多我越不信，他要是弄一大堆人，热线打不进来什么的，这我一律不信。他要是实事求是地介绍，我倒能信。

30. 平时您去医院看病的时候，会主动跟大夫交流自己的健康问题吗？

我这个人非得等到病把我折腾得受不了了，才会去医院，不爱去，也觉得医院脏。如果去了呢，那就听人家的呗。现在这大夫，谁跟你仔细说啊？你大半宿起来挂号，到了大夫那儿，恨不得几分钟就看完出来了。他要是能稍微说几句，病人心里也踏实；他要不乐意说，也只能那样。所以现在为什么都走后门呢，就想找个熟人，跟你多说两句。反正，我的感觉是一般待几分钟就出来。

31. 医生给您开的药，您会照单全买，还是先自己筛选一下？

他凡是给我开的，我就不加考虑，全领回来。虽然看单子上写了一大堆药，有点发怵，但毕竟人家是根据你的病开的，那就买回来吃吧。

32. 您会问医生这些药的成分，有没有副作用之类的吗？

人家没那些工夫回答你。你要问他，那他肯定就说是药三分毒，你有病，你就得吃。

33. 您多长时间体检一次啊？

体检可没有定期，就觉得自己哪儿不舒服，有点病的苗头了，就去看看。不会系统地专门去检查。而且我们这是企业，退休了之后，没人负责给你体检。有病看病，没机会体检。

34. 家里有什么自备的健康检测工具吗？

有血压计。但也不是每天都量，如果哪天晚上觉得脑袋晕乎乎的，就量量看是不是血压高。有时候虽然晕，但量量也不高。

35. 您血压稳定吗？

不稳定，我血压高的时候能到170~180。

36. 您最近一次查血压是什么时候？

昨天晚上我还查了呢，110多，不高。我也问大夫用不用长期吃药，那大夫说我可以吃点平稳血压的药，不用吃降压药，而且我听他们说降压药吃了就不能轻易停。

37. 您什么时候查出来血压有问题？

得有五六年了，那年有一次感冒特别严重，我去医院看，大夫一给我量血压，170多，那我才知道自己血压高。之前可能也高，但完全不知道。

38. 您现在除了外用药，还吃什么药吗？

就有一个，松岭血脉康，是中药的胶囊。我听大夫说，这药对老年人的血管有好处，而且我看它上头写着，适应那些有高血压症状的人，并不是说高血压病，我就是这种有症状的人。这样我就可以吃点，其实是有点保健的作用，而且它可以走医保。我这人还有点信中医，虽然来得慢点，但肯定没西药那么伤害身体。

访谈对象：孙女士

基本情况：55岁，退休工人，初中文化程度

访谈时间：2012年12月8日

1.在您听广播特别频繁的那些年，哪种节目您听的最多？

还是这种健康的节目听得多，那些药不都是听了广播之后买的吗？

2.您都买过什么药呢？

那时候老听广播，可没少买。比如说有一种是马尔斯健身茶，那得是七八年前了；还有一种叫"宝健"的保健品，是胶囊；买得最多的是仙牌灵芝茶，这都是四五年前了。

3.您当时买这些产品的目的是什么？是因为有什么慢性疾病吗？

没有，那时候还真没什么毛病。因为那时候我也40多岁，觉得这个岁数可能也有些亚健康什么的，是不是也该注意一下养生了。加上也算有点经济条件吧，所以就想去买点保健品吃吃，因为当时身体也没什么毛病，也还没到吃药的份儿上。所以，广播里一说这个好，就买点喝喝；一说那个好，也买点试试。

4.那在这些保健品上，您花了多少钱，有数吗？

比如说那个马尔斯，60多块钱一盒，我去鼓楼那边店里买的，买五送一，花了300多块钱。仙牌灵芝茶买的次数多，因为我买了之后，他们那儿都有我联系方式，老搞活动，时不时打电话给我，通知我去买。他有我的信息，大概能估计出来我什么时候该喝完了，他这电话就来了。这个也是60多块钱一盒，每次买个十多盒，花个六七百块钱。

5.那几年，每年平均能花多少钱？

哪年也得1000多块钱。

6.有没有哪种产品您觉得特别有效果，而且坚持用了很长时间？

因为这些都是保健品，也没有特别明显地感觉到什么作用，所以有的吃吃

就停了，听广播又介绍另外一种东西，就又去买这个新的了。这个仙牌灵芝茶到现在还打电话呢，但我不买了。

7. 这些产品买回来之后，您都是自己喝吗？

对，我自己喝。因为我想，喝茶不也是喝吗？那这个还能有点保健的作用，又不会吃坏了，那就吃去呗。

8. 整体上说，这些产品对您的保健作用大吗？

刚开始可能也有点作用，但我也不知道是不是心理作用。因为本来也没太大毛病，所以也不好说。现在不怎么听广播了，也不买这些了，开始吃药了，因为高血压的毛病出来了。

9. 您对这些广播节目里的专家还是挺信任的是吗？

对。因为我觉得这广播、电视都是国家的嘛，那还是比较相信。你要说路边有人跟你推销什么东西，那我肯定不信。

10. 您听了这些节目，一般有哪些因素能促使您去买他的产品啊？

一个呢，他说这产品有保健的作用，对身体好；再一个里面的老师都说对症，而且打电话的人说自己吃了多少年，不用吃药，就把病治好了，这些都比较吸引我。再说，比如我现在有高血压，那我就关注什么东西能治我这病，对血压好。如果能吃保健品吃好了，当然比吃药好。所以说，没准以后我听广播听到有这种产品，我还会买。

11. 后来怎么就不太听广播了？

后来一个是看电视的时候多了，再一个呢，吃了这些保健品，也没觉得特别有效果，而且老这么买，也花不少钱呢。还有，现在的产品也太多了，根本吃不过来。

广播电台医疗广告调查读本

访谈对象：张女士

基本情况：71岁，退休教师，高中文化程度

访谈时间：2013年6月20日

1. 您一天听几个小时的广播？

广播天天听，每天中午和下午，1个小时左右。主要是健康养生的节目。

2. 收获大不大？

听了之后，自己有点什么小毛病，就能解决。比如中午我起床起猛了，耳朵嗡嗡的，我就给它揉啊揉，没事就揉揉，就管用，慢慢就好了。

3. 这些方法都是从广播上学的吗？

对。就是"祥康健康快车"的李正军教的，我也跟他学了六字气诀，早上我练太极拳的时候，就把这个六字气诀加进去。

4. 练了之后有什么用吗？

最起码我这肚子减下去了，推肚子、呼吸吐纳这些办法起作用的。我现在很少感冒，一年到头一片药都不吃。如果我自己觉得是风寒感冒，就喝点红糖姜水；风热感冒呢，就喝点菊花水、薄荷水降降火。

5. 您觉得自己的身体在同龄人里算是好的？

我觉得在同龄人里算是最棒的。慢性病我都没有，血压不高。去年11月我去检查身体，胆固醇稍微高一点，我估计是冬天吃坚果吃多了。别的什么问题都没有。

6. 您退休是哪年？

退休20多年了。

7. 听广播的习惯是什么时候开始养成的？

2007年10月。那时候我老伴有病，得白血病去世了，还有我儿媳妇2000年肺癌去世的，还有我老母亲是脑血栓半身不遂。我一看他们这痛苦劲，就觉得自己不能这样，得关注健康。后来我听他们说广播里有一个"健康快车"节

目，是体育台的早4点半、晚4点，我就开始准时收听了。原来新闻台也有，现在没了，而且现在早上这一个也没了。

8. 他讲的内容会有重复吗？

重复。要不然怎么能记住呢？经常循环讲，才能记住。

9. 这几个讲座在场外都是销售点，您去过吗？

去过。比如"精正福源堂"主要是教你练六字气诀，动练法、静练法，他那个屋里墙上也都是图。我第一次去就拿着笔和纸记了好多，第二次去就跟着练。我买过他的玻璃养生锅。

枕头呢是在"健康快车"的店里买的，他的产品我吃了两年，主要是三七银杏茶，主要是保健作用。

10. 健康快车上学到了什么呢？

2007、2008年的时候我的眼睛总是模模糊糊的，眼屎特别多，每天老拿着手绢擦啊擦的；再有鼻子也有点鼻炎，早晨起来鼻子都干得不行。后来"健康快车"上教做三步曲五步操，我一直坚持做下来了，慢慢都改善了。还有以前我的腿有点退行性病变，现在基本不疼了，好了。

11. 从什么时候开始买银杏茶的？

就从2007年10月开始学他的方法，我觉得挺管用的，所以2008年1月就买了他的银杏茶，一个月200块钱，也不算多。坚持喝了两年多，喝到2010年，2010年开始涨价了，从588元涨到700多，从它开始涨价之后就不喝了。现在好像又涨了。

12. 您退休工资有多少？

2300多元，刚涨的。当初喝养生茶的时候才1800多元。

13. 有一些带有销售性质的节目您听吗？

不听。而且我也没时间了，事情多。

14. 您觉得自己掌握的健康知识丰富吗？

挺丰富的。比如晚上一边看电视，一边用红花、艾叶来泡脚，这也是"健康快车"教的。我老伴的一些学生有啥小毛病就会打电话问我，我就告诉他按按哪些穴位。我光记录的东西都有十多本了。我听广播的习惯是一边听一边记，记不下来的上网查。

15. 这些知识，广播能教您几成？

广播比电视多，广播能有70%吧。还有我们活动室里订的报纸，我专门爱看《健康时报》。

16. 您花眼吗？

花，花了10多年了，但一直没怎么发展，而且那些老年病都没有。

17. 您觉得自己的生活方式健康吗？

应该说是挺健康的。比如作息方面，我5点多就起床，起来之后先推肚子，然后按摩。6点多吃饭。7点半打太极拳，练太极剑。8点到9点跳舞。9点骑车去买菜准备做法。中午吃了饭睡十几分钟。饮食方面，粗细搭配，能蒸的就蒸，能煮的就煮，家里人不在时我很少炒菜，少油少盐。

18. 您的这些方法会推荐给别人吗？

我见谁跟谁说，但他们都坚持不下来。

19. 您会定期去体检吗？

基本不去，不舒服也不太想去医院，一般的自己都能解决。

20. 在能选择的情况下，您比较倾向中医还是西医？

中医、中药。因为中药它调理五脏，西药是头疼医头、脚疼医脚。因为眼睛的问题它与肝脏有关，中医会先给你调理肝脏。

21. 热线电话您打过吗？

"健康快车"我打过，他就给你留好了，提前跟你说一声，让你等一等，然后给你接进去。交流一下有什么变化。

他讲完知识了，我学到了，这就行了，继续推销产品就推销吧，我不细听。

附录三　医疗广告节目听众访谈实录

访谈对象： 王女士

基本情况： 60岁，农民，小学文化程度

访谈时间： 2012年7月20日

1. 您一天听几个小时广播？

一天得听12个小时。进菜园就打开听，早上进园，下午进园，进去就听。我是打小就是听广播。我不识字，听收音机也有好处，解闷儿。春天时，早上6点下园，11点半回来，下午1点多去，6点回家。

2. 听哪类节目比较多？

我听健康方面的比较多，一天基本上全都是这些广播。

3. 您觉得自己的身体怎么样？

腿疼腰疼，干活干多了，累了就觉得疼。我下园子干活20多年了，累的时候就疼得厉害。

4. 您买过几种产品？

两种，一种是茅岩莓，一种是圣宣胶囊。

5. 从什么时候开始喝××的？有什么作用吗？

2008年左右开始喝，没喝之前觉得气短，走路没劲，而且睡不着觉。喝了之后心不慌了，也有劲了，也睡得着了。尤其是以前怎么都睡不着，吃药也不管用，一年下来能吃3瓶安定，300片药。后来听收音机知道了茅岩莓，就去买来喝，第一次买了一盒，觉得管用，喝完之后又买了5盒，第三次买了一大包，一直喝，很管用。后来停了之后，睡眠也一直不错。

我以前还有点低血压，低压70，高压110，喝了茅岩莓之后低压80高压120，很正常。以前干活老觉得累，喘不动气，喝了之后干活不觉得累了。

6. 多少钱一盒？喝了多少钱的？

一包是186元，现在是189元，涨了几块。现在淄博台晚上7点多播出，以前都是早上9点。

7. 您的医疗保险能报多少?

比如10块钱,能报6块。

8. 您觉得能学到一些东西吗?

学到了啊,比如穴位按摩,头疼按哪儿,脚疼按哪儿。

9. 您听起来这些节目是直播吗?

好像也不是直播吧。场外电话能打通,直播咨询的那个电话永远打不通,打过好多次,都是占线。而且有的节目说,跟老师反馈自己的情况有奖,那要是每个人都打通了就得有奖,哪有那么多奖啊?肯定都是安排好了的。但也有人说这个电话太难打了,终于打进来了,也有这样的,但我怎么就打不进去?而且我听过,有个张店的人,这次说了,下次他还说,就是同一个人,他自己报的姓名,同一个名。说的话一模一样。

10. 您觉得热线电话里的人说得夸张吗?忽悠吗?

别的我不信,但是茅岩莓我是特别相信,我也不给它做广告,就是喝了管用。没喝之前我是什么偏方、什么药都吃了,不管用,睡不着觉,浑身没劲,喝了现在都好了。失眠20年啊,现在终于好了。

11. 平时干活多了现在还腿疼腰疼吗?

干活多了还是疼,昨天去扬了10袋化肥,累得不行。我们家有4大亩地,都是我自己在管。

附录四 B电台2012年广告收入明细表

广播电视台广告收入统计表

项目 月份	广播 新闻综合频率 经济性活动	广播 新闻综合频率 经营中心（分频）	广播 新闻综合频率 合计	广播 经济生活频率 经济性活动	广播 经济生活频率 经营中心（分频）	广播 经济生活频率 合计	广播 交通文艺频率 经济性活动	广播 交通文艺频率 经营中心（分频）	广播 交通文艺频率 合计	总计	经营性活动统计 广播	经营性活动统计 电视	经营中心（分频）广播	经营中心（分频）电视
1	0	790306	790306	0	1031837	1031837	0	769985	769985	2592128	0	655610	2592128	1707014
2	0	978598	978598	0	1140500	1140500	0	803361	803361	2922459	0	981500	2922459	6101686
3	0	1686855	1686855	0	1523274	1523274	0	1618003	1618003	4828132	0	877500	4828132	6623937
4	0	862026	862026	0	1283834	1283834	0	750907	750907	2896767	0	280000	2896767	6755886
5	20000	1560024	1580024	20000	1406799	1426799	50000	1450443	1500443	4507266	90000	826500	4417266	6663284
6	0	804760	804760	50000	1015763	1065763	41000	620867	661867	2532390	91000	864000	2441390	5945222
7	0	1063572	1063572	3100	1160914	1164014	112600	1000687	1113287	3340873	115700	985160	3225173	7654165
8	0	800014	800014	20000	1283815	1303815	43600	965550	1009150	3112979	63600	886105	3049379	2666637
9	25000	1017215	1042215	0	1075679	1075679	36100	1002102	1038202	3156096	61100	517700	3094996	3114059

- 225 -

续表

项目月份	广播 新闻综合频率 经济性活动	广播 新闻综合频率 经营中心（分频）	广播 新闻综合频率 合计	广播 经济生活频率 经营性活动	广播 经济生活频率 经营中心（分频）	广播 经济生活频率 合计	广播 交通文艺频率 经济性活动	广播 交通文艺频率 经营中心（分频）	广播 交通文艺频率 合计	总计	经营性活动统计 广播	经营性活动统计 电视	经营中心（分频） 广播	经营中心（分频） 电视
10	91000	1508220	1599220	0	1405436	1405436	141000	1205643	1346643	4351299	232000	724380	4119299	6867286
11	117300	1200751	1318051	0	1414718	1414718	100400	1130735	1231135	3963904	217700	953670	3746204	5893257
12	98300	1661944	1760244	7560	1332916	1340476	136600	1503096	1639696	4740416	242460	1126360	4497956	6639844
合计	351600	13934285	14285885	100660	15075485	15176145	661300	12821379	13482679	42944709	1113560	9678485	41831149	66632277
全台广播电视经营收入总合计													119255471	

注：2012年频率经营性活动收入共计：1113560元。经营中心收入共计为：41831149元。

- 226 -

参考文献

[1] 张自力.健康传播学——身与心的交融[M].北京:北京大学出版社,2009.

[2] 盖斯特-马丁(Geist-Martn,P.),等.健康传播——个人、文化与政治的综合视角[M].龚文庠,李利群,等译.北京:北京大学出版社,2006.

[3] 陈小申.中国健康传播研究:基于政府卫生部门的考察与分析[M].北京:中国传媒大学出版社,2009.

[4] 陈望道.修辞学发凡[M].上海:复旦大学出版社,2008.

[5] 【古罗马】西塞罗.西塞罗全集·修辞学卷[M].王晓朝,译.北京:人民出版社,2007.

[6] 苗力田.亚里士多德全集[M].北京:中国人民大学出版社,1993.

[7] 杨树达.中国修辞学:老清华讲义[M].长沙:湖南人民出版社,2010.

[8] 张咏华.大众传播社会学[M].上海:上海外语教育出版社,1998.

[9] 刘晓红,卜卫.大众传播心理研究[M].北京:中国广播电视出版社,2001.

[10] 刘静.大众媒体在健康传播中的角色[M].北京:北京大学学位论文数据库,2004.

[11] 陈昌凤.中国新闻传播史:媒介社会学的视角[M].北京:北京大学出版社,2007.

[12] 邓炘炘.动力与困窘:中国广播体制改革研究[M].北京:中国经济出版社,2006.

[13] 赵多佳,许秀玲.广播专业化概论[M].北京:中国国际广播出版社,2008.

[14] 邓炘炘,黄京华.广播频率专业化研究[M].北京:北京广播学院出版社,2006.

[15] 陈卫星.传播的观念[M].北京:人民出版社,2004.

[16] 国彦兵.新制度经济学[M].上海:立信会计出版社,2007.

[17] 郭镇之,徐培喜.传播理论:起源、方法及应用[M].北京:中国传媒大学出版社,2006.

[18] 王石番.传播内容分析法:理论和实证[M].台北:幼狮文化事业公司,1991.

[19] 崔恒勇.广播广告[M].北京:中国轻工业出版社,2011.

[20] 张彩. 老龄化社会与老年广播[M]. 北京:中国传媒大学出版社,2007.

[21] 胡俊峰,候培森. 当代健康教育与健康促进[M]. 北京:人民卫生出版社,2005.

[22] 田本淳. 健康教育与健康促进实用方法[M]. 北京:北京大学医学出版社,2005.

[23] 孙洁. 用健康传播学的理论传播健康. 河北大学文学硕士学位论文,2005.

[24] 【美】F.D.沃林斯基. 健康社会学.[M]. 孙牧虹,等. 北京:社会科学文献出版社,1999.

[25] 【美】麦休尼斯. 社会学(第11版)[M]. 风笑天改编. 北京:中国人民大学出版社,2009.

[26] 胡继春. 医学社会学[M]. 北京:华中科技大学出版社,2005.

[27] 弛仙桥,等. 中国老年社会学[M]. 北京:社会科学文献出版社,2011.

[28] 童坦君,等. 医学老年学(第2版)[M]. 北京:人民卫生出版社,2006.

[29] 赵玉明. 中国广播电视通史[M]. 北京:北京广播学院出版社,2004.

[30] 【美】谢利.泰勒. 健康心理学[M]. 朱熊兆,等译. 北京:中国人民大学出版社,2012.

[31] 梁其姿. 面对疾病[M]. 北京:中国人民大学出版社,2012.

[32] 风笑天. 社会学研究方法[M]. 北京:中国人民大学出版社,2009.

[33] 风笑天. 现代社会调查方法[M]. 武汉:华中科技大学出版社,2012.

[34] 柯惠新,沈浩. 调查研究中的统计分析法(第2版)[M]. 北京:中国传媒大学出版社,2005.

[35] 王萍,李树茁. 农村家庭养老的变迁和老年人的健康[M]. 北京:社会科学文献出版社,2012.

[36] 秦琍琍,李佩雯,蔡鸿滨. 口语传播[M]. 上海:复旦大学出版社,2011.

[37] 【法】古斯塔夫·勒庞. 乌合之众[M]. 冯克利译. 北京:中央编译出版社,2005.

[38] 赵曙光,等. 中国健康传播研究(2009—2010):从媒体舆论到医患沟通[M]. 长春:吉林大学出版社,2010.

[39] 王舜伟. 广播卖药节目研究——媒介系统依赖理论之观点[M]. 台湾南华大学,2002年硕士论文.

[40] 焦利军,邱萍. 消费心理学[M]. 北京:北京大学出版社,2006.

[41] 【美】迈克尔·R. 所罗门,卢泰宏,杨晓燕. 消费者行为学(第8版·中国版)[M]. 北京:中国人民大学出版社,2009.

[42] 周其仁. 产权与制度变迁[M]. 北京:社会科学文献出版社,2002.

[43] 卢现祥,朱巧玲. 新制度经济学[M]. 北京:北京大学出版社,2007.

[44] 埃里克·弗鲁博顿,鲁道夫·瑞切特. 新制度经济学:一个交易费用分析范式[M]. 上海:上

海人民出版社,2006.

[45] 【美】道格拉斯·诺斯.制度、制度变迁与经济绩效[M].杭行,译.上海:上海人民出版社,2008.

[46] 【美】科斯,阿尔钦,诺斯.财产权利与制度变迁:产权学派与新制度学派译文集[M].刘守英,译.上海:上海人民出版社,2004.

[47] 【美】科斯.论经济学和经济学家[M].茹玉聪,译.上海:上海三联出版社,2010.

[48] 邱爽.产权、创新与经济增长[M].北京:经济科学出版社,2009.

[49] 景维民.从计划到市场的过渡[M].天津:南开大学出版社,2003.

[50] 【英】马尔科姆·卢瑟福.经济制度中的制度——老制度主义和新制度主义[M].陈建波,郁仲莉,译.北京:中国社会科学出版社,2009.

[51] 【美】萨缪·鲍尔斯.微观经济学:行为,制度和演化[M].北京:中国人民大学出版社,2006.

[52] 张五常(Steven N.S.Cheung).中国的经济制度[M].北京:中信出版社,2008.

[53] 吴敬琏.当代中国经济改革[M].上海:上海远东出版社,2004.

[54] 汪洪涛.制度经济学:制度及制度变迁性质解释[M].上海:复旦大学出版社,2009.

[55] 【美】道格拉斯·C.诺斯.制度、制度变迁与经济绩效[M].格致书版社、上海三联出版社、上海人民出版社,2008.

[56] 【美】萨缪·鲍尔斯.微观经济学:行为,制度和演化[M].上海:中国人民大学出版社,2006.

[57] 【美】保罗·海恩.经济学的思维方式[M].世界图书出版公司,2008.

[58] 【美】戈登·图洛克.特权和寻租的经济学[M].王永钦,丁菊红,译.上海:上海人民出版社,2008.

[59] 【美】尼尔·J.斯梅尔塞.社会科学的比较方法[M].王宏周,张平平,译.北京:社会科学文献出版社,1992.

[60] 【美】玛西娅·安吉尔.制药业的真相[M].北京:北京师范大学出版社,2006.

[61] 支庭荣.大众传播生态学[M].杭州:浙江大学出版社,2004.

[62] 田国强.一个关于转型经济中最优所有权安排的理论[J].经济学季刊,2001.

[63] 李玮.中俄传媒市场化道路比较[J].国际新闻界,2001.

[64] 柳旭波.传媒体制改革的制度经济学分析[J].新闻学,2006.

[65] 杨一民.我国企业投融资体制的历史演进:一个制度变迁的分析视角[J].经济理论研究,

2007.

[66] 古晓峰. 制播分离或制播一体:交易费用的观点[J]. 声屏世界,2005(9).

[67] 尹鸿. "分离"或是"分制"——对广电制播分离改革的思考[J]. 现代传播,2010(4).

[68] 郝赫. "传播健康 请健康传播"——从电视媒体"养生热"中看媒介公信力的塑造[J]. 吉林广播电视大学学报,2013(4).

[69] 韩晶. 传播生态学视域下的微博健康传播研究[J]. 新闻知识,2012(6).

[70] 曾培伦. "报网交易":我国"报网互动"演进历程的新制度经济学分析[J]. 新闻大学,2012(4).

[71] 王博. "新闻寻租"何以成为"常规行为"——从制度经济学视角解读新闻寻租[J]. 兰州学刊,1998(12).

[72] 刘斌. 成本·收益·制度创新——从新制度经济学的角度看广电产业制度创新[J]. 现代传播,2007(2).

[73] 倪庆华. 出版业转企改制的新制度经济学分析[J]. 出版发行研究,2011(12).

[74] 柳旭波. 传媒体制改革的制度经济学分析[J]. 新闻界,2006(2).

[75] 杨景. 传媒一体化:走在分分合合之间——制度经济学视角下的媒体与媒介[J]. 中国数字电视,2009(12).

[76] 陈卫星. 从"文化工业"到"文化产业"——关于传播政治经济学的一种概念转型[J]. 国际新闻界,2009(8).

[77] 王关义,王莞朕. 从新制度经济学角度看我国出版业体制改革的动力及特征[J]. 中国出版,2012(6).

[78] 陈卫星. 广告传播的逻辑[J]. 现代传播,1999(2).

[79] 张彩. 媒介变局中的中国广播[J]. 中国广播电视学刊,2005(1).

[80] 陈卫星,徐桂权. 权力衍续与媒介寻租:中国与俄罗斯的比较制度分析[J]. 国际新闻界,2010.

[81] 张新华. 制度变迁的动因和后果——从新制度经济学角度看我国新闻发言人[J]. 北京印刷学院学报,2005(2).

[82] 崔珍珍. 制度经济学视角下的传媒改革[J]. 中国集体经济(下旬刊),2007(7).

[83] 邓正华. 制度经济学视角下的传媒融资问题探讨[J]. 今传媒,2009(6).

[84] 陈卫星. 制度转轨的声波[J]. 博览群书, 2006(11).

[85] 杨建. 中国电视媒体的经济性质转变分析——新制度经济学视角[J]. 科技创新导报, 2009(18).

[86] 肖峰. 从"新闻寻租"看媒体运行的体制之痛[J]. 新闻知识, 2005(10).

[87] 王英辉. 从偏好伪装角度研究事业单位权力寻租行为[J]. 廊坊师范学院学报(自然科学版), 2008(8).

[88] 杨成洲, 刘毅, 余璇. 从寻租理论窥探腐败现象[J]. 法制与经济, 2009(2).

[89] 向东. 论媒体产业的"内容寻租"和价格构成的特殊性[J]. 经济体制改革, 2002(4).

[90] 罗显华. 权力寻租成因及对策[J]. 时代人物, 2008(3).

[91] 罗锋, 胡朝阳. 试论媒体"寻租"行为对媒介生态的破坏[J]. 泰山学院学报, 2004(7).

[92] 李健. 西方寻租理论探析[J]. 比较与借鉴, 1997(4).

[93] 李政军. 寻租理论产生的理论背景与现实契机[J]. 财经科学, 2003(3).

[94] 王性玉, 薛来义. 寻租理论三方博弈模型分析[J]. 财经问题研究, 2001(1).

[95] 廉淑. 寻租理论再探讨[J]. 社会科学家, 2003(7).

[96] 辛欣. 广告的健康传播功能[J]. 新闻爱好者, 2009(20).

[97] 胡百精. 健康传播观念创新与范式转换——兼论新媒体时代公共传播的困境与解决方案[J]. 国际新闻界, 2012(6).

[98] 陈甜甜. 健康传播视域中的中国电视健康节目分析[J]. 新疆财经大学学报, 2013(3).

[99] 崐怡. 健康传播中健康素养和媒介素养的教育反思[J]. 中国卫生事业管理, 2012(3).

[100] 张迪, 王芳菲. 论当代美国健康传播研究之特点——基于<健康传播>的内容分析[J]. 国际新闻界, 2012(6).

[101] 张自力. 论我国古代的健康传播[J]. 新闻与传播研究, 2011(2).

[102] 何淼. 浅析伪健康传播与媒体的责任[J]. 安徽文学(下半月), 2012(1).

[103] 南肇胜. 伪健康传播的原因及对策[J]. 新闻爱好者, 2011(18).

[104] 吴小坤. 新媒体对健康传播的新拓展[J]. 新闻记者, 2010(10).

[105] 蔡志玲. 中美健康传播研究评析[J]. 东南传播, 2012(12).

[106] 蔡琰, 臧国仁. 熟年世代因特网之使用与老人自我形象的建构[J]. 新闻学研究, 2008(10).

[107] 曹定人. 介绍口语传播这个学科[J]. 新闻学研究, 1991(12).

[108] 陈文玲. 谈广告道德与社会责任的关系[J]. 新闻学研究, 1992(9).

[109] 罗世宏. 公共广电八十载追求共善新世纪[J]. 新闻学研究, 2008(7).

[110] 郭良文. 台湾近年来广告认同之建构[J]. 新闻学研究, 2000(7).

[111] 胡泳. 中国政府对互联网的管制[J]. 新闻学研究, 2010(4).

[112] 黄光玉. 以民族志研究每日生活中的阅听人[J]. 新闻学研究, 2004(7).

[113] 黄铃媚. 恐惧诉求与健康倡导活动[J]. 新闻学研究, 1999(10).

[114] 黄铃媚. 口语传播在台湾的挑战与响应[J]. 新闻学研究, 1999(4).

[115] 黄志诚. 香港的政治传播研究[J]. 新闻学研究, 2003(1).

[116] 江静之. 不同阅听人的想象[J]. 新闻学研究, 2012(1).

[117] 陆晔、潘忠党. 新闻从业者专业主义建构[J]. 新闻学研究, 2002(4).

[118] 罗文辉. 网络采用使用获得之满足[J]. 新闻学研究, 2005(4).

[119] 潘家庆. 台湾地区民众传播行为[J]. 新闻学研究, 1989(7).

[120] 邱玉婵. 医病形象的媒体建构——医疗纠纷抬棺抗议新闻分析[J]. 新闻学研究, 2007(10).

[121] 翁秀琪. 公共媒体如何问责:以台湾的公广集团为例[J]. 新闻学研究, 2008(7).

[122] 翁秀琪. 台湾阅听人研究新趋势[J]. 新闻学研究, 1993(6).

[123] 夏春祥. 二二八事件的议题生命史[J]. 新闻学研究, 2003(4).

[124] 夏春祥. 文本分析与传播研究[J]. 新闻学研究, 1997(1).

[125] 徐美苓. 医疗风险信息的媒体再现与反思[J]. 新闻学研究, 2005(4).

[126] 徐美苓. 关怀在艾滋蔓延的时代——阅听人对倡导广告的接受度研究[J]. 新闻学研究, 1999(10).

[127] 郑怡卉. 新闻中的"伪科学"内容分析研究[J]. 新闻学研究, 2013(7).

[128] 江静之. 广电新闻访问者之不同阅听人想象:论述心理学之观点[J]. 新闻学研究, 2010(1).

[129] 陈世敏. 华夏传播学方法论初探[J]. 新闻学研究, 2002(4).

[130] 林子仪. 论接近使用媒体权[J]. 新闻学研究, 1991(12).

[131] 林鸿铭. 调节焦点对广告说服的影响——讯息处理之角色[J]. 商略学报, 2011, 3(1):39-52.

[132] 任景华, 刘宽亮. 从孕育到成熟——健康传播的历史演进与走向[J]. 东南传播, 2010(10).

[133] 张自力. 论健康传播兼及对中国健康传播的展望[J]. 新闻大学, 2001(3).

[134] 王迪. 健康传播研究回顾与前瞻[J]. 国外社会科学, 2006(5).

[135] 屈雅红,王琳琳.老龄化与中国老年广播发展策略研究[J].无线互联科技,2011(1).

[136] 甄众庆.老年患者健康教育的常见问题及应对措施[J].吉林医学,2010(33).

[137] 高棉.媒介语境下公众健康观的建构和衍变——健康传播研究,中国人民大学,2008.

[138] 李东静.我国大众媒介健康传播意识形态流变研究,西北大学,2009.

[139] 张自力.健康传播研究什么——论健康传播研究的9个方向[J].新闻与传播研究,2005(3).

[140] 秦弓.违法医疗广告众生像[J].中国医药导报,2007(4).

[141] 刘艳骄,李茵,贾海骅.中医药知识的现代传播途径及效果研究[J].中国中医基础医学杂志,2007(11).

[142] 张自力.媒体艾滋病报导内容分析:一个健康传播学的视角[J].新闻大学,2004.

[143] 丁玲华.从接收工具状况看广播的发展空间——广播产业化发展的逆向思考[J].中国传媒科技,2004(3).

[144] 李胜梅.广播广告的话语结构成分及其组合模式[J].南昌大学学报(人社版),2002(4).

[145] 周小普.广播产业发展及体制、机制改革[J].中国广播电视学刊,2006(1).

[146] 王浩.城市受众广播媒体消费研究[J].收听研究,2012(2).

[147] 谭天.中国传媒市场竞争与广播产业发展[J].声屏世界,2006(5).

[148] 崔保国.中国传媒产业发展报告(传媒蓝皮书)(2009—2012年),社会科学文献出版社.

[149] 李良荣.中国新闻业新的传播生态[J].新闻前哨,2009(3).

[150] 蒋建国.19世纪初广州传播生态与近代报刊的产生[J].吉林大学社会科学学报,2009(3).

[151] 邵培仁.传播生态规律与媒介生存策略[J].新闻界,2001(5).

[152] 卢毅刚.从传播生态看媒介地理分布的重要性——以西北甘肃为例[J].新闻前哨,2011(6).

[153] 卢毅刚.同质与失衡——传播生态中的地理因素解析[J].今传媒,2011(10).

[154] 王立慧.科技发展与传播生态平衡问题分析[J].科技传播,2013(3).

[155] 陈旭鑫.媒介生态学观照下的我国农业电视新闻传播生态剖析[J].中国广播电视学刊,2012(11).

[156] 蒋旭峰,崔效辉.乡村传播生态及其对乡村治理的影响——以J市的田野调查为例[J].中国地质大学学报(社会科学版),2013(4).

[157] 段文武.新传播生态下的地方广播传播思维[J].中国广播电视学刊,2008(10).

[158] 邢燕. 广播热线直播节目的定位与运作技巧[J]. 青年记者,2012(12).

[159] 沈洁敏. 广播热线节目如何走出一头热一头冷的怪圈[J]. 今传媒,2012(11).

[160] 孙淑敏. 广播健康热线节目的主持风格与技巧[J]. 声屏世界,2006(11).

[161] 曾学优. 浅谈全国首家健康老年广播的节目定位与运作[J]. 声屏世界,2005(12).

[162] 顾昕. 走向普遍覆盖:至民医疗保险面临的挑战[J]. 东岳论丛,2010(1).

[163] 李玲. 新医改进展评述[J]. 中国卫生经济,2012(1).

[164] 徐海霞. 医改与全民医保问题研究述评[J]. 经济问题探索,2010(9).

[165] 国务院新闻办公室. 中国的医疗卫生事业(白皮书). 2012(12).

[166] 国家人口发展战略研究报告(2007年),国家人口发展战略研究课题组.

[167] 卫生部. "健康中国2020"战略研究报告. 2012-8-17.

[168] 卫生部妇幼保健与社区卫生司. 首次中国居民健康素养调查报告. 2009(12).

[169] 卫生部. 国家卫生服务研究——1993年国家卫生服务总调查分析报告. 1994(11).

[170] 1998年第二次国家卫生服务调查分析报告. 卫生部,1999.

[171] 第三次国家卫生服务调查工作组. 第三次国家卫生服务调查初步报告. 2004(12).

[172] 卫生部统计信息中心. 2008中国卫生服务调查研究:第四次家庭健康询问调查分析报告. 2009(9).

[173] 卫生部. 中国公民健康素养——基本知识与技能(试行). 2008(1).

[174] 国家基本公共卫生服务规范(2009年版). 2009(10).

[175] 国家基本公共卫生服务规范(2011版). 2012(11).

[176] 卫生部疾病预防控制局、中国疾病预防控制中心. 中国慢性病报告. 2006(5).

[177] 卫生部. 中国慢性病防治工作规划(2012—2015年). 2012(5).

[178] 卫生部. 中国吸烟危害健康报告内容概要. 2012(5).

[179] 工业和信息化部、卫生部、外交部、财政部、海关总署、工商总局、质检总局、烟草局八部门联合编制. 中国烟草控制规划(2012—2015年). 2012(12).

[180] Milestones in Health Promotion:Statements from Global Conferences. WHO,2009.

[181] Brodie, M., Brady, L. A., & Altman, D. E. Media coverage of managed care:Is there a negative bias? Health affairs, Cegala, D. J., 1997.

[182] Chant, S, Jenkinson, T., Randle, J., Russell, G., & Webb, C. Communication skills training in healthcare:A review of the literature, 2002.

[183] Duggan, A. Understanding interpersonal communication processes across health contexts: advances in the last decade and challenges for the next decade[J]. Journal of Health Communication, 2006.

[184] Finnegan, J. L., & Viswanath, K. Health and communication: Medical and public health influences on the research agenda, 1990.

[185] Daniel, Sharan L.. Integrating Rhetoric and Journalism to Realize Publics, Project MUSE, 2002.

[186] Pat Milmoe McCarrick. A Right to Health Care[J]. Kennedy Institute of Ethics Journal, 1992.

[187] Lu, Ning. Samuels, Michael E. Wilson, Richard. Socioeconomic Differences in Health: How Much Do Health Behaviors and Health Insurance Coverage Account For[J]. Journal of Health Care for the Poor and Underserved. 2004, 15(4): 618-630.

[188] Treadwell, Henrie M. Northridge, Mary E. Oral Health is the Measure of a Just Society, Project MUSE, 2007.

[189] Paul Bourne. Health Disparities and the Social Context of Health Disparity between the poorest and Wealthiest Quintiles in a Developing Country[J]. Journal of Health Care for the Poor and Underserved.

[190] Barbara H. Johnson, Sandra C. Hayes. Health literacy of an Urban Business Community[J]. Journal of Health Care for the Poor and Underserved, 2012.

[191] Mariner, Wendy K. Public Health and Law: Past and Future Visions[J]. Journal of Health Politics, Policy and Law, 2003, 28(2-3): 525-552 (Review).

[192] Benjamin Mason Meier, Ashley M. Fox. Development as Health: Employing the Collective Right to Development to Achieve the Goals of the Individual Right to Health, Human Rights Quarterly, 2008, 30(2): 259-355 (Article).

[193] Sreenivasan, Gopal. Health Care and Equality of Opportunity, Hastings Center Report, March-April 2007, 37(2): 21-31 (Article).

[194] Quynh Lê, Cultural meaning in health communication, [C]. The Australian and New Zealand Adolescent Health Conference: 13-15 November 2006, Sydney.

[195] Punam Anand Keller, Donald R. Lehmann. Designing Effective Health Communications: A

Meta-Analysis[J] Journal of Public Policy & Marketing,2008.

[196] L. J. Shrum, Min Liu, Mark Nespoli, Tina M. Lowrey, Persuasion in The Marketplace: How Theories of Persuasion Apply to Marketing and Advertising, The Persuasion Handbook, eds. James Dillard & Lijiang Shen, Thousand Oaks, CA: Sage.

[197] Stephen Katz. Old Age as Lifestyle in an Active Society, Occasional Papers of the Doreen B. Townsend Center for the Humanities, no. 19.

[198] Jan Servaes, Health Communication, Advocacy and Integrated Strategic Communication.

[199] The case of HIV/AIDS. Keynote Paper International Forum on Public Relations and Advertising 'Crisis Management and Integrated Strategic Communication', Hong Kong, December,2008:6-7.

[200] Christopher King, Production and consumption of images of old age in health communication. TASA 2001 Conference, The University of Sydney, December 2001:13-15.

[201] Daniel, Sharan L. Integrating Rhetoric and Journalism to Realize Publics[J]. Rhetoric & Public Affairs, Fall 2002,5(3):507-524.

[202] Kathleen M. Vandenberg, Rene Girard and The Rhetoric of Consumption. Journal of Violence, Mimesis, and Culture,2006,12-13:259-272.

[203] Cowell Andrew, Advertising, Rhetoric, and Literature: A Medieval Response to Contemporary Theory[J]. Poetics Today,2001,22(4):795-827 (Article).

[204] Ronald Walter. Rhetoric and Capitalism: Rhetorical Agency as Communicative Labor[J]. Philosophy and Rhetoric,2004,37(3):188-206.

[205] Harpine, William D. What Do You Mean, Rhetoric Is Epistemic[J] Philosophy and Rhetoric, 2004,37(4):335-352.

[206] Ronald Walter. Orator Communist[J]. Philosophy and Rhetoric,2006,39(1):85-95.

[207] Miller, Carolyn R. The Rhetoric of RHETORIC: The Quest for Effective Communication. Philosophy and Rhetoric,2006,39(3):261-263.

[208] Steve Mackey[C]. Rhetorical Theory of Public Relations: Opening the door to semiotic and pragmatism approaches. The Annual Meeting of the Australian and New Zealand Communication Association Christchurch, New Zealand, July 2005.